# 编 委 会

主　编：朱建国

副主编：贾　军　彭　放　黄　霆

编　委：张　坤　尤　铭　邵嘉惠　郭　澄

　　　　徐　洪　宁志勇　袁　露　程泽洁

　　　　许馨元　郭轩宇　郑灵哲　董又榕

本书教程题库

羽毛球基本技术

运动训练专业羽毛球
普修课教案（32学时）

运动训练专业羽毛球
训练课教案（72学时）

习题案例答案及课件获取方式

# 前　言

《羽毛球运动教学与训练教程（第3版）》是普通高校"十三五"规划教材，于2019年被评为"江苏省高校重点教材"。为了与时俱进，不断创新，我们根据现代羽毛球技术、战术的发展，对本教材进行了修订与补充。

本书是根据全国体育院校本科教学计划的培养目标、教学任务、教学时数、教学内容及考核要求，在总结若干年来各体育院校羽毛球课程教学实践的经验和继承不同时期出版的各类羽毛球教材优点的基础上，重点吸收国内外羽毛球运动发展中的先进理论与实践经验，经过参编团队多次认真的讨论研究，征求和听取多所体育院校羽毛球教学工作者的意见，特别是在对其他羽毛球教材使用反馈意见的基础上，集思广益，精心撰写而成。本书着眼于培养体育专门人才的实际需要，坚持继承与创新、改革与发展；坚持实事求是，从羽毛球教学的实际出发；坚持突出教学性、针对性、实用性、科学性、先进性、时代性，力求在教学体系、教学内容、教学手段与方法上有所突破，使教学对象能适应未来工作的需要。

本书以羽毛球运动技术的基本知识和训练方法为切入点，通过羽毛球运动的起源与演变逐步导入，并在分析羽毛球训练基本理论与理念的基础上，有针对性地对羽毛球运动的基础技术教学、基本战术教学、体能与心理素质训练、羽毛球游戏、羽毛球竞赛规则、裁判法等方面进行深入讲解，重点阐述了青少年参与羽毛球运动训练和发展羽毛球运动技能的相关知识，为羽毛球运动参与者进行科学训练，提升其技术水平，规范羽毛球运动教学者的教学方法，以及提升其教育教学能力提供重要的理论依据。本书在传统的文字描述、技术图示的基础上，通过多媒体技术提供技术、战术动作视频演示，带给读者更直观、更清晰的技术、战术动作示范，便于读者更便捷、更规范地进行技术、战术训练和学习。本书对当代高校切实贯彻终身体育思想，树立"健康第一"的教育理念，推进学校体育教育教学改革，践行全民健身战略部署具有重要的现实意义。

本书由南京体育学院教授朱建国主编，并对全书内容进行了规划和统稿。其他教师编写分工如下：张坤编写第一章；贾军编写第二章、第八章、第十章；尤铭编写第三章；邵嘉惠编写第四章；彭放编写第五章；黄霆编写第六章；徐洪编写第七章；郭澄编写第九章；最后由郭轩宇和郑灵哲对本书进行了校正与修改。

本书在撰写过程中参考了有关专家、学者的资料，引用了相关专家、学者的理论，在此一并表示由衷的感谢。由于作者水平有限，书中的不足之处恳请专家和读者批评、指正。

编　者

高等院校人文素质教育系列教材

# 羽毛球运动教学与训练教程
## （第3版）（微课版）

朱建国　主　编
贾　军　彭　放　黄　霆　副主编

清华大学出版社
北京

## 内 容 简 介

本书内容翔实、结构清晰，重点讲解羽毛球运动理论知识和训练方法，是一本科学性、系统性、专业性较强的教材，能有效地指导羽毛球爱好者及专业运动员进行科学训练，快速提高羽毛球爱好者的技术水平及专业运动员的竞技能力。

本书共十章。第一章为羽毛球运动概述。第二章简要介绍羽毛球运动对场地与器材的要求。第三章和第四章分别介绍羽毛球运动的技术动作及其训练方法，重点介绍羽毛球的前场技术、中场技术、后场技术和步法训练方法。第五章和第六章分别介绍羽毛球球路训练、羽毛球运动战术应用及其训练方法，通过球路训练可让初学者掌握简单的羽毛球战术。第七章主要介绍羽毛球运动体能与心理素质训练方法。第八章和第九章分别介绍羽毛球游戏和羽毛球运动常识。第十章对羽毛球运动的竞赛规则和裁判方法进行了详细讲解。

本书既可作为体育专业学生的羽毛球专业基础课程教材，也可用作宣传体育运动及文化的大众宣传读本。

**本书封面贴有清华大学出版社防伪标签，无标签者不得销售。**
**版权所有，侵权必究。举报：010-62782989，beiqinquan@tup.tsinghua.edu.cn。**

**图书在版编目（CIP）数据**

羽毛球运动教学与训练教程：微课版/朱建国主编. —3版. —北京：清华大学出版社，2024.7（2025.1重印）
高等院校人文素质教育系列教材
ISBN 978-7-302-65723-1

Ⅰ.①羽… Ⅱ.①朱… Ⅲ.①羽毛球运动—教学理论—高等学校—教材 ②羽毛球运动－运动训练法－高等学校—教材 Ⅳ.①G847.2

中国国家版本馆CIP数据核字(2024)第052091号

责任编辑：石 伟
封面设计：刘孝琼
责任校对：李玉茹
责任印制：杨 艳

出版发行：清华大学出版社
    网　　址：https://www.tup.com.cn, https://www.wqxuetang.com
    地　　址：北京清华大学学研大厦A座　　邮　编：100084
    社 总 机：010-83470000　　邮　购：010-62786544
    投稿与读者服务：010-62776969, c-service@tup.tsinghua.edu.cn
    质量反馈：010-62772015, zhiliang@tup.tsinghua.edu.cn
    课件下载：https://www.tup.com.cn, 010-62791865
印 装 者：三河市人民印务有限公司
经　　销：全国新华书店
开　　本：185 mm×260 mm　　印　张：15.5　　字　数：377千字
版　　次：2015年3月第1版　2024年7月第3版　　印　次：2025年1月第2次印刷
定　　价：59.00元

产品编号：099728-01

# 目 录

## 第一章　羽毛球运动概述 …………1
### 第一节　羽毛球运动的起源与演变 …2
### 第二节　羽毛球运动的发展 ………4
### 第三节　羽毛球运动的主要特点与意义 …4
　　一、羽毛球运动简介 ………………4
　　二、羽毛球运动的主要特点 ………4
　　三、参加羽毛球运动的主要意义 …6
### 思考题 ………………………………6

## 第二章　羽毛球运动场地与器材 …7
### 第一节　场地、球网与网柱 ………8
　　一、场地 ……………………………8
　　二、球网 ……………………………8
　　三、网柱及网高 ……………………8
### 第二节　球、球拍与辅助器材 ……9
　　一、羽毛球 …………………………9
　　二、球拍 ……………………………9
　　三、辅助器材 ………………………10
### 思考题 ………………………………11

## 第三章　羽毛球运动基本技术 ……13
### 第一节　握拍 ………………………14
　　一、一般握拍法 ……………………14
　　二、握拍易犯的错误 ………………15
### 第二节　发球 ………………………15
　　一、正手发高远球 …………………16
　　二、正手发平高球 …………………18
　　三、正手发平射球 …………………18
　　四、正手发网前球 …………………19
　　五、反手发网前球 …………………21
　　六、反手发平高球 …………………22
### 第三节　接发球 ……………………23
　　一、接发球的准备姿势 ……………23
　　二、接发球的站位 …………………24
### 第四节　击球 ………………………24
　　一、后场击球 ………………………25
　　二、中场击球 ………………………42
　　三、网前击球 ………………………56
### 第五节　提高击球质量的五大要素 …72
　　一、如何制造合理的弧线 …………72
　　二、如何加快击球的速度 …………73
　　三、如何加大击球的力量 …………74
　　四、如何加强击球的旋转 …………74
　　五、如何打出较好的落点 …………75
### 第六节　羽毛球步法 ………………75
　　一、上网步法 ………………………75
　　二、后退步法 ………………………79
　　三、两侧移动步法 …………………82
### 思考题 ………………………………85

## 第四章　羽毛球基本技术训练 ……87
### 第一节　脚下基本站位 ……………88
### 第二节　脚下步法练习 ……………90
　　一、接发球移动步法 ………………90
　　二、前场击球步法 …………………91
　　三、中场击球步法 …………………93
　　四、后场击球步法 …………………95
### 第三节　单、双打发球技术 ………98
　　一、单打发球技术 …………………98
　　二、双打发球技术 …………………100

第四节 单、双打接发球技术……………101
　　一、单打接发球技术 ……………101
　　二、双打接发球技术 ……………104
第五节 单、双打前场击球技术 ………105
　　一、单打前场击球技术 …………105
　　二、双打前场击球技术 …………109
第六节 中场击球技术 …………………110
　　一、中场击球技术的类型 ………110
　　二、中场击球技术动作类别 ……112
　　三、双打中场击球技术 …………113
第七节 后场击球技术 …………………114
　　一、后场击球技术的种类 ………115
　　二、后场正手击球技术 …………116
　　三、后场头顶击球技术 …………117
　　四、后场反手击球技术 …………118
　　五、双打后场击球技术 …………119
思考题 ……………………………………120

## 第五章　羽毛球球路训练……………121
　　一、固定高吊球练习 ……………122
　　二、不固定高吊球练习 …………126
　　三、高杀球路 ……………………128
　　四、吊杀球路 ……………………130
　　五、杀上网球路 …………………133
　　六、吊上网球路 …………………137
思考题 ……………………………………142

## 第六章　羽毛球运动战术……………143
第一节 羽毛球战术的概念及
　　　发展现状 ……………………144
　　一、基本概念 ……………………144
　　二、羽毛球战术发展现状 ………144
第二节 单打战术 ………………………146
　　一、单打战术的取位 ……………146
　　二、单打进攻战术 ………………146
　　三、单打防守战术 ………………167
　　四、过渡战术 ……………………168
第三节 双打战术 ………………………168

　　一、双打进攻战术 ………………168
　　二、羽毛球双打接发球战术 ……170
　　三、羽毛球双打第三拍回击
　　　战术 ……………………………171
　　四、羽毛球双打第四拍封网分工
　　　战术 ……………………………171
　　五、羽毛球双打的几种常用
　　　战术 ……………………………172
　　六、根据对手情况制定的
　　　双打战术 ………………………174
　　七、双打配合中的几个主要
　　　问题 ……………………………174
第四节 混合双打战术 …………………175
　　一、混合双打之发球战术 ………175
　　二、混合双打之接发球战术 ……176
　　三、混合双打之第三拍的回击
　　　战术 ……………………………176
　　四、混合双打之第四拍封网
　　　战术 ……………………………177
　　五、混合双打之攻女队员战术 …178
　　六、混合双打之攻中路战术 ……179
　　七、混合双打之杀对角男队员
　　　边线的战术 ……………………179
　　八、混合双打之杀吊结合战术 …179
　　九、混合双打之半杀结合长杀、
　　　重杀结合轻杀的战术 …………179
　　十、混合双打之进攻中封网分工
　　　方法 ……………………………179
第五节 三打战术 ………………………181
　　一、一前两后 ……………………181
　　二、两前一后 ……………………182
第六节 羽毛球战术与技术、体能、
　　　心理之间的关系 ……………182
　　一、羽毛球战术与基本技术的
　　　关系 ……………………………182
　　二、羽毛球战术与体能
　　　（身体素质）之间的关系 ……184
　　三、羽毛球战术与心理之间的
　　　关系 ……………………………184

思考题……185

## 第七章　羽毛球运动体能与心理素质训练……187

第一节　羽毛球运动员体能训练……188
　一、体能与体能训练的概念……188
　二、体能训练对羽毛球运动的作用……188
　三、羽毛球运动体能训练的内容……190
　四、羽毛球运动体能训练的原则……192
　五、羽毛球运动专项身体训练的方法……193
　六、羽毛球运动体能训练应注意的事项……211

第二节　羽毛球运动员的心理训练……212
　一、羽毛球运动员一般心理能力的训练……212
　二、羽毛球运动员比赛心理能力的调控……218
　三、羽毛球运动员不良心理状态的改善……221

思考题……222

## 第八章　羽毛球游戏……223

第一节　热身活动的游戏……224
　一、节奏跑……224
　二、促进协调垫步跳……224
　三、手脚配合（石头、剪刀、布）……224
　四、节奏跳跃……225

　五、随机应变……225
　六、跷跷板……225

第二节　带球游戏的练习……226
　一、身前身后接球……226
　二、狂轰滥炸……226
　三、执桶接球……227
　四、画圈接球……227
　五、散弹接球……227
　六、指尖旋拍……228
　七、正反手颠球……228
　八、球不落地……228
　九、边线对打……228
　十、趣味对打……229

第三节　击球练习……230
　一、双人发球练回球……230
　二、跳起转身击球……231
　三、网上插球……231
　四、夺球比赛……231

思考题……232

## 第九章　羽毛球运动常识……233

第一节　羽毛球运动与健康……234
　一、羽毛球运动与生理健康……234
　二、羽毛球运动与心理健康……236

第二节　羽毛球运动中常见的损伤……236

思考题……238

## 第十章　羽毛球竞赛规则与裁判法……239

## 附录……239

## 参考文献……240

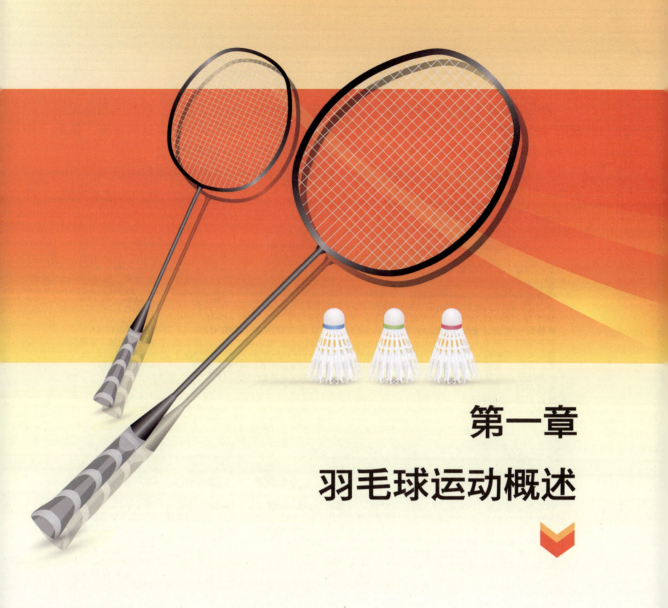

# 第一章
# 羽毛球运动概述

## 第一节 羽毛球运动的起源与演变

羽毛球运动的起源众说纷纭。相传14—15世纪时,日本出现了一种用木质的球拍来回对打在樱桃核上插上羽毛制成的球的运动,这便是当今羽毛球运动的雏形。但由于这种球不够坚固耐用,飞行速度又太快,故风行一时后又逐渐消失。

大约在18世纪,印度的普那出现了一种与日本14—15世纪时相似的运动。当时的球是用直径约6厘米的圆形硬纸板,中间挖个孔,插上羽毛做成的,与我国的毽子类似,印度称此项运动为"普那"。羽毛球的制作发展史如图1-1所示。

1840年,羽毛球博物馆收集到的最古老的"羽毛球"是印度制造的。其用35根羽毛插植于鹅绒布覆盖的软木上,此球是羽毛球的先祖。

1890年,法国制造桶装Shuttlecock,它用20根羽毛插植于皮革覆盖的软木塞上,此球的大小是当今羽毛球的3倍。

1900年,由英国Slazenger Sons公司制造,用16根羽毛插植于用亚麻线织物覆盖的软木球头上。

1915年,由当年非常卓越的羽毛球制造公司George buzzer Lid所制造,使用圆弧状羽毛插植于绒布覆盖的软木球头上。

1915年,由伦敦F.H ATRES公司所制造,将长茧羽毛利用针插于软木头内。

1920年,室内羽毛球由8根HUSKY羽毛所构成,是第一个使用橡胶做球头的羽毛球。

1925年,利用被污染的羽毛加以人工染色做成的羽毛球,由于外形不好看,并不成功。

1930年,印度制造公司将橡胶涂于鹅毛的根植处,期待加强羽毛的耐劳度,但是失败了。

1935年,改造版的羽毛球,使用天然的羊肾脏替代羽毛。此球由于缩张性不均匀,造型不固定,造成飞行路线不规则。

1947年年底,英国SANDWICH公司制造的羽毛球使用了带斑点的羽毛。

1963年,改造版羽毛球,羽毛球被重新造型,安上三环线于羽梗上,其最大的特点是飞行稳定,但不耐用。

1993年,高级羽毛球,选取中国东北鹅毛,二层式复合型软木,上层是加强固定根植于羽毛根茎的软木,下层是合成皮覆盖的软木。

图1-1 羽毛球的制作发展史

现代羽毛球运动起源于19世纪。大约在1870年,英国出现了用羽毛、软木做的球和穿弦的球拍。1873年,英国公爵鲍弗特在格拉斯哥郡伯明顿镇的庄园里进行了一次羽毛球游戏,当时的场地呈葫芦形,中间狭窄处挂网。从此,羽毛球运动便逐渐发展起来,羽毛球拍及羽毛球的制作也逐渐精美,如图1-2~图1-5所示。"伯明顿"就成了羽毛球的名字,英文的写法是BADMINTON。直到1901年,羽毛球运动的场地才改为长方形。古代羽毛球运动与现代羽毛球场地如图1-6~图1-9所示。

1875年,世界上第一部羽毛球运动规则草拟于印度普那,三年后英国又制定了更加完善和统一的羽毛球运动规则,当时制定的规则中的不少内容至今仍无太大改变。

1893年,英国的14家羽毛球俱乐部倡议并组成了世界上第一个正规的羽毛球协会,进一步修订了规则,重新制定了统一的场地标准。1899年,该协会举办了首届全英羽毛球锦标赛。

图1-2 古代羽毛球

图1-3 古代羽毛球拍

图1-4 现代羽毛球

图1-5 现代羽毛球拍

图1-6 古代羽毛球比赛

图1-7 英国人打羽毛球

图1-8 古代羽毛球与球拍

图1-9 现代羽毛球场地

1934年,由英国、加拿大、丹麦、爱尔兰、法国、荷兰、新西兰、苏格兰和威尔士等国家和地区发起并成立了国际羽毛球联合会（简称国际羽联），总部设在伦敦。从此，羽毛球真正成为一项世界性的体育运动。

## 第二节　羽毛球运动的发展

羽毛球运动的发展

## 第三节　羽毛球运动的主要特点与意义

### 一、羽毛球运动简介

羽毛球运动是一个进行相互击球的对抗性球类体育运动项目。参加竞赛的双方以1.55米高的球网为界，分处羽毛球场地的各自半场，用羽毛球拍轮流在空中击打一只羽毛球，每次击球后，羽毛球必须从球网上方进入对方场区，球落入对方场区界内或迫使对手回球时将球击出界外时得分，先获得21分的队伍赢得该局比赛，通常采用三局两胜制。羽毛球比赛不设竞赛时间限制。

### 二、羽毛球运动的主要特点

#### （一）不确定性

在进行羽毛球运动时，从击球时的某一单个的击球手法和移动步法来看，是有一定规律的，但受对方击球后来球的方向（有左有右）、来球的角度和弧度（有大有小）、来球的距离（有长有短）和来球的力量（有强有弱）等不确定性因素的影响，球的落点变化无常，因此运动中的技术动作没有固定不变的模式，一切技术、战术都是在"动态"的状况下完成的。同一情况可以用几种不同的方法处理，而且由于对手的状况不同，回击球对自己的影响也是不同的。

羽毛球运动多变和不确定性的运动特点，要求选手具有在场上全方位出击的能力，选手必须在极短的时间里，运用交叉步、垫步、跨步、蹬跨步、起跳等各种步法向来球的方向迅速移动到适当的位置，并以发球、前场、中场和后场等技术手法将球击向对方场区。羽毛球运动的这种不确定性特点，决定了速度力量和速度耐力素质是这一运动的基础。

#### （二）比赛无时限

羽毛球竞赛方式要求选手具备长时间持续运动的能力，随着球忽快忽慢不停地移动击球。羽毛球运动要求的素质不是长跑运动员所具备的周期性运动耐力素质，而是一种符合羽毛球运动特点的专业化速度耐力素质。耐久力很强的长跑健将，在羽毛球场上往往比羽毛球选手会更快地感到疲劳，因为长跑运动员习惯于持续的周期运动，而羽毛球选手则具备一种强度经常变化,并与速度和灵敏性紧密结合的专业化的速度耐力。其变化幅度的强弱,取决于对方竞赛选手的技术、战术水平。

羽毛球比赛通常采用三局两胜制,先得到规定分数的一方为胜方,不受时间的限制。大型比赛中,无论是单打还是双打,双方选手实力相当、久攻不下的情况比比皆是,有时一个球的竞争就要打一百多拍,得一分都非常不容易,一场比赛可能持续一个多小时,甚至两个小时,双方体力消耗巨大。这种情况下,使比赛变得更加艰苦,对选手的身体素质和心理素质的要求也就更高了。

### (三) 快速爆发力

从羽毛球选手在场上运动的动作来看,选手的上肢通过手臂肌肉运动产生爆发力,并挥动羽毛球拍将球击出;下肢运动是下肢肌肉在力的作用下,产生快速移动,使人体在短时间内到达合适的位置,配合上肢完成击球动作。因此,羽毛球运动员的力量素质必须与速度素质紧密结合,是一种动力性的速度力量,即爆发力。这种力量素质要求在短时间内产生强大的爆发性力量。下肢爆发性地起动蹬地,会加快身体的移动速度;上肢爆发性的手指与腕部力量,能使击球更加快速有力。

### (四) 瞬息万变

羽毛球飞行的最高时速可达 493 千米,对选手的灵敏性素质提出了很高的要求。选手在运动中动作转换的快慢、对来球的判断是否准确,都会直接决定对抗中的主动权。每一项技术、战术的运用与实施,都离不开选手的判断、反应、起动、移动、蹬跳、击球动作和回动,既要在变幻莫测的出手瞬间判断来球的方向,迅速向来球方向移动击球,又要根据对手的位置迅速决定回击的路线对策。因此,羽毛球选手只有具备了这种快速灵敏素质和思维决断能力,才能在快节奏的激烈竞争中立于不败之地。

### (五) 全方位运动

羽毛球属于轻巧型球类运动,具有全方位运动的特点。两个拍子一个球,无论走到哪里,无论是在室内还是室外,也无论是否架网,只要有空地,就能进行羽毛球运动。

灵动的羽毛球,轻便的球拍,场地方便,器材简单,老少皆宜,充满乐趣,形成了羽毛球运动特有的风格。它既是集技巧性、智能性和对抗性为一体的竞技比赛项目,又是强身健体、趣味性强、普及面广的大众体育运动项目。任何人都可以根据自己的年龄和身体状况,选择适量的运动强度。羽毛球运动可满足不同年龄、不同训练层次爱好者的需求。

少年儿童进行羽毛球运动,能通过在场上不停地奔跑跳跃、击球增强身体的协调能力,提高反应能力和灵敏度,促进生长发育。在此过程中,还能培养他们不怕困难、不甘落后的品质,从小养成运动锻炼的良好习惯,为将来的学习和工作打下良好的身体基础。

青年人进行羽毛球运动,能培养对体育的兴趣爱好,养成健康的生活方式和终身进行体育运动的习惯。一定强度的羽毛球运动,既能提高身体各方面的机能,促进身体健康成长,又能培养顽强的拼搏精神和优良的意志品质,从而提高体能和心理素质,是促进品德、体能和智力发展的良好途径。

中年人利用闲暇时间进行羽毛球运动,不但能加快身体的新陈代谢,保持匀称的体形，还能缓解生活压力，提高工作效率。同时，羽毛球运动还可作为一项家庭娱乐活动，不仅能锻炼身体，还能使家庭成员感情和谐、关系融洽、身心舒畅。

老年人和体弱者从事羽毛球运动时可以放慢运动节奏，进行一些活动量小的击球运动，以达到舒展筋骨的目的。经常参加羽毛球运动能促进血液循环，长期锻炼能保持脑部、眼睛、上下肢体的协调性和敏捷性，有利于身心愉快，延年益寿。

### 三、参加羽毛球运动的主要意义

第一，有助于培养竞争意识和进取精神。公平竞争是促进社会进步与发展的动力，竞争意识是现代人的重要素质。羽毛球运动特有的对抗性、强负荷的锻炼方式，有助于培养充满自信、不怕困难、顽强拼搏、积极进取的现代人才。

第二，有助于强身健体，提高免疫力，缓解疲劳。羽毛球是一项技能性运动，要求脑、眼、手、脚密切协作，全身心地投入。羽毛球运动量大，速度快，能有效地消耗多余的脂肪，调节肌肉密度，塑造优美形体，还有助于缓解眼睛、大脑和颈椎的疲劳。经常参加羽毛球运动，可提高机体的灵敏性、协调性，改善人体技能水平，提高吸氧能力，增强免疫力。

第三，有益于加强文化修养。参加羽毛球运动，了解羽毛球运动的发展历史和文化背景，学习并遵守其运动规则，形成尊重对手和尊重裁判的赛场作风，对培养协作、忍让、谦虚、豁达等优良品质大有益处，有利于树立正确的人生观和世界观。

第四，有益于陶冶情操，增添生活情趣。参与羽毛球运动能够保持优美潇洒的姿态和朝气蓬勃的精神状态。无论是参加羽毛球运动，还是观看羽毛球比赛，都能从中体会到灵动的变化之美，感受到这项运动的魅力。

## 思 考 题

1. 简述羽毛球运动的发展概况。
2. 简述羽毛球运动在中国的发展概况。
3. 羽毛球运动的特点有哪些？
4. 结合实际谈谈羽毛球运动的意义。

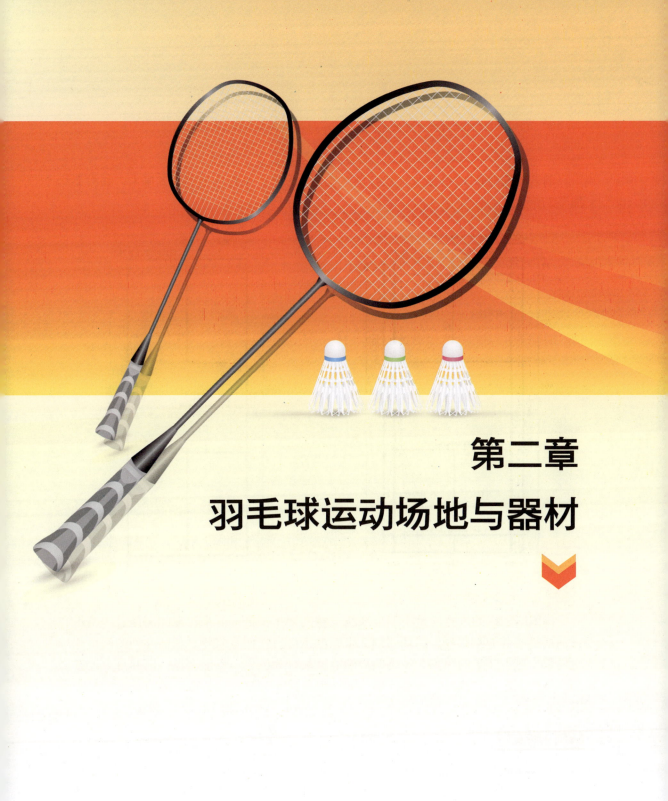

# 第二章
## 羽毛球运动场地与器材

# 第一节 场地、球网与网柱

## 一、场地

羽毛球场地长 1340 厘米，双打场地宽 610 厘米，单打场地宽 518 厘米，如图 2-1、图 2-2 所示。

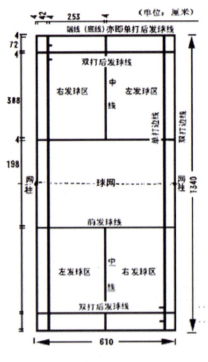

图2-1 双打场地

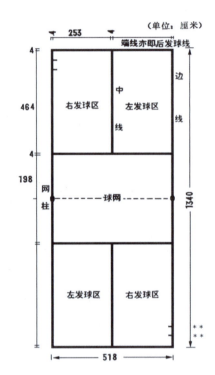

图2-2 单打场地

按国际羽联的规定，整个羽毛球场上空高度不得低于 9 米，在此高度之内不得有任何横梁或其他障碍物，球场四周 2 米以内不得有任何障碍物。任何并列的两个球场之间最少应有 2 米的距离。球场四周的墙壁最好为深色，不能有风。国际重大比赛必须严格按上述规定执行，一般比赛，如场地条件不完全符合标准，经有关部门批准可以改变。

## 二、球网

羽毛球网长 610 厘米，宽 76 厘米，用优质深色的天然纤维或人造纤维制成，网孔大小为 1.5～2.0 厘米。羽毛球网的上缘应缝有一道宽 7.5 厘米的对折白布边，用绳索或钢丝穿起来，适当拉紧，使之和网柱顶端取平。

## 三、网柱及网高

从球场地面算起，网柱高 155 厘米，即网高为 155 厘米。网柱应放置在双打球场的边线上，球网中部上沿离地面高 1.524 米。如不能设置网柱，则必须采用其他办法标识出边线通过网下的位置。

## 第二节  球、球拍与辅助器材

### 一、羽毛球

羽毛球可采用天然材料或人造材料或两者混合制成。下面对羽毛球的样式规格、重量及飞行速度进行介绍。

#### （一）样式规格

羽毛球应用 16 根羽毛插在半球形的软木球托上。软木球托直径为 25~28 毫米，托底为圆形，包有一层白色薄皮革或类似材料制成的皮。羽毛从托面至羽毛尖长为 62~70 毫米。羽毛上端围成圆形，直径为 58~68 毫米。在球托上 1.25 厘米和 2.5 厘米处，用线或其他材料将羽毛扎牢，一般比赛也可用泡沫头制成的球或尼龙球。

#### （二）重量

羽毛球的球重一般为 4.74~5.50 克。

#### （三）飞行速度

当运动员从端线用低手充分向前上方击球与边线平行时，选用 76 速、77 速、78 速等球速的球，若球能落到另一端线线内 53~99 厘米，则认为此球的飞行速度正常。

在一般业余比赛或非正式比赛中，当球过轻或过重、球速过慢或过快时，经主办单位同意，可采用如下措施，使球的飞行速度变为正常：当球过轻、球速过慢时，可在球托内中间位置加 1~2 颗小钉子，以增加球托的重量，使球速变快，也可向内翻折羽毛，缩小羽毛球的口径，以增加球速；当球过重、球速过快时，可在球托中间挖去一部分软木，以减轻球托重量，使球速减慢，也可向外翻折羽毛，增大羽毛球口径，以减缓球速。

羽毛球有比赛用球和训练用球之分，都是室内用球。比赛用的高级羽毛球大部分是用鹅毛制成的，训练中用的中低级羽毛球大部分是用鸭毛制成的。室外训练有时也用室内球，但用泡沫头球及塑料球较合适。

我国是羽毛球生产大国，品牌甚多，有些品牌的羽毛球被全国性质的比赛选用，质量均属上等，练习者可根据经济条件和训练环境加以选择。

### 二、球拍

羽毛球的球拍总长度不超过 68 厘米，宽度不超过 23 厘米，球拍框为椭圆形，拍框长不超过 28 厘米，宽不超过 22 厘米。球拍不允许有附加物和凸出部分，不允许改变球拍的规定样式。羽毛球拍的标准重量分级分别为 1U（≥95 克）、2U（90~94 克）、3U（85~89 克）、4U（80~84 克）和 5U（75~79 克）。拍框当中用羊肠线或化纤尼龙线穿织而成。球拍的一端有握把,把长39.5～40厘米,直径不得超过2.8厘米。

要想从事羽毛球运动,首先要有一支称心、适用、弹性好、轻重适宜的好球拍。目前市场上能购得的上弦的球拍,一般都是中低档的,上弦不紧,球弦弹性差,致使球拍的弹性也较差,影响球的飞行速度和飞行距离。因此,自己学会选拍、上拍弦,以及修补球拍的断弦,不仅省时省钱,还称心适用。

下面对球拍、球拍弦做简单介绍。

### (一) 球拍的选购

目前,我国市场上出售的羽毛球拍虽然式样繁多,但大体上可归纳为以下四种类型。

第一种是全碳素外加钛、纳米材料一体成型羽毛球拍。目前,世界级选手及经济条件许可的爱好者都使用这种类型的球拍,如现在国家队使用的日产尤尼克斯(YONEX)球拍,各省市队使用的威克多、凯胜、波力、佛雷斯、富力特、伟士等国产名牌球拍。

第二种是中档的碳素杆,拍框为铝合金的球拍。

第三种是钢杆铝合金拍,为中低档球拍。

第四种是钢杆木框羽毛球拍和木质羽毛球拍。

在挑选球拍时,应根据个人的经济条件和爱好选购不同档次和不同型号的球拍,无须追求世界名牌产品。一般来讲,全碳素外加钛、纳米材料一体成型的羽毛球拍,其性能差距不大,质量较轻,弹性好,牢固性也好,可是价格差别很大。有一定技术水平的选手或爱好者,如属攻击型者,使用的球拍可略重一些,以增加攻击威力;如属守中反攻或防守型者,球拍可选略轻一些的,以利于更灵活地挥拍防守。儿童一般选用特制的儿童羽毛球拍为宜,其拍柄较细,以利握拍。

在选球拍时还要注意球拍的弹性,主要是看拍杆在掰动时是否有一点儿弯度,没有弯度的拍子弹性最差,不好用。由三通连接的球拍,如碳素杆加铝合金框,其连接处较容易断裂或脱胶。因此,选拍时应仔细检查,将球拍框轻微扭动一下,有响声或松动的不宜选用。

### (二) 球拍弦的选购

羽毛球拍弦的种类很多,主要有化纤弦、尼龙弦、羊肠弦、牛筋弦,目前市场上均有供应。化纤弦是最常用的高档弦,如日本产YONEX牌BG65-90型弦、美国产的傲时威(Ashaway)、日本产的高神(gosen)等多种型号;北京产的羊肠弦弹性好,但易断。尼龙弦是较低档的球弦,其弹性一般,容易随气候变化而热胀冷缩,但价格相对便宜一些。

## 三、辅助器材

羽毛球比赛中的辅助器材如下。

### (一) 主裁判椅

主裁判椅座位高约1.4米,在左右扶手间应设一搁板,让主裁判放置记分板,椅子的四脚应稍微张开,这样的椅子重心稳固,主裁判在上下椅子时不会摇晃。

### (二) 发球裁判椅

发球裁判椅一般用靠背椅子即可,但应注意不要使用铁脚椅子,以免损坏场地。

### (三）司线员椅

司线员椅的要求同发球裁判椅。

### (四）衣物筐

衣物筐用于放置运动员的备用球拍、毛巾、运动衣和饮用水等，筐的长约 80 厘米，宽约 60 厘米，高约 30 厘米衣物筐，要能容下球拍袋和一般的运动包。单打比赛时在主裁判椅的两侧各放置一个衣物筐，双打比赛时在主裁判椅的两侧各放置两个衣物筐。

### (五）放球箱

临场比赛时的用球一般由发球裁判保管，所以在发球裁判的椅旁应放置一个球箱。比赛时备用的新球整筒放置，而换下的旧球就直接丢在放球箱里，在比赛间隙或在一节比赛结束时再收集整理。放球箱的长、宽和高都略大于球筒即可。

### (六）干拖把

比赛场地表面如果有了水（运动员滴下的汗水，以及运动员摔倒在地或其他原因使场地潮湿），就应立即用干拖把将水擦干。要保证拖把有良好的吸水性能，每个场地应备有两个拖把，每边一个。

### (七）暂停标志

当比赛打成局数 1：1 时，须在场地中央的网下放置暂停标志，使观众知道现在的局数为 1：1。暂停标志的高度约为 50 厘米，圆锥体、三角形或四面体均可，要醒目和便于发球裁判挪放。

### (八）量网尺

量网尺是宽 4 厘米、长 1.70 米的木质或铝合金制的直尺，在 1.524 米和 1.55 米处画有标记。

### (九）记分垫板

记分垫板用于主裁判临场执裁时垫写记分表，板的尺寸要大于 A4 纸，使用硬质的有机玻璃或塑料板都可以。

### (十）比分显示器

羽毛球比分显示器的分数为 0～30，局分为 0～2，场分为 0～5。简易的比分显示器可以用手翻动。在正式比赛中，电子记分显示器是理想的选择。分数显示器的灯光亮度不能太大，以免影响运动员的视觉。

## 思 考 题

1. 简述羽毛球的样式规格。
2. 简述羽毛球拍的种类。
3. 羽毛球拍弦有哪些种类？
4. 羽毛球比赛中有哪些辅助器材？

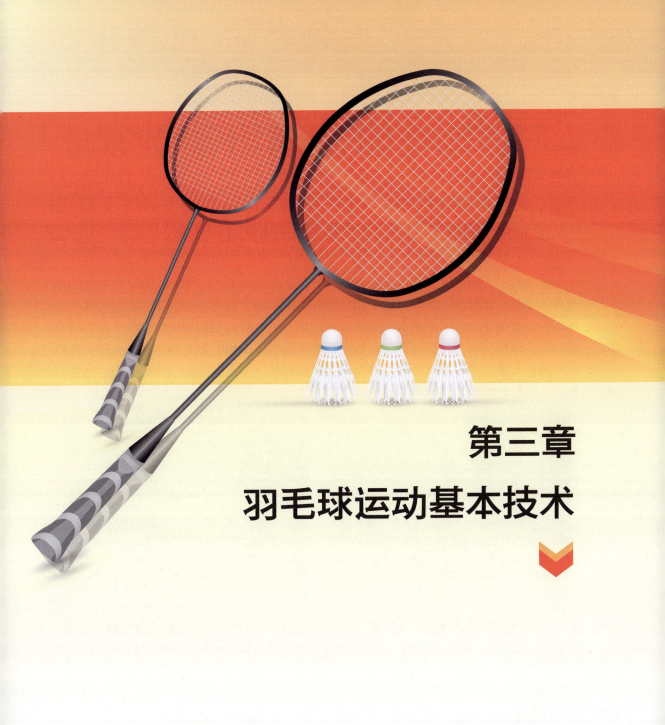

# 第三章

## 羽毛球运动基本技术

# 第一节 握 拍

要想打好羽毛球，必须重视握拍的方法，如果握法不正确，虽能将球击出，但击球费力，而且飞行距离不远，击球范围也小。因此在初学羽毛球时，要花一些时间学习，掌握正确的握拍方法。

## 一、一般握拍法

握拍方法主要有正手握拍法、反手握拍法和特殊握拍法三大类。

### （一）正手握拍法

正确的正手握拍法（以右手持拍为例，下同）：首先用左手拿住拍杆，使拍面与地面成垂直状，此时从左至右可看见拍柄上有四条棱线，然后张开右手，以握手状把拍柄握住，使手掌小鱼际部分靠在球拍握柄底把，虎口对着拍柄窄面内侧的小棱边（见图3-1），拇指与食指自然地贴在拍柄两面的宽面上，中指、无名指和小指自然并拢握住拍柄，食指与中指稍微分开，掌心不要紧贴拍柄，要留有空隙（见图3-2），这样有利于手腕和手指的发力及灵活运用。

图3-1 正手握拍（1）

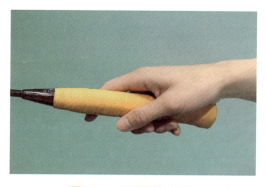
图3-2 正手握拍（2）

在击球之前，握拍要放松、自然，不能握得太紧，就如抓小鸟一样，太紧会捏死小鸟，太松小鸟会飞走。总之，要放松、自然地握住拍柄，在击球的一瞬间才紧握球拍发出力量，完成击球动作。

### （二）反手握拍法

反手握拍法有以下两种形式。

（1）在正手握拍的基础上，把球拍稍微外旋，拇指上提，食指收拢，拇指压住拍柄的宽面，食指、中指、无名指和小指并拢（见图3-3）。

（2）在正手握拍的基础上，把球拍稍微外旋，拇指上提，食指收拢，拇指压住拍柄的内侧小棱边，食指、中指、无名指和小指并拢（见图3-4）。

当然，手腕爆发力极强的选手也可以不改变正手握拍手法去打反手球。但是，一般用反手握拍法击打反拍球更省力，效果也更好。

图3-3 反手握拍（1）

图3-4 反手握拍（2）

### （三）特殊握拍法

上述正常的正手握拍法、反手握拍法对于击高球、吊球、杀球、反手球、挑球、推球、抽球、挡球等比较用力击球的动作较为适宜。特殊情况下，如封网前球、搓球、勾球、扑球、拨球、接杀勾球及被动放网球时可采用特殊握拍法。例如，封网前球时，则拍面与地面平行，虎口对准拍柄的宽面，其他手指与正常握拍法相同，这种握拍法也称为西方握拍法（见图3-5）。双打时站在网前的封网者，使用这种握拍法是可以的，也是有利的；如果退至

图3-5 特殊握拍

后场回击球时仍采用这种握拍法，则会在很大程度上限制扣杀和打高球的发力。又如，在处理网前搓球、扑球、拨球、勾球时，以及正、反手接杀勾对角球和正、反手网前被动放网时，一般应采用正常握拍法，但手指及掌心的空隙等会有细微的改变，以使击球更富有灵活性、一致性和威胁性。

## 二、握拍易犯的错误

（1）握拍手的虎口没有对着拍柄窄面内侧的小棱边。
（2）握拍时手指靠得太紧，像是握拳头。
（3）掌心与拍柄之间完全没有空隙。
（4）食指伸直按在拍柄上。
（5）握得太紧，以致手腕僵硬，不利于发力。
（6）握的位置太靠上，柄端露出太长，影响杀球动作。
（7）用同一种握拍法去处理各种球，不利于提高击球的灵活性及发挥出球的威胁力。

## 第二节 发 球

发球既是羽毛球运动一项重要的基本技术，也是战术的重要组成部分。发球质量往往会直接决定一个回合比赛中的主动与被动地位，故初学者应充分重视发球技术的训练。

发球有两种形式，一是正手发球，二是反手发球。正手发球可发高远球、平高球、平射球和网前球；反手发球由于受挥拍距离较远的限制，无法发高远球，只能发平高球、

平射球和网前球。

不管采用哪种发球形式，都要求发球动作协调一致，有突变性，而且落点及弧度要准确多变。几种发球的弧度和落点如图3-6所示。应根据战术需要选择不同的发球方式，以达到战术目的。

图3-6　发球的弧度和落点

1—发高远球；2—发平高球；3—发平射球；4—发网前球

## 一、正手发高远球

### （一）正手发高远球的动作要领

（1）发球站位：单打的发球站位距离前发球线约一米，选择场地中部的位置发球，有利于迎击前、后、左、右等任何距离和落点的来球。但是发球站位可以根据个人的习惯和场上战术需要自行选择，也可以站在靠近前发球线处，发球后再退至中心位置。

（2）发球准备姿势：左脚在前，脚尖朝向球网；右脚在后，脚尖朝向右斜前方。两脚之间距离约与肩同宽，重心在两脚之间，自然放松站立，身体稍侧向球网。右手正手握拍，自然屈肘垂于身体右侧；左手以拇指、食指和中指轻持球，举在胸前，两眼注视对手，如图3-7所示。

(a)　　　　　　　　　　　　　(b)

图3-7　发球准备姿势

（3）发球引拍动作：身体稍向右转，左肩向球网，身体重心转移至右脚；右臂向右后上方摆起，完成引拍动作，如图3-8所示。

（4）发球挥拍击球动作：完成引拍动作之后，紧接着身体重心随着上体由侧面转向正面而前移至左脚，右脚跟提起（见图3-9），上体微前倾，右前臂向侧下方挥动至上体由侧面转向正面时，左手开始放球。此时，腕部动作尽量伸展，做最后的击球动作，右前臂完成向侧下方挥动后，紧接着向上方挥动（见图3-10）。此时前臂内旋，使腕部由伸展至微屈；击球瞬间，手指紧握球拍，完成闪腕动作，球拍击到球时以正拍面击球，完成挥拍击

图3-8　发球引拍动作

球动作。

图3-9 发球挥拍击球动作（1）

图3-10 发球挥拍击球动作（2）

（5）随前动作：完成击球动作之后，右前臂继续内旋，并伴随着惯性，自然向左肩上方挥动（见图3-11），然后回收至胸前，并将握拍姿势调整成正手握拍姿势。

图3-11 随前动作

视频：正手发高远球

### （二）正手发高远球的技术要求

发高远球首先要发得高，标准是接发球者在接球时，球是垂直下落的；其次要发得远，标准是垂直下落的落点在底线处。初学者一般达不到此要求，只有经过严格训练，才能准确掌握发球的弧度及落点。高远球发得好，可有效地调动对方远离中心位，并延缓对方的进攻速度和加大对方回击时的难度，从而降低对己方的威胁。此发球方式在单打中被普遍使用。

### （三）正手发高远球易犯的错误

（1）握拍易犯的错误：握得太紧，无法产生爆发力，故达不到发高远球的目的。

（2）站位易犯的错误：两脚平站，身体正面对网，两眼紧盯着球。

（3）引拍易犯的错误：由于站位错误，造成引拍时身体无法稍向右转，身体重心也无法转移，右臂不是向右后上方摆起，而是向后方摆起，无法形成较好的发力机制。

（4）挥拍击球易犯的错误：手臂伸得太直，腕部动作未伸展，挥拍时动作僵硬，挥拍与放球肘肌不协调，击球点离身体太近或太远，太偏左或太偏右，导致击球时不是正拍面击球，而是切面击球，击球点超过腰部，击中球的瞬间无法产生较大的爆发力。

（5）随前动作易犯的错误：发球后很快进行动作制动，没有随惯性挥向左肩上方，而是挥向右肩上方，收回动作后未及时进行握拍调整。

要发好高远球须认真学习，纠正以上错误。

## 二、正手发平高球

### （一）正手发平高球的动作要领

发球站位、准备姿势、引拍动作、挥拍击球动作与发高远球的动作基本一致，是用正拍面击出飞行弧线较发后场高远球低的一种发球，其落点视单、双打规则的不同要求有远近之分，在击球的一瞬间不是产生最大的向前上方的爆发力，而是在发力时对力量进行相应的控制。随前动作也不是１７

向左肩上方挥动，可以在击到球后便制动，球拍不必挥那么高，到胸前即可，如图3-12、图3-13所示。

图3-12　挥拍动作

图3-13　随前动作

### （二）正手发平高球的技术要求

发平高球的弧度比发高远球低，以对方起跳无法击到球的弧度为宜，落点也应落在底线处。采用这种方式发球，球在空中飞行的速度比发高远球快，发平高球是一种进攻性极强的发球方式。

### （三）正手发平高球易犯的错误

正手发平高球易犯的错误与发高远球易犯的错误相同。另外，在随前动作中才制动也是易犯的错误，应该在击球后便制动。

视频：正手发平高球

## 三、正手发平射球

### （一）正手发平射球的动作要领

正手发平射球的站位可比发高远球和平高球稍靠后一些，这样可使球的弧度较平。其他准备姿势、引拍动作、挥拍击球动作与发高远球基本一致，只是在挥拍至击球一瞬间前臂内旋动作不明显，挥拍线路不是向上方而是向前方，腕部也由伸展至微屈，但不是向上微屈，而是向左侧前方微屈的快而小的闪腕动作。

### （二）正手发平射球的技术要求

发"平射"球，顾名思义，即又平又快地发球，落点一般在后场3号区（即在后发球区靠中线处），球几乎擦网而过，直射对方后场端线，平射球具有球速快、突击性强的特点。这种发球方式对于反应慢、站位偏前且离中线较远、后场靠底线区有明显空当、动作幅度较大及摆速较慢的对手来说，很有威胁性（见图3-14~图3-17）。

图3-14　准备动作

图3-15　引拍动作

图3-16　挥拍击球动作

图3-17　随前动作

### （三）正手发平射球易犯的错误

正手发平射球易犯的错误大致与发高远球、平高球类似，不同的是爆发力不易控制，易造成发球出界；路线离接发球者太近，易被对手攻击。此外，还应特别注意避免出现发球时，球拍与球的接触点高于1.15米，导致"发球过高"的违例动作。

视频：正手发平射球

## 四、正手发网前球

### （一）正手发网前球动作要领

正手发网前球的站位比发高远球更靠近前发球线。发网前球的准备姿势及引拍动作如图3-18所示，挥拍、击球动作如图3-19、图3-20所示。发网前球与发高远球基本一致，但引拍时不必过多地向右转，挥拍时前臂挥动的弧度小一些，腕部伸展也小一些。因为是发网前球，球的飞行距离最短，故在击球的瞬间不必用大的爆发力，而是有控制地发力即可，球拍接触球时可从右向左斜面切削击球，控制好球飞行过网的弧度及落点，随前动作不必向左肩上方挥动，可以在击到球后便制动（见图3-21），在胸前回收即可。

图3-18　准备及引拍动作

图3-19　挥拍动作

图3-20　击球动作

图3-21　随前动作

### （二）正手发网前球的技术要求

发网前球第一种要求在技术上达到球飞行过网后即下落，应保证发球后球越过前发球线且落点在前发球线上或邻近前发球线的点位。另一种叫发网前冲球，一般在单打发球抢攻中使用较多，球过网后还有一定的速度向前冲，但不继续向上飞行，是先向前之后向下，落点离前发球线远一些，并直冲接发球者。总之，球过网之后不能继续向上飞行，而应立即向下飞行或向前一小段后向下飞行，如图3-22所示。

视频：正手发网前球

粗线表示较好的发球线路，细线表示不符合要求的发球线路

图3-22　正手发网前球运行轨迹图示

### （三）正手发网前球易犯的错误

（1）握拍太紧，以致不能控制发力及缓冲，难以把球发得擦网而过。

（2）站位错误。除了与发高远球类似外，站位太往后也不利于发好网前球。

（3）挥拍击球时不是从右向左斜面切削击球，而是像发高远球一样击中球托，向上挥拍击球，这样击球不易控制飞行弧度，球过网后往往还向上飞行。

（4）击球点超过腰部的违例动作，及拍框上缘部分超过腕部的过手违例动作，均属于必须纠正的错误。现在最新的规则是：击球点的高度不超过1.15米的发球标准线。

## 五、反手发网前球

### （一）反手发网前球的动作要领

（1）发球站位：站在靠中线，距前发球线较近的位置上。

（2）发球准备姿势：面向球网，右脚在前，左脚在后并提起脚跟，重心放在右脚，上体稍微前倾。右手反手握拍，左手拇指和食指捏住羽毛，球托向下，斜放在拍面前面（见图3-23）。为了更好地控制发球时的力度，握拍时可握在拍柄的前端，肘关节抬起，手腕前屈。

（3）挥拍击球动作：挥拍击球时，球拍稍微向后摆（见图3-24），并不停顿地向前挥动。前臂向斜上方推送，同时，带动手腕由屈到微伸而向前摆动，并利用拇指的顶力，轻轻地"切"击球托的侧后部（见图3-25）。

（4）随前动作：击球后，前臂继续上摆至一定高度即停止（见图3-26）。

图3-23　准备姿势

图3-24　挥拍击球动作

图3-25　击球动作

图3-26　随前动作

### （二）反手发网前球的技术要求

反手发网前球的技术要求与正手发网前球的技术要求相同。

### (三) 反手发网前球易犯的错误

(1) 站位太靠后，不易把球发好。

(2) 发球时，球拍与球的接触点高于1.15米所导致的"发球过高"的违例动作。

## 六、反手发平高球

### (一) 反手发平高球的动作要领

发球站位、发球准备姿势、挥拍击球动作及随前动作均与反手发网前球相同，只不过在击球的一瞬间不是轻轻地"切"击球托的侧后部，而是手腕由屈突然变直，向前上方挥动，让球突然飞越发球者，飞向后发球线，如图3-27~图3-30所示。

视频：反手发网前球

图3-27　准备姿势

图3-28　挥拍击球动作

图3-29　击球动作

图3-30　随前动作

### (二) 反手发平高球的技术要求

反手发平高球与正手发平高球的技术要求相同，只是这种发球的隐蔽性要比正手发平高球好，威胁性也更大。

### (三) 反手发平高球易犯的错误

(1) 站位太靠后。

(2) 发力时拿球的手向上提拉，出现发球过高的违例动作。

视频：反手发平高球

### 七、反手发平射球

#### （一）反手发平射球的动作要领

发球站位、发球准备姿势、挥拍击球动作及随前动作均与反手发网前球相同，只不过在击球瞬间突然发力击球托后部，使球以较快的速度、较平的弧线飞向接发球者的后场靠近中线区域。

#### （二）反手发平射球的技术要求

反手发平射球与正手发平射球的技术要求相同，只是这种发球的隐蔽性更好，威胁性也更大。

#### （三）反手发平射球易犯的错误

（1）站位太靠前，以致无法达到发平射球的要求，容易导致发球下网。
（2）发力时拿球的手向上提拉，出现"发球过高"的违例动作。

视频：反手发平射球

## 第三节 接 发 球

接发球是羽毛球运动一项重要的基本技术。接发球质量往往会直接决定一个回合开始的主动与被动局面，应充分重视接发球技术的训练。

### 一、接发球的准备姿势

#### （一）单打接发球的准备姿势

左脚在前，右脚在后，侧身对网，重心放在前脚，膝关节微屈，后脚跟稍微提起，收腹含胸，注视对方的发球动作（见图3-31、图3-32）。

#### （二）双打接发球的准备姿势

双打接发球的准备姿势与单打的准备姿势基本相同，膝关节弯曲的程度更大一些，以便能直接进行后蹬起跳（见图3-33）。也有个别人接发球的准备姿势是右脚在前，左脚在后。

图3-31 单打接发球准备姿势正面示意图

图3-32 准备姿势侧面示意图

图3-33 双打接发球准备姿势正面示意图

## 二、接发球的站位

接发球的站位很重要,如有错误,则会出现明显的漏洞,有可能给发球方运用发球抢攻战术的好时机,因此应予以重视。

### (一) 单打接发球站位

单打接发球时可站在离前发球线约 1.5 米处,在右区时应站在靠近中线的位置,以防发球方以平射球攻击头顶区域;在左区时则应站在中线与边线的中间,如图 3-34、图 3-35 所示。

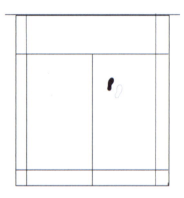
图3-34 右边接球站位

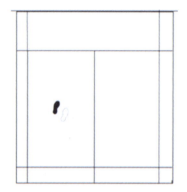
图3-35 左边接球站位

### (二) 双打接发球站位

双打接发球站位比单打接发球站位更有讲究,有一般站位法、抢攻站位法、稳妥站位法和特殊站位法四种。

(1) 一般站位法:站在离中线和前发球线适当距离处。在右区时,注意不要把右区的后场靠中线区暴露出来;在左区时,注意保护头顶区。采用这种站位法的,女队员和非抢攻打法的男队员居多。

(2) 抢攻站位法:站位离前发球线很近,前脚紧靠前发球线,且身体倾斜度较大,球拍高举。采用这种站位法的,进攻型打法的男队员居多。

(3) 稳妥站位法:站在离前发球线有一定距离处,类似单打站位法。这种站位法是在无法适应对方发球的情况下采用的过渡站位法,一般业余选手双打时采用。

(4) 特殊站位法:这种站位法是右脚在前,站位和一般站位法类似,接网前球时右脚蹬一步上网接球。

## 第四节 击 球

羽毛球运动的击球,即把对方打出的各种弧度的来球,回击到预想的战术位置上。

击球法按拍面的不同,可分为正拍面击球法和反拍面击球法两种;按击球点与身体部位的不同,可分为上手击球法、体侧击球法和下手击球法;按击球区域的不同,可分为后场击球法、中场击球法和网前击球法。综合这三种划分因素,羽毛球运动有以下击球方法。

## 一、后场击球

### （一）高远球击球法

这种击球法是从球场的任意一点，以较高的弧度将来球回击到对方的底线区。这种球在空中滞留的时间长，迫使对方退至底线才能回击，有利于我方调整好站位，调动对方的位置，减弱其攻击力。

以单打技术为例，高远球可分为上手正手击高远球、上手反手击高远球、上手头顶击高远球、下手正手底线击被动高远球、下手反手底线击被动高远球等击球方法。

1. 上手正手击高远球

（1）准备动作要领：左脚在前，右脚稍屈膝在后。侧身使左肩对网，两脚间距与肩同宽，重心在后脚，右手握拍屈臂举拍于右侧，左手自然上举，眼睛向上注视来球，使拍面对着球网（见图3-36）。

图3-36　准备动作

（2）引拍动作要领：挺胸展腹带动持拍手肘关节上抬，前臂外旋带动手腕后伸并展腕往背后方向倒拍，手心及拍面方向朝左（以右手持拍为例），完成引拍动作（见图3-37）。

（3）挥拍击球动作要领：挥拍击球动作从右脚后蹬开始，紧接着转体、收腹，肘部向前摆动，并以肘为轴，以肩为支撑点，前臂内旋带动手腕由伸展至屈收向前上方加速挥动，食指逆时针顶推拍柄，其余手指屈指发力握紧球拍，用正拍面与地面近120°夹角拍击球托后部，使羽毛球沿较高弧线飞向对方场地底线，在击球的一瞬间，主要依靠前臂、手腕和手指的协调用力，取得最佳速度（手腕的爆发力在挥拍过程中产生较大的挥拍速度）。正拍面向正前方击球为直线高远球，正拍面向斜前方（由右向左前方挥动）击球为斜线高远球。左手协调地降至体侧，协助完成转体动作（见图3-38）。

（4）随前动作要领：击球后，右手顺势向左下方减速摆臂，最后回收至体前（见图3-39）。身体重心迅速左转至体前，右脚向前回动一小步，为下一步回位做好准备。

图3-37　引拍动作

图3-38　挥拍击球动作

图3-39　随前动作

上手正手击高远球易犯的错误如下。

第一，准备姿势易犯的错误：握拍太紧，手臂伸得太直，两脚平站，身体正面对网，以致无法完成侧身转体的连贯发力动作。

第二，引拍动作易犯错误：身体太直，拍框无法在身后下摆，而是立即上举，肘部未屈，伸得太直，无法形成挥拍动作的最长距离，也无法产生更大的爆发力。

第三，挥拍击球易犯的错误：由于前两个环节的错误，必然会造成挥拍击球时只能以肩为轴，靠"推"的动作击球，而且不会利用肩、肘、腕以及腰、髋、膝相继发力产生的"鞭打"爆发力。在手腕内收状态下的屈腕动作，出现被称为"推球"的错误动作。总之，击球时，全身用力不协调。

视频：上手正手击高远球

视频：正手击高远球（对角线）

第四，随前动作易犯的错误：击球后，球拍不是随着惯性向左下方挥动并回收至体前，而是向右下后方挥动，影响身体重心的回动，步法上也无法回动。

上手正手击高远球是上手动作的基础，不掌握好这一基础动作必将影响吊球、杀球动作的质量。上手正手击高远球时为了使击球时间更短、击球点更高，可采用跳起击球的方法，但初学者一般应以不跳起击球为宜。

2. 上手反手击高远球

（1）准备动作与引拍动作要领：当对方击来反侧球，我方采用反手回击高远球时，应迅速将身体转向左后方，右脚向左脚并一步，然后左脚向后迈一步，紧接着右脚向左前跨一大步即到位（见图3-40、图3-41）。此时，身体背对球网，身体重心在右脚上，脚步移动到位时，球处在右肩上方。脚步移动中要立即由正手握拍转换成反手握拍，上臂平举屈肘，使前臂平放于胸前，球拍放至左胸前，拍面朝上，完成引拍动作。

图3-40　准备动作

图3-41　引拍动作

（2）挥拍击球动作要领：上臂迅速向上摆，前臂快速地向右斜上方摆，手腕迅速回环外展，产生爆发力，拇指顶压拍柄，以正拍面击球托后下部，身体重心从右脚转至左脚，并迅速转体回动（见图3-42、图3-43）。

图3-42 挥拍击球动作（1）

图3-43 挥拍击球动作（2）

（3）随前动作要领：击球后，身体随重心的转移回动成正面对网。前臂内旋，使球拍恢复至正常位置，恢复正手握拍的姿势（见图3-44）。

图3-44 随前动作

视频：上手反手击高远球

视频：反手击高远球（对角线）

上手反手击高远球时易犯的错误如下。

第一，准备及引拍动作易犯的错误：步法移动不到位，击球点控制不好，握拍太紧，而且未能及时改变握法，引拍动作无法形成挥拍的最长距离，限制了爆发力。

第二，挥拍击球动作易犯的错误：由于握拍太紧，以及引拍动作不正确，无法产生鞭打力量；击球时全身用力不协调，击球点太低，而且也未能击在球拍的"甜区"上；不是以反拍正拍面击球，而是以切击形式回球。

第三，随前动作易犯的错误：击球后转体回动太慢，造成回中心的速度太慢。

3. 上手头顶击高远球

（1）准备、引拍、挥拍击球动作要领：与上手正手击高远球的动作要领基本一致，不同的是做准备动作时侧身稍向左后仰，击球点在左肩或头顶左后上方。击球时上臂带动前臂，挥拍使球拍绕过头顶，从左上方加速挥动击球，而且前臂的内旋动作更明显。左脚向后迈步蹬地幅度更大，收腹动作较明显，以利于身体更快地向前蹬地回动（见图3-45～图3-47）。

图3-45　准备动作

图3-46　引拍动作

（2）随前动作要领：由于击球时前臂内旋较明显，故惯性较大。球拍减速的方向是向左前下方（见图3-48），最后回收、回动。

图3-47　挥拍击球动作

图3-48　随前动作

视频：上手头顶击高远球

视频：上手头顶击高远球（对角线）

上手头顶击高远球时易犯的错误如下。

第一，准备与引拍动作易犯的错误：开始移动时，未先做一个大侧身步，导致移动不到位，身体重心太过偏离落球点，只能用大幅度侧弯腰的动作去击球，造成击球点不准确，引拍动作无法形成挥拍动作的最长距离，不利于产生爆发力。

第二，击球动作易犯的错误：握拍太紧，前臂内旋动作不明显，造成击球质量差或击球出边界的现象。

第三，随前动作易犯的错误：左脚后撤幅度太小，造成身体后仰，不利于身体迅速回动。

以上三种上手击高远球动作是后场最基本的击球法，因此，初学者要认真学习并正确应用。其他如平高球、平射球、吊球、杀球动作均以上述三种动作为基础演变而成。

4. 下手正手底线击被动高远球

（1）准备、引拍动作要领：左脚后撤一步，紧接着左脚后交叉，左脚做蹬跨大步到位，重心在右脚上。在移动中，球拍从胸前经右下方后摆至右肩上，再把球拍后摆引伸到右后下方准备击球，手臂尽量后伸，前臂有些外旋（见图3-49、图3-50）。

图3-49　准备动作　　　　　　　图3-50　引拍动作

（2）挥拍动作要领：在前臂内旋向前挥拍的同时，手腕屈收以产生较大的爆发力，从而将高远球击至对方底线区域（见图3-51）。

（3）随前动作要领：击球之后，拍框随惯性挥至左髋部后回动至右后方（见图3-52）。此时，左脚跟进一小步，同时身体左转回动。

图3-51　挥拍击球动作　　　　　　图3-52　随前动作

下手正手底线击被动高远球时易犯的错误如下。

第一，准备、引拍动作易犯的错误：起动、移动太慢，蹬跨步太小，导致移动不到位。球的落点太靠近身体，不利于挥臂发力。引拍动作未能形成挥拍动作的最长距离，不利于产生爆发力。

第二，击球动作易犯的错误：握拍太紧，挥拍不是由右后方以正拍面向前挥动击球，而是由右后上方往前下方切击挥动，造成击球质量差或击球飞出边界的现象。

第三，随前动作易犯的错误：击球后，未能随着惯性挥拍至左髋部，而是由右后上方往前下方挥动。

视频：正手底线击被动高远球

视频：正手底线击被动高远球（对角线）

5. 下手反手底线击被动高远球

（1）准备、引拍动作要领：随着上体左后转，左脚尖转向左后方的同时，右脚向左脚并一步后，左脚向左后方跨一步，右脚再向左后方跨一大步到位。在移动的过程中，球拍由身前经左上方引拍至右后下方（见图3-53、图3-54）。

图3-53　准备动作

图3-54　引拍动作

（2）击球动作要领：前臂外旋，击球瞬间手腕伸展发力，击球托的后下部（见图3-55、图3-56），拍面向前上方挥动。

（3）随前动作要领：击球之后，上身直起并向右回转，左脚跟进一步，右脚向右前方跨一步，左脚跟进一步回位，球拍回收至胸前（见图3-57）。

图3-55 击球动作（1）

图3-56 击球动作（2）

图3-57 随前动作

视频：反手底线击被动高远球（直线）

视频：反手底线击被动高远球（对角线）

下手反手底线击被动高远球时易犯的错误如下。

第一，准备、引拍动作易犯的错误：起动、移动太慢，最后跨步步幅太小，导致移动不到位。球的落点太靠近身体，不利于挥臂发力。引拍动作未能形成挥拍动作的最长距离，不利于产生爆发力。

第二，击球动作易犯的错误：握拍太紧，造成前臂外旋和手臂伸展不充分，不能产生较大的爆发力。

第三，随前动作易犯的错误：左脚未能迅速跟进一小步，上身直立并且右转太慢，导致回动太慢。

### （二）杀球法

杀球是把对方击来的中后场高球，用较大的力量和较快的速度，以向下的弧度将球回击到对方的中后场区。杀球是主动进攻与得分的重要手段。

杀球以力量大小来区别,可分重杀、轻杀;以落点来区别,可分长杀和短杀(点杀、半杀)。这几种杀球均可运用于正手杀直线球、正手杀对角线球、头顶杀直线球和头顶杀对角线球。由于反手杀球技术要求高,因此只有极少数人能掌握并熟练运用。下面介绍几种常见的杀球法。

1. 正手原地跳杀球

(1)准备、引拍动作要领:右脚在后,侧身对网,屈膝降低重心,做好起跳击球的准备。起跳后,身体左转,同时后仰,挺胸呈弓形。随后凌空转体,收腹,上臂向上摆起,肘部领先,前臂快速往前上方挥动,腕部充分后转,拉长挥拍的工作距离(见图3-58～图3-60)。

(2)挥拍击球动作要领:前臂快速地往前上方挥动,球拍也高速地往前上方挥动。当球落至肩前上方的击球点时,前臂内旋,腕部在内收状态下前屈闪腕发力。与此同时,手指突然握紧拍柄,使手腕的发力点集中到击球点上。此时,球拍和水平面所形成的夹角应小于90°,拍面正面击球托的后部,使球快速地向下直线飞行,如图3-61所示。

图3-58　准备动作(1)

图3-59　准备动作(2)

图3-60　引拍动作

图3-61　挥拍击球动作

（3）随前动作要领：杀球后，前臂随着惯性向左下方挥动并往体前收回，形成右脚在前、左脚在后的姿势，如图 3-62 所示。

图3-62　随前动作

视频：正手原地跳杀球

视频：正手杀球（对角线）

（4）易犯的错误：与正手击高远球基本相同，不同的是击球瞬间球拍与水平面所形成的夹角，高远球应大于 90°，杀球应小于 90°。

2. 正手突击杀球

（1）准备、引拍动作要领：向右方侧身，后退一步并迅速跳起。起跳后，身体后仰，伸展腹肌及胸大肌，球拍自然往后下方摆动，加大挥拍的距离，如图 3-63 和图 3-64 所示。

图3-63　准备动作

图3-64　引拍动作

（2）挥拍击球动作要领：右上臂带动前臂急速地往上前方挥拍，手腕从后伸经前臂的内旋至屈收，并突然紧握球拍闪腕以爆发力击球，如图3-65所示。此时，拍面与水平面所形成的夹角稍小于90°。

（3）随前动作要领：随着惯性回收球拍于胸前，落地时应右脚在后，左脚在前，并迅速回动，如图3-66所示。

视频：正手突击杀球

图3-65　挥拍击球动作

图3-66　随前动作

（4）易犯的错误：与击高远球易犯的错误基本相同，不同的是，高远球的击球点是在肩的前上方，而突击杀球的击球点是在肩的右侧斜上方。另外，手腕的压腕动作应使拍面从后向前挥动，不应有切击的动作。

3. 绕头顶杀球

（1）准备、引拍动作要领：左脚向后移一步，右脚迅速蹬地，侧身向左后退一大步并迅速起跳。身体呈弓形，拉长挥拍的挥动距离，完成引拍动作，如图3-67～图3-69所示。

（2）挥拍击球动作要领：凌空转体、收腹、肘部先行并在瞬间发力等一系列击球动作与原地起跳杀球动作基本相同，如图3-70所示。

（3）随前动作要领：与原地跳杀动作基本相同，只不过落地时左脚后撤较大，使身体不后倒，并能更快地回动，如图3-71所示。

（4）易犯的错误：与绕头顶击高远球基本相同，不同的是击球时拍面与水平面所形成的夹角应小于90°，不然就难以较大的力量击球。

图3-67 准备动作

图3-68 引拍动作（1）

图3-69 引拍动作（2）

图3-70 挥拍击球动作

图3-71 随前动作

视频：绕头顶杀球

### 4. 反手杀球

（1）准备、引拍动作要领：以后场反手转身后退步法向左后方转身，并以前交叉步后退三步，背向球网，含胸收腹，移动过程中变为反手握拍屈肘举于右侧与肩同高的位置，同时手臂内旋回环引拍，手腕稍向外展，双眼注视来球，准备击球，如图3-72和图3-73所示。

（2）挥拍击球动作要领：前臂开始向上挥动，球拍从左前下方摆到右前下方。此时，左脚开始发力，腰腹及肩部发力，并带动上臂及前臂做鞭打动作，球拍往上后方挥动。击球瞬间握紧球拍，快速外旋和后伸压腕，击球托的后部，完成挥拍击球动作，如图3-74～图3-76所示。

（3）随前动作要领：击球后，前臂内旋，使球拍回收至体前，降低重心，并迅速转体回动。

（4）易犯的错误：与上手反拍击高远球易犯的错误基本相同，不同的是，击球瞬间拍面与球接触的角度，击高远球时拍面与水平面的夹角大于90°，而击反手杀球时拍面与水平面的夹角小于90°。

图3-72 准备动作

图3-73 引拍动作

图3-74 挥拍击球动作（1）

图3-75 挥拍击球动作（2）

图3-76 挥拍击球动作（3）

视频：反手杀球

### （三）吊球

吊球可分为快吊（劈吊）、慢吊（轻吊、近网吊）、拦截吊三种，可正手、反手和绕头顶击吊球。

正手位吊球拍面细节如图3-77和图3-78所示。

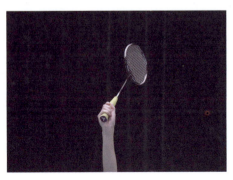
图3-77 拍面细节（1）

图3-78 拍面细节（2）

1. 正手快吊（劈吊）

（1）准备、引拍、击球、随前动作要领：与击高远球的动作要领基本一致，只是在击球的瞬间改变拍面的角度，且击球点在右肩的前上方较击高远球稍前一点的位置，如快吊对角，则使拍面向对角的方向减速挥动，并切击球托的右侧后下部，使球向对角网前直线快速飞行；如快吊直线，则使拍面由右上方向左上方（弧形）减速挥动，并轻轻切击球托的正面后下部，使球向网前直线快速飞行，如图3-79～图3-82所示。

图3-79　准备动作

图3-80　引拍动作

图3-81　击球动作

图3-82　随前动作

（2）易犯的错误：与击高远球易犯的错误基本相同，不同的是快吊对角时须切击球托右侧后下部，而不是正击，手腕动作若下压不明显也是错误的；快吊直线时须切击球托正面后下部，而不是正击。

视频：正手快吊（劈吊）直线

视频：正手快吊（劈吊）对角线

## 2. 正手慢吊（轻吊、近网吊）

（1）准备、引拍、击球、随前动作要领：与击高远球的动作要领基本一致，只是在击球的瞬间改变拍面的运行角度，如慢吊对角，则使拍面向对角的方向减速挥动，并切击球托右侧的后下部，切击的力量比快吊要轻，使球向对角网前呈弧线飞行；如慢吊直线，则使拍面由右上方向左上方呈弧形减速挥动，并轻切击球托的正面后下部，使球向直线网前呈弧线飞行。吊球的三种飞行弧度如图 3-83 所示。

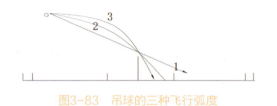

图3-83 吊球的三种飞行弧度

视频：正手慢吊（轻吊、近网吊）

1—快吊（劈吊）；2—慢吊（轻吊、近网吊）；3—拦截吊

（2）易犯的错误：与击高远球易犯的错误基本相同，不同的是对角时切击的力量更小；若慢吊时过网路线过高，容易被对方上网扑杀。

## 3. 正手拦截吊

（1）准备、引拍动作要领：准备时右脚在前，左脚在后，上体稍微向前倾斜，膝微屈，球拍自然持于胸前。当对方击来正手后场平高球时，向右侧身后退一步后，迅速起跳，向右后侧方跃起，此时，右臂自然向右上方摆起至最高点（见图 3-84~图 3-86）。

（2）击球动作要领：击球的瞬间屈腕，使球拍轻轻地正面击打球托的后下部，使球在近网处落下（见图 3-87）。

图3-84 准备动作

图3-85 引拍动作（1）

图3-86　引拍动作（2）

图3-87　挥拍击球动作

（3）随前动作要领：由于击球动作很轻，故球拍很自然地回收至胸前（见图3-88、图3-89）。

图3-88　随前动作（1）

视频：正手拦截吊

图3-89　随前动作（2）

视频：正手拦截吊（对角线）

（4）易犯的错误：除了与击高远球易犯的错误基本相同外，还容易击球过重。因此，最主要的是击球的瞬间用力要轻,过重就达不到拦截吊的目的。

4. 绕头顶快吊

头顶位吊球的拍面细节如图3-90、图3-91所示。

图3-90 拍面细节(1)

图3-91 拍面细节(2)

(1) 准备、引拍、击球和随前动作要领:与上手头顶击高远球基本一致,不同的是击球的瞬间改变拍面的角度,如快吊(劈吊)对角网前,则使拍面向对角的方向减速挥动,击球的瞬间手腕做弧形外展闪动,并切击球托的左侧后下部,使球向对角网前直线快速飞行(见图3-92～图3-95)。又如快吊(劈吊)直线网前,则使拍面向直线的方向减速挥动,击球的瞬间手腕做内收闪动,并切击球托的右侧后下部,使球向网前直线快速飞行。

图3-92 准备动作

图3-93 引拍动作

图3-94 击球动作(1)

图3-95 击球动作(2)

视频：绕头顶快吊直线　　　　　　　视频：绕头顶快吊对角线

（2）易犯的错误：与击高远球易犯的错误基本相同，不同的是绕头顶快吊对角击球的瞬间须有手腕的外展弧形闪动动作，并切击球托的左侧后下部。如无外展、弧形、切击这三个环节就是错误动作，快吊直线如未内收、切击也是错误动作。

5. 绕头顶慢吊

（1）准备、引拍、击球和随前动作要领：与绕头顶快吊基本相同，只不过在击球的瞬间力度控制得比较轻，使球呈弧线飞行，落至网前近网区内。

（2）易犯的错误：与绕头顶快吊球相同。

视频：绕头顶慢吊直线　　　　　　　视频：绕头顶慢吊对角线

6. 反手慢吊

（1）准备动作、引拍动作要领：与反手击高远球动作基本相同（见图3-96、图3-97）。

图3-96　准备动作　　　　　　　图3-97　引拍动作

（2）挥拍击球动作要领：前臂快速地由左肩下往右上方稍有外旋地挥动，手腕内收闪动，并切击球托的右下部，在击球的瞬间拍面与水平面所形成的夹角应稍大于90°，并有前推的动作，以免吊球落网（见图3-98和图3-99）。

图3-98 击球动作（1）　　　　　　图3-99 击球动作（2）

（3）随前动作要领：与反手击高远球动作要领相同。

（4）易犯的错误：准备动作、引拍动作与反手击高远球易犯错误动作相同。另外，在挥拍击球动作上没有前臂的外旋挥动，而只是前后挥动和手腕闪动；没有内收切击动作，而只有伸腕动作，这些都是错误的动作。随前动作的易犯错误与反手击高远球的相同。

视频：反手慢吊

以上介绍了高球、吊球与杀球的基本技术动作要领及易犯的错误。其实，最重要的是正手高远球、绕头顶高远球及反手高远球，这些动作要领掌握好了，其他的吊球和杀球则多是相似的动作，只不过在击球的瞬间有所改变，如吊球，在击球的瞬间改为切击动作，力度小一些，击球点不同；而杀球与高远球则是在击球的瞬间手腕闪动的角度不同，虽然都要求以正拍面击球，但拍面与水平面所形成的夹角不同，高远球的夹角大于90°，杀球则小于90°。准备、引拍和挥拍击球的前期动作基本都是一致的，只是在击球的瞬间有所改变，此即高水平技术要求的高度一致性。到了高级阶段，动作一致性越好，技术威胁性越大，战术作用也越大，因此，初学者一定要掌握好基本技术动作要领。

## 二、中场击球

### （一）下手中场正手挑高远球

（1）准备、引拍动作要领：右脚向右侧跨出一步，根据来球的位置决定跨步的大小，到位后击球。随步法移动的同时，右上臂稍向右后方摆动，前臂稍带外旋，手腕后伸到最大限度，形成挥拍的最长距离（见图3-100、图3-101）。

（2）击球动作要领：右前臂向前略有外旋地快速挥动，手腕在击球的瞬间由后伸至快速屈收，拍面向上方挥动（见图3-102）。

图3-100　准备动作

图3-101　引拍动作

图3-102　击球动作

（3）随前动作要领：击球后，前臂挥至体前上方，然后回动至准备姿势（见图3-103、图3-104）。

图3-103　随前动作（1）

图3-104　随前动作（2）

下手中场正手挑高远球时易犯的错误如下。

第一，准备、引拍易犯的错误：右脚未向右侧跨出一步，而是上体向右侧倾斜，导致重心移动不到位，引拍动作未能形成挥拍的最长距离。

第二，击球动作易犯的错误：前臂向前外旋不充分，手腕快速

视频：下手中场正手挑高远球

屈收不够，拍面向上挥动不够，导致球向上飞行的弧度未能达到高远球的要求。

### （二）下手中场反手挑高远球

（1）准备、引拍动作要领：右脚向左侧跨出一步到位，上体稍向左后侧转，重心下沉，球拍引至左侧后，前臂稍有内旋，拍面朝上（见图3-105、图3-106）。

图3-105　准备动作　　　　　　　　图3-106　引拍动作

（2）击球动作要领：在前臂往前挥动的同时，手腕由外展至内收伸腕，手指突然紧握拍柄，大拇指前顶拍柄，以产生的爆发力击球托的后侧底部，使球向上飞行（见图3-107）。

（3）随前动作要领：击球后，球拍随身体的回转回动至胸前（见图3-108）。

图3-107　击球动作　　　　　　　　图3-108　随前动作

下手中场反手挑高远球时易犯的错误如下。

第一，准备、引拍动作易犯的错误：上体向左后侧转体不充分，使球拍无法引至左后侧，拍面没有朝向前上方，引拍动作未能形成挥拍动作的最长距离。

第二，击球动作易犯的错误：手腕的屈伸发力不够，击中了球托后底部，以致球飞行线路比较平直，达不到击高远球的要求。

第三，随前动作易犯的错误：上体的回转回动和球拍的回收太慢，影响下一回合的准备。

视频：下手中场反手挑高远球

以上介绍的是单打上手、下手、中场球回击高远球的动作要领与易犯的错误，这些基本技术是羽毛球运动最基础的手法和步法，初学者必须严格按动作要领练好基本功，纠正易犯的错误，使基本技术正确、规范，为进一步提高羽毛球技术打下良好的基础。

### (三) 接杀球

接杀球是指运动员把对方杀过来的球还击到对方场区内的击球技术。由于扣杀球是羽毛球比赛中进攻的主要手段之一，因此，接杀球成了防守的主要技术之一。

接杀球有正手、反手之分，根据不同的战术需要，可分为挡网前球、挑后场高球和平抽反击球三种。

#### 1. 挡网前球

挡网前球是指运动员把对方击打来的球，借用来球力量及用手腕、手指的力量，"反弹"式地把球回击到对方网前场区内的击球方法。

挡网前球技术有左、右场区接杀近身球和接杀边线球，挡回直线网前球和挡回对角线网前球。

（1）左场区接杀近身球动作要领：左脚向左侧迈一小步，右臂屈肘反手握拍于左侧身前，小臂内旋，手腕外展，球拍后引对准来球，上体向左后侧转动至右肩对网，左脚蹬地。接杀时，握拍要松，预摆动作要小，借用来球力量，小臂外旋，手腕伸直闪动，食指、中指轻微提拉，其余手指突然紧握拍柄，击球托的中下部位。接杀的瞬间，用手腕、手指控制好拍面角度，使球刚飞越球网便下坠。左场区接杀近身球动作要领如图 3-109~图 3-112 所示。

图3-109　准备动作

图3-110　引拍动作

图3-111　挥拍击球动作

图3-112　随前动作

（2）右场区接杀近身球动作要领：右脚向右侧跨一步，两脚略比肩宽，平行站立，上体向右后侧转动至左肩对网，右脚蹬直，球拍向右侧后引对准来球。接杀时，握拍要松，预摆动作要小，借用来球的力量以及手腕外展闪腕的同时，食指、中指往拇指方向轻微提拉，其余手指突然紧握拍柄，击打球托中下部位。击球的瞬间，手腕、手指必须控制好拍面角度，使球刚飞越球网便下落。挡回直线网前球时拍面正对球网并稍向后仰；挡回对角线网前球时，则需调整拍面朝向对方网前的斜对角。右场区接杀近身球动作要领如图3-113~图3-116所示。

图3-113　准备动作

图3-114　引拍动作

图3-115　挥拍击球动作

图3-116　随前动作

视频：左场区接杀近身球

视频：右场区接杀近身球

　　接杀近身球挡回对角线网前球的动作要领与接杀近身球挡回直线网前球的动作要领基本相同，只是上身的转体速度要快一些，击球时及早轻挥球拍，击球点稍前一些。击球的瞬间，正手击球手腕内收；反手击球手腕后伸，使拍面朝向对方网前斜对角。

（3）左场区接杀边线球动作要领：左脚向左侧跨一大步，随步法移动使身体稍向左侧旋转，右臂屈肘向左摆，手腕外展反手握拍，球拍引至左肩前下方。击球时，小臂外旋手腕伸直轻轻地挥拍挡切。击球后，球拍随着身体回动收于胸前，准备封网。

左场区接杀边线球动作要领如图3-117~图3-120所示。

图3-117　准备动作

图3-118　引拍动作

图3-119　挥拍击球动作

图3-120　随前动作

视频：左场区接杀边线球挡直线

视频：左场区接杀边线球球挡对角线

（4）右场区接杀边线球动作要领：右脚向右侧跨一大步，随步移动球拍引至右侧，上身侧向右侧，小臂侧伸稍屈肘并略外旋，手腕向后伸，球拍向右后引。接杀瞬间，小臂稍有内旋，手腕由后伸至内收闪动，击球托的侧下部。击球后，球拍随身体移动回收胸前，准备封网。右场区接杀边线球动作要领如图3-121~图3-124所示。

图3-121　准备动作

图3-122　引拍动作

图3-123 挥拍击球动作

图3-124 随前动作

视频：右场区接杀边线球挡直线

视频：右场区接杀边线球挡对角线

接杀边线球、挡回对角线网前球的动作要领与挡回直线网前球的动作要领基本相同，不同之处只是上身的转体速度要快一些，以便掌握拍面角度，及早轻轻挥动球拍，击球点稍前。击球的瞬间，正手击球手腕内收，反手击球手腕后伸，使拍面朝向对方网前斜对角。

2. 挑后场高球

挑后场高球是指运动员把对方杀来的球，利用小臂、手腕和手指的力量，挑高回击到对方后场底线的击球方法。挑后场高球有正手、反手上网被动挑高球和正手、反手接杀边线球挑后场高球。

（1）正手上网被动挑高球动作要领：判断来球，快速垫步上网，持拍手前伸，小臂外旋，手腕伸展将拍子引至右侧下方。击球时，小臂内旋并回收，手腕由外展至伸直"闪"动发力，在右侧下方击球托的后底部，把球向前上方挑起。击球后，后撤回位，球拍收回胸前。正手上网被动挑高球动作要领如图3-125~图3-128所示。

图3-125 准备动作

图3-126 引拍动作

图3-127　挥拍击球动作

图3-128　随前动作

视频：挑后场高球 正手 直线

视频：挑后场高球 正手 对角线

（2）反手上网被动挑高球动作要领：判断来球，左脚向前移动一小步后后蹬，上身稍左转，右脚向左前跨一大步，反手握拍由身前引向左下方，肘部向前。球将落地时，上体前屈，后脚跟进一小步呈弓箭步。球拍快速前挥，手腕由屈到伸"闪"动，击球托后底部。击球后，上身直起，脚后撤回位，收拍于胸前。反手上网被动挑高球动作要领如图3-129~图3-132所示。

视频：反手上网被动挑高球

图3-129　准备动作

图3-130　引拍动作

图3-131　挥拍击球动作

图3-132　随前动作

(3) 正手接杀边线球挑后场高球动作要领：右脚向右侧跨一大步，同时握拍手向右侧引拍，右臂稍向右后摆并略外旋，手腕后伸到最大限度，使球拍迅速后摆。击球时，以肘部为"支点"，前臂和手腕急速地向前内收挥动，手腕外展至伸直"闪"动发力，拍面对准来球，击球托中底部。击球后，小臂内旋，球拍向体前上方挥动，收拍回位。正手接杀边线球挑后场高球动作要领如图 3-133~图 3-136 所示。

图3-133 准备动作

图3-134 引拍动作

图3-135 挥拍击球动作

图3-136 随前动作

(4) 反手接杀边线球挑后场高球动作要领：右脚向左脚并一步后，左脚向左后侧跨步，上身向左后转，左脚蹬地，右脚向左前侧跨一大步。反手握拍，球拍由身前引至左后下方。击球时，球拍由左后下方经小臂的外旋和手腕的伸展，发力击球托的后底部，使球向前上方飞去。击球后，上体直起回转，脚移动回位，回收球拍于胸前。反手接杀边线球挑后场高球动作要领如图 3-137~图 3-140 所示。

图3-137 准备动作

图3-138 引拍动作

图3-139 挥拍击球动作

图3-140 随前动作

### 3. 平抽反击球

平抽反击球是指运动员把对方击来的离身体较远的平高球反击到对方后场。平抽反击球有正手平抽反击球、反手平抽反击球两种。

平抽反击球动作要领：站于球场中心附近，两脚左右开立，两膝微屈，面向球网，右手持拍于体前，判断来球，左（右）脚向左（右）侧跨步到位，引拍至左（右）侧后。反手平抽球，小臂由内旋转为外旋，手腕由外展至稍内收闪动，手指突然握紧拍柄，多用拇指的反压力，向前稍上挥拍击球；正手平抽球，小臂由外旋转为内旋，手腕由伸腕至伸直闪动，手指握紧拍柄，多用食指的力量向前发力挥拍击球。不论是正手平抽球还是反手平抽球，击球点都应争取在身体的侧前方，以利于手臂发力。击球后，球拍随身体的回转收于胸前。平抽反击球动作要领如图 3-141~ 图 3-145 所示。

图3-141 准备动作（1）

图3-142 准备动作（2）

图3-143 引拍动作

图3-144 挥拍击球动作

图3-145 随前动作

视频：平抽反击球

### （四）抽球

抽球是指运动员把对方击来的低于肩高的球回击到对方底线场区的击球方法。抽球的击球点低，其用力特点是以躯干为竖轴做半圆式的挥拍击球动作。它属于防守型技术，是应付对方的长杀、半场球和平球对攻的反攻型技术。如果发挥得当，抽球往往也能收到守中有攻的效果。

抽球有正手、反手抽底线球和正手、反手平抽球等。

（1）正手抽底线球动作要领：准确判断来球，快速移动脚步，左脚蹬地，右脚向正手位方向的底角跨出，侧身向网，上体向右后倒，重心在右脚。正手握拍，手臂向右举拍，大臂与小臂约成120°角。准备击球时，小臂外旋伸腕，球拍后引拍面稍后仰。击球时，主要靠小臂带动手腕，手指"抽鞭"式向前挥拍，小臂由外旋到内旋，腕部由伸到屈闪动击球。向前上方用力击球成高远球，向前方用力击球则成平球。正手抽底线球动作要领如图3-146~图3-149所示。

（2）反手抽底线球动作要领：准确判断来球，快速移动脚步，左脚蹬地，右脚向反手底角跨出，上身前倾背对网，重心在右脚。反手握拍将球拍举于左肩上方。击球时，大臂带动小臂，手腕和手指沿水平方向快速地向后挥拍，手臂基本伸直时，小臂外旋，手腕后伸用力"闪"动击球。向后上方用力击球成高远球，向后方用力击球则成平球。反手抽底线球动作要领如图3-150~图3-153所示。

视频：正反手抽底线球

图3-146 准备动作

图3-147 引拍动作

图3-148 挥拍击球动作

图3-149 随前动作

图3-150 准备动作

图3-151 引拍动作

图3-152 挥拍击球动作

图3-153 随前动作

（3）正手平抽球动作要领：右脚向右侧迈出一小步，上身稍向右侧倾，正手握拍，手臂向右侧上摆，屈肘，左脚跟抬起。准备击球时，小臂稍向后摆带有外旋，手腕由稍外展至后伸，使球拍引至后下方。击球时，小臂急速地向右侧前挥动，并由外旋转为内旋，手腕由后伸至伸直闪腕，手指握紧拍柄高速挥拍击球，由后向右侧稍平地抽压过去。击球后，持拍手顺势向左侧挥摆，左脚向左前方迈一步，准备迎击来球。正手平抽球动作要领如图 3-154~ 图 3-157 所示。

图3-154　准备动作

图3-155　引拍动作

图3-156　挥拍击球动作

图3-157　随前动作

视频：平抽球正手直线

视频：平抽球正手对角线

（4）反手平抽球动作要领：右脚向左前跨一步，上身左转，右手反手握拍向左侧前收，屈肘并稍向上抬，小臂内旋，手腕外展，球拍引向左侧。击球时小臂在向前挥拍的同时外旋，手腕由外展到伸直闪腕，手指握紧拍柄，拇指前顶，迎球挥拍，击球托的底部。击球后球拍呈下压姿势顺势"盖"过去，并随身体的回动收回到右侧胸前。反手平抽球动作要领如图 3-158~图 3-161 所示。

图3-158　准备动作

图3-159　引拍动作

图3-160　挥拍击球动作　　　　　　　图3-161　随前动作

视频：平抽球反手直线　　　　　　　视频：平抽球反手对角线

### （五）平高球击球法

从球场的任意一点，以一定的弧度将来球回击到对方的底线区，这种球在空中的飞行速度比高远球快，其弧度以能超过对方跳起击球的高度为准。对方必须有较快的反应、起动与移动速度，否则将陷入被动。这是一种在较主动的情况下运用的主动进攻的击球技术，可为己方的下一球创造更有利的进攻机会。高远球、平高球与平射球的抛物线如图3-162所示。

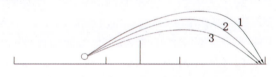

图3-162　高远球、平高球与平射球的抛物线

1—高远球；2—平高球；3—平射球

平高球可分为上手正手击平高球、上手反手击平高球和上手头顶击平高球三种。

（1）平高球击球动作要领：准备、引拍、随前的动作要领与高远球击球动作基本一致，只是在击球瞬间拍面与地面几乎垂直，并击球托的后下部，使球的飞行速度加快，抛物线趋平。

（2）平高球击球易犯的错误：由于平高球击球动作要领与高远球击球动作要领基本一致，因此易犯的错误也有共同之处。另外，平高球还会出现飞行速度慢和抛物线稍高等现象。

视频：平高球击球法

### （六）平射球击球法

平射球在空中的飞行时间比平高球更短，飞行速度更快，特别是正手直线平射球的威胁性更大一些，对一些反应起动慢、腰部柔韧性不好的对手威胁更大。平射球只适用于两边线直线球，不宜用于对角线球。

平射球可分为上手正手击平射球、上手反手击平射球和上手头顶击平射球。

（1）平射球击球动作要领：准备、引拍、击球、随前动作的要领与击高远球基本一致，不同的是在击球的瞬间拍面与地面垂直，并击中球托的后中下部，使球的飞行弧度比平高球更平，速度更快。

视频：平射球击球法

（2）平射球击球易犯的错误：平射球易犯的错误与高远球易犯的错误相同，而且击平射球还会出现飞行抛物线高、速度慢等情况。

## 三、网前击球

网前击球技术有搓球、放网前球、推球、勾球和扑球等，搓、推、勾、扑均属主动进攻型技术，威胁性大，经常能直接得分或创造下一拍进攻的机会，是关键性技术。为了掌握好网前击球技术，使之更具威胁性，必须做到以下四点。

第一，击球点高、一致性好。一般要求击球点尽量向上抢到高点击球，通常在球网白带处甚至更高处击球。击球前期动作一致性要强，握拍要放松、灵活，以便在击球的瞬间利用手腕、手指的灵活性进行突变击球。

第二，准确判断，反应快，步法准备到位。这是为高击球点创造先决条件，步法起动、移动快，并准确到位，才能完成高点击球。

第三，出手击球快，控制能力强。除了步法准确、快速到位、抢到较高击球点外，前臂要迅速往前上方举起，球拍略前伸，这是为保障搓、推、勾前期动作的一致性。在击球瞬间，根据战术需要，要灵活、快速地出手击球，再结合搓、推、勾技术，威力无穷。

搓、推、勾、扑击球技术，对击球力量和拍面击球角度要求较高，必须掌握得恰到好处。力量的大小主要靠身体前冲力、手臂、手腕和手指来控制，而拍面击球的角度主要靠手腕和手指来调整，控制能力和落点，取决于对击球技术、力量和拍面角度的控制。

第四，战术意识强，变化机动灵活。要正确适时、机动灵活地结合运用搓、推、勾、扑等击球技术，必须有很强的战术意识。当对方回击网前球之后急于回退时，我方应采用搓球；当对方回击网前球之后回动比较慢，或想抓住我方反复搓球时，应采用推球等动作。

### （一）搓球击球法

搓球击球法是将对方击至网前高手位位置，或更高处的球，以球拍搓切球托的左侧、右侧或底部，使球向右侧或左侧旋转与翻滚过网。旋转翻转性能越强，对方回击的难度就越大，从而为己方创造更有利的进攻形势。

搓球可分为正手搓球与反手搓球。

1. 正手搓球

（1）准备动作要领：右脚在前，左脚在后，两脚间距比肩略宽，右手握拍自然地举在胸前，身体微微前倾，收腹，如图3-163所示。

（2）引拍动作要领：采用后交叉步加蹬跨步至右网前区。前臂随步法伸向右前上方，并有外旋，手腕稍向后伸，完成引拍动作，如图3-164所示。

图3-163　准备动作

图3-164　引拍动作

（3）挥拍击球动作要领：击球的瞬间，前臂外旋，手腕由后伸至稍向前内收闪动，握拍手的食指和拇指夹住拍柄，中指、无名指和小指轻握拍柄，使球拍在手腕和手指的用力下搓切来球的右下底部，使球旋转翻滚过网。挥拍用力大小、速度快慢和击球角度大小，主要取决于来球离网的远近和速度的快慢，如来球离网远、速度快，搓球时用力要大一些；如来球离网近、速度慢，则搓球时用力要小一些。总之，网前击球用力和拍面的控制要适当，否则会搓球下网或过高，出现失误或陷入被动，如图3-165～图3-168所示。

图3-165　握拍及拍面（1）

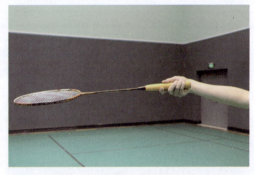

图3-166　握拍及拍面（2）

图3-167　挥拍击球动作（1）

图3-168　挥拍击球动作（2）

(4) 随前动作要领：击球后球拍回收至胸前，右脚回收，如图 3-169 所示。

图3-169　随前动作

视频：正手搓球

(5) 准备动作易犯的错误：手指握拍太紧，手臂伸得太直，两脚平站，身体太直立，影响起动速度和手腕灵活发力。

(6) 引拍动作易犯的错误：起动太慢，不能准确到位，前臂未伸向前上方，导致击球点太低。

(7) 挥拍击球动作易犯的错误：由于引拍动作错误，在高点搓球时，拍框头部高于拍框与拍柄交接处，拍面搓球时角度不对，导致搓球不过网而失误。

(8) 随前动作易犯的错误：击球后，球拍未及时回收至胸前，而是下垂，步法回动太慢。

2. 反手搓球

(1) 准备动作要领：与正手搓球的准备动作相同，如图 3-170 所示。

(2) 引拍动作要领：用前交叉步加蹬跨步至网前左区，随步法移动改为反手握拍，前臂上举，手腕前屈，手背约与网同高，拍面低于网顶，以反拍拍面迎球，如图 3-171 所示。

图3-170　准备动作　　　　　　　　　图3-171　引拍动作

(3) 挥拍击球动作要领：击球的瞬间，主要靠前臂的前伸并外旋，手腕由内收至外展，搓切球托的右侧后底部，拍面应有一定的斜度，如图 3-172 和图 3-173 所示。

(4) 随前动作要领：击球后，右脚迅速回位，球拍及时回收至胸前。

(5) 易犯的错误：与正手搓球易犯的错误基本相同。

图3-172　挥拍击球动作（1）　　　　　图3-173　挥拍击球动作（2）

视频：搓球 反手 收搓　　　　　　　视频：搓球 反手 展搓

## （二）放网前球击球法

放网前球与搓球的不同之处是，球过网后没有旋转与翻滚，不仅落点靠近球网，而且有利于各种位置的回击，如远网球、被动球，均可采用放网前球的击球技术（但在这种情况下搓球就不好用），目的是调动对方，为己方创造有利的进攻形势。

放网前球击球法可分为正手放网前球和反手放网前球两种。

1. 正手放网前球

（1）准备与引拍动作要领：与正手搓球基本相同，如图3-174所示。

（2）挥拍击球动作要领：击球点在腰际以下，击球的瞬间，不是用搓、切的动作，而是轻轻向上提（见图3-175和图3-176），直击球托后底部，使球过网后垂直下落，如图3-177所示。

（3）易犯的错误：与正手搓球易犯的错误基本相同。

图3-174　准备动作　　　　　　　　　图3-175　拍面细节图（1）

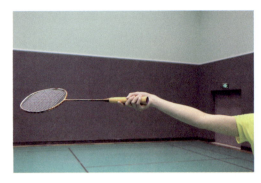

图3-176　拍面细节图（2）

图3-177　挥拍击球动作

视频：放网前球 正手

**2. 反手放网前球**

（1）准备动作与引拍动作要领：与反手搓球基本相同，如图3-178所示。

（2）挥拍击球动作要领：击球点在腰际以下，击球的瞬间不是用搓、切的动作，而是轻轻向上提，直击球托后底部（见图3-179、图3-180），使球过网后垂直下落，见图3-181。

图3-178　准备动作与引拍动作

图3-179　拍面细节图（1）

图3-180　拍面细节图（2）

图3-181　挥拍击球动作

视频：放网前球 反手

(3) 随前动作要领：与反手搓球基本相同。

(4) 易犯的错误：与反手搓球易犯的错误基本相同。

### （三）勾球击球法

勾球是把对方从两边击来的网前球用勾的动作回击到对方对角网前区，当球朝对方对角飞越网顶时，不能离网太高，最好是贴网而过。这是一种主动进攻的技术，如能与搓球、推球结合好，则战术效果更佳。

勾球可分为正手主动勾球、正手被动勾球、反手主动勾球、反手被动勾球四种。

**1. 正手主动勾球**

(1) 准备动作要领：身体面对右侧球网，右脚在前，膝盖微屈，右手正手握拍，自然置于身前，如图3-182所示。

(2) 引拍动作要领：右脚向来球方向前跨一步，右臂前伸，前臂向上举拍，提高身体的重心，球拍斜对球网，迎接来球，如图3-183所示。

图3-182 准备动作

图3-183 引拍动作

(3) 挥拍击球动作要领：击球的瞬间，前臂稍有内旋，并向左拉收，手腕由后伸至内收闪腕，挥拍拨击球托的右侧下部，使球朝对角线网前方飞行，如图3-184、图3-185所示。

另一种击球法是引拍时向右前上方举起，拍面朝上，在球拍面的右侧上方击球，前臂内旋，使拍面朝左旋转，击球托底部，让球朝对方对角线网前飞行。

正手被动勾球与正手主动勾球动作基本相同，只是击球点靠下一点。

视频：主动勾对角球 正手

视频：被动勾对角 正手

图3-184　挥拍击球动作（1）　　图3-185　挥拍击球动作（2）

### 2. 反手主动勾球

（1）准备动作要领：身体侧对左侧球网，右脚在前，右膝微屈，右手反手握拍自然前举，如图3-186所示。

（2）引拍动作要领：左脚前迈，身体重心前移，以并步加蹬跨上左网前，球拍随手臂下沉，距离网顶约20厘米。这一过程保持手腕及手指放松，如图3-187所示。

图3-186　准备动作　　　　　　图3-187　引拍动作

（3）挥拍击球动作要领：当来球过网时，右肘突然下沉，向回拉，同时前臂外旋，手腕微屈，再闪腕，拇指内侧和中指把拍柄往右侧推送，其他手指突然握紧拍柄，拨击球托，使球沿对角线方向飞越过网（见图3-188、图3-189）。

另一种击球法是引拍时向左前上方举起，拍面朝上，在球拍面的左侧上方击球，前臂外旋，使拍面朝右旋转，击球托底部，让球朝对方对角线网前飞行。

反手被动勾球和反手主动勾球的动作基本一致，只是击球点靠下一点。

（4）随前动作要领：击球后球拍回收至胸前，此时，身体重心朝左场区转移，用前交叉步回动至中线靠左边的中心位置，以利于回击对方重复放网前球，如图3-190、图3-191所示。

图3-188　挥拍击球动作（1）　　　　　图3-189　挥拍击球动作（2）

图3-190　随前动作（1）　　　　　　图3-191　随前动作（2）

视频：反手主动勾球　　　　　　　视频：反手被动勾球

（5）易犯的错误：与正手搓球易犯的错误基本相同。

### （四）扑球击球法

扑球是网前进攻技术中威胁性最大的一项技术，即将对方击过来离网顶10～20厘米高的球，以最快的速度向下扑压。球必须是向下飞行，腕力爆发力强，动作幅度小，出手快，给对方造成很大的威胁，一般是比赛中直接得分的一项技术。扑球可分为正手扑球和反手扑球两种。

#### 1. 正手扑球

（1）准备动作要领：与正手搓球动作相同，如图3-192所示。

（2）引拍动作要领：左脚先蹬离地面，然后右脚向右网前蹬跃起。在蹬跃的过程中，前臂稍向上伸并略有外旋，在腕后伸的同时，握拍略有变化，虎口对准拍柄的宽面，小指和无名指稍微松开，使拍柄离开鱼际肌，如图3-193所示。

图3-192 准备动作

图3-193 引拍动作

（3）挥拍击球动作要领：击球的瞬间，手腕由后伸内收闪动至外展，使球拍从右侧向左侧挥动发力。如球离网顶较近，则应采用自右向左的"滑动式"挥拍扑球（或称"拨球"），以免球拍触网犯规，如图3-194～图3-197所示。

图3-194 引拍动作手部细节

图3-195 挥拍击球动作手部细节

图3-196 挥拍击球动作（1）

图3-197 挥拍击球动作（2）

（4）随前动作要领：击球后，手臂以制动动作结束，并迅速收回至体前，做好迎接下一个球的准备，如图3-198所示。

（5）易犯的错误：挥拍击球时，挥拍路线不论球距网顶远近，均采用前后挥动球拍的动作。这样，当球离网顶较近时就容易触网犯规。另外，也应该注意避免过网击球。

图3-198 随前动作

视频：扑球 正手

2. 反手扑球

（1）准备动作要领：与正手扑球动作相同，如图3-199所示。

（2）引拍动作要领：左脚先蹬离地面，然后右脚向左网前蹬跃。在蹬跃的过程中，前臂前伸将球拍上举，手腕外展，拇指顶压在拍柄的宽面上，食指和其他3指并拢，如图3-200、图3-201所示。

图3-199 准备动作

图3-200 引拍动作

图3-201 引拍拍面细节

视频：扑球 反手

（3）挥拍击球动作要领：击球瞬间，手臂伸直，手腕由外伸至内收闪动，手指紧握球拍，拇指顶压发力，自左至右加速挥拍击球，如图3-202、图3-203所示。

（4）随前动作要领：击球后，立即屈肘，手腕由内收至外展，然后放松回收。

（5）易犯的错误：与正手扑球基本相同，只不过是左场区，挥拍时应自左至右，不应前后挥动，除非来球离网顶远才能前后挥动。

图3-202　挥拍击球动作

图3-203　击球拍面细节

### （五）下手正手网前被动挑高远球

（1）准备、引拍动作要领：左脚垫步前移，右脚向正手网前跨一大步，右脚尖稍朝外。球拍前伸，前臂外旋，手腕伸展，将球拍引至右侧下方，如图3-204、图3-205所示。

图3-204　准备动作

图3-205　引拍动作

（2）击球动作要领：前臂内旋，屈腕发力，以正拍面击打球托的后下部，并向前上方挥动（见图3-206）。

（3）随前动作要领：击球后，球拍向前上方挥动并制动，用垫步迅速回位（见图3-207）。

图3-206　击球动作

图3-207　随前动作

下手正手网前被动挑高远球易犯的错误如下。

第一,准备、引拍动作易犯的错误:起动和移动速度太慢,蹬跨步太小,右脚尖朝内,导致移动不到位,引拍动作未能形成挥拍动作的最长距离,不利于产生爆发力。

第二,击球动作易犯的错误:握拍太紧,不能产生较好的爆发力,不能以正拍面击球。

第三,随前动作易犯的错误:击球之后,球拍未制动,球拍挥得太高,不能迅速回动,而是向前跟进。

### (六)下手反手网前被动挑高远球

(1)准备、引拍动作要领:左脚向左前移一小步,同时,上身稍向左转,左脚后蹬,右脚向左前方跨一大步到位。球拍由身前引向左下方,拍面朝上,上身前屈(见图3-208、图3-209)。

图3-208 准备动作

图3-209 引拍动作

(2)击球动作要领:左脚跟进一小步,形成稳定的弓箭步,前臂外旋带动手腕由外展至内收,由微屈至伸,手臂由下向上挥动击球。挑球时应注意,如来球离网较远,向前上方挥动击球;如果球离网较近,拍面应以由下向上提拉的动作挥动击球(见图3-210、图3-211)。

图3-210 击球动作(1)

图3-211 击球动作(2)

(3)随前动作要领:左脚跟进一小步,身体重心上提,球拍随惯性向前上方减速,身体恢复至准备动作时的姿势(见图3-212)。

图3-212 随前动作

视频：挑高球 反手 直线

视频：挑高球 反手 对角线

下手反手网前挑高远球易犯的错误如下。

第一，准备、引拍动作易犯的错误：起动、移动速度太慢，左脚未先移一小步，右脚立即向前蹬跨一大步，导致移动不到位，引拍动作未能形成挥拍动作的最长距离。拍面不是向上，而是向网。手腕形成明显的屈腕动作，不利于产生爆发力。

第二，击球动作易犯的错误：由于引拍动作的错误，造成击球时发力不佳。来球近网时，提拉动作向上不够，造成下网。

第三，随前动作易犯的错误：左脚跟进一大步，身体重心上提不够，导致向前太多，回位太慢。

### （七）推球击球法

推球是以推的动作把对方击来的网前球反击到对方后场底线，球的飞行弧线较低，速度较快，可造成对方回击的困难。

推球可分为正手推直线球、正手推对角线球、反手推直线球、反手推对角线球四种。

#### 1. 正手推直线球

（1）准备动作要领：右脚在前，左脚在后，两脚间距离比肩略宽，右手握拍自然地举在胸前，身体微微前倾并含胸收腹，如图3-213所示。

（2）引拍动作要领：用后交叉步加蹬跨步至网前右区，前臂随步法移动伸向右前上方并外旋，手腕稍向后伸，球拍随着往右下后摆，使拍面正对来球，如图3-214所示。

（3）挥拍击球动作要领：击球的瞬间，前臂内旋，带动手腕由后伸到屈腕闪动，并特别注意运用食指推压力量。球过网飞行弧度的高低，取决于击球瞬间击球点的高低和拍面角度的大小，如图3-215所示。拍面细节如图3-216、图3-217所示。

（4）随前动作要领：击球后，球拍回收至胸前，右脚回蹬回位。

（5）易犯的错误：准备、引拍、随前动作易犯的错误与正手搓球基本相同。挥拍击球时，易犯的错误是拍面的角度和推球力量的大小未能适当地控制，导致失误。

图3-213　准备动作

图3-214　引拍动作

图3-215　挥拍击球动作

图3-216　拍面细节（1）

图3-217　拍面细节（2）

视频：正手推直线球

2. 正手推对角线球

(1) 准备、引拍动作要领：与正手推直线球相同，如图3-218、图3-219所示。

(2) 挥拍击球动作要领：击球瞬间，前臂内旋，带动手腕由后伸到屈腕闪动，并灵活运用食指的推压力量。击球点靠近肩侧前，采用由右至左的挥拍击球方式，如图3-220所示。拍面细节如图3-221、图3-222所示。

(3) 随前动作要领：与正手推直线球动作相同。

(4) 易犯的错误：与正手推直线球易犯的错误基本相同。

图3-218　准备动作

图3-219　引拍动作

图3-220　挥拍击球动作

图3-221　拍面细节（1）

图3-222　拍面细节（2）

视频：正手推对角球

3. 反手推直线球

（1）准备动作要领：与正手推球动作要领相同，如图3-223所示。

（2）引拍动作要领：用前交叉步加蹬跨步至网前左区，前臂随步法移动伸向左前上方，并向左胸前收引。此时，肘关节微屈，手腕外展，手心朝下，如图3-224所示。

视频：反手推直线

（3）挥拍击球动作要领：击球的瞬间，前臂稍外旋，手腕由外展到伸直闪腕，中指、无名指、小指突然紧握拍柄，拇指顶压拍柄。击球点在左侧前，推击球托的后部，使球呈较低的抛物线趋势飞向对方后底线，如图3-225所示。

（4）随前动作要领：击球后球拍回收至胸前，右脚回蹬回位。

(5)易犯的错误：握拍太紧，手臂伸得太直，两脚平站，身体太直立，影响起动速度和手腕灵活发力。起动速度太慢，不能准确到位。前臂未伸向左前上方，导致击球点太低。击球前手背朝网的屈腕动作使发力速度太慢，击球速度不快。

图3-223　准备动作　　　　图3-224　引拍动作　　　　图3-225　挥拍击球动作

**4. 反手推对角线球**

（1）准备、引拍及随前动作要领：与反手推直线球相同，如图3-226、图3-227所示。

图3-226　准备动作　　　　　　　　　图3-227　引拍动作

（2）挥拍击球动作要领：与反手推直线球基本相同，只不过击球点较反手推直线球更靠右侧，击打球托的左侧后部，使球沿对角线方向飞行，如图3-228～图3-332所示。

（3）易犯的错误：与反手推直线球易犯的错误基本相同。

图3-228　挥拍动作（1）　　　　　　图3-229　挥拍动作（2）

图3-230　拍面细节（1）

图3-231　拍面细节（2）

图3-232　挥拍动作（3）

视频：反手推对角

## 第五节　提高击球质量的五大要素

羽毛球运动是一项激烈的对抗性运动，取胜的关键在于高质量的击球技术，高质量的击球技术集球速快、落点准、线路巧、变化多于一体，能最大限度地调动对手，给对手制造障碍，迫使对手出现漏洞，或是跟不上节奏被迫失误，从而取得比赛的胜利。高质量的击球技术要符合"快、狠、准、活"的原则，而击球质量受来球状况、击球意识、击球技术等多方面因素的影响，现就一些基本的、直接影响击球质量的因素进行剖析，如果能协调好这些因素，一定可以提高击球技术。

### 一、如何制造合理的弧线

由于重力作用，羽毛球被球员击出后，在飞往对方场区的过程中一般呈弧线飞行，即使是强而有力的杀球也不例外，只不过球飞行时呈现的弯曲程度较小。我们把羽毛球在运行中呈现的弯曲程度叫作球的弧线。研究弧线是为了更好地掌握羽毛球的飞行规律，从而准确判断来球，控制回球的路线，达到争取主动、克敌制胜的目的。

球的弧线包括以下几方面内容：一是弧线的长度，也就是球实际运行轨迹的长度；二是弧线的曲度，也就是弧线的弯曲程度；三是球飞出的距离，也就是弧线投影在地面上的直线距离；四是球飞行的方向。

羽毛球弧线的特点是球刚被击出时弧线曲度小，越往后弧线曲度越大，最后甚至呈自由落体垂直下落。这是由羽毛球的制作材料及球本身的特殊结构、形状与空气的阻力共同作用的结果，所以必须充分利用这个特殊规律，制造出对羽毛球运动有特殊意义的弧线。

羽毛球比赛各种不同的技术对弧线有不同的要求，因此在制造弧线时一定要考虑这个重要因素。例如，中后场的击高远球和中后场的吊球，这两种技术对弧线的要求就不一样。高远球要求弧线的曲度大、弧线长，球飞出的距离远，球飞行的方向是底线高远球；而吊球则要求弧线的曲度小、弧线短，球飞出的距离近，球飞行的方向是近网短球。那么，怎样击出符合各种技术要求的弧线呢？

首先，要掌握影响弧线质量的主要因素：一是弧线的曲度，二是弧线打出的距离。在每一拍击球时都要在灵敏感觉的基础上，有意识地控制弧线的曲度和打出的距离。其次，要明确各种技术对弧线的特殊要求。例如，击高远球要高到什么程度，远到什么程度，也就是说，后场击高远球要击出多大的弧线曲度，打出多远的距离。又如，后场击平高球，要平到什么程度（弧线的曲度），远到什么程度（打出距离）。最后，要知道如何控制拍面角度、拍面方向，明白击球的力量及用力方向是控制击球弧线的根本方法。根据公式：$s=v^2\sin2\theta/g$ 可知，羽毛球被拍击出的距离 $s$ 与球出拍时的速度 $v$ 的平方成正比，与 $\sin2\theta$ 成正比，与自由落体的重力加速度成反比。因此要想将球打到一定的距离，就要增加或者减少击球的力量，增加或者减少击球的角度。当击球角度为 45° 角时，击球的用力最小，随着击球角度的增加或者减少，击球的用力就随之增大，因此在羽毛球运动的击球中，要随时根据拍形调节击球的力量。拍形决定了击球的角度，力量决定了羽毛球的初速度。两者只有很好地配合，合理地使用，才能击出符合弧线要求的球。

## 二、如何加快击球的速度

球的速度是指球被球拍击出后在空中飞行的快慢，以及球被球拍击出后落到对方场区所需时间的长短。

可见，羽毛球的速度概念不完全等同于公式 $v=s/t$ 表达的意思，而有其本身特殊的内容。羽毛球的速度包括两个含义：一个是指球本身飞行的速度，称为"绝对速度"；另一个是指运动员将球击到对方场地所需的时间长短，称为"间接速度"。"绝对速度"的提高好理解，只要球员击球的作用力大，球的飞行速度就快。而"间接速度"的提高影响因素就较多且复杂：首先，取决于对方击球的位置和击球的方式；其次，取决于己方击球所采用的方式、击球时间，以及击球力量的大小、弧线的高低、落点的远近。例如，对方打己方网前球，己方是在下降前期击球，还是在下降后期击球；是采用扑球技术，还是采用推球技术或者采用挑高球；是打在对方的前场，还是打在对方的后场或中场，以上所有因素都决定着回球的速度。可以这样讲，快是羽毛球技术的关键，球的速度快，就能调动对方、限制对方、打击对方，直至夺取最后的胜利。因此，研究球的速度，不仅是技术问题，而且是战术问题、战略问题。

如何提高球的速度？具体有以下三种方法。

第一，加快回球速度。即增加击球的力量，控制好球拍的角度和拍面的方向，控制适当的弧线和落点，选好合适的击球点。

第二，加快判断速度、移动速度和前后场技术、正反手技术的连接速度。这些速度是提高球速的基础，它们之间是相互依存、相互制约、相互促进的关系，必须同时加强。

第三，提高速度素质。即提高反应移动速度，主要是步法的移动速度。动作速度的提高，主要是手臂、手腕、手指动作速度的提高。另外，速度和力量相结合，提高速度耐力，只有这样才能保证提高击球的速度。

### 三、如何加大击球的力量

击球的力量是指球员用球拍击球时作用力的大小。在羽毛球运动中，击球力量的大小将直接影响击球的质量，较大的击球力量将使对手没有充分的时间判断来球，即使判断正确，也可能由于没有时间移动步法而造成回球失误。击球力量的大小，主要体现在球运行的速度上。牛顿第二定律告诉我们：物体运行的加速度与它所受的外力成正比，与它的质量成反比。用公式表示即 $F=ma$。由于球（标准的比赛用球）的质量是一定的，因此加速度的大小就取决于作用力 $F$。$F$ 是球员挥动球拍给予的。对同一球员来说，他所使用的球拍质量也是一定的，那么增大击球力量的方法就只有增加挥拍的加速度。加速度是指速度的变化和发生这段速度变化的时间之比。用公式表示为：$a=(v_t-v_0)/t$。由此我们不难看出，击球前 $v_0=0$，当击球时，挥拍速度越快，$v_t$ 越大，时间越短，$t$ 越小，则 $a=v_t/t$（$v_0=0$）的值越大，加速度越大。因此我们可以这样说：增加羽毛球击球力量的原理就是增加击球的加速度（挥拍的加速度），而增加加速度的方法又是通过增加挥拍的即时速度获得的。在具体击球时，增加击球的力量有如下五种方法。

第一，增加挥拍的加速距离。加速距离较长，球拍具有的能量就大，击球时传给球的能量也就大。由于拍（或球）的质量 $m$ 一定，动能 $mv$ 大，则速度 $v$ 就大，速度 $v$ 大则加速度 $a$ 就大，则作用力 $F$ 就大。

第二，身体各部位协调配合击球。仅仅靠前臂、手腕将球拍快速挥动是有一定困难的，因此必须靠腰的转动，腿的蹬地，上臂、前臂、手腕、手指的多种力量，既有局部肌肉本身的发力，又有其他部位肌肉发力传递过来的动能，最后汇聚到一起共同完成快速的挥拍动作。

第三，击球前放松身体各部位。使身体各部位肌肉尤其是主动肌放松，并得到充分的拉长（拉长肌肉的初长度有利于发力），握拍也要放松，在击球时再握紧球拍柄，这样不仅能发力击球，而且还不易疲劳。

第四，选择合适的击球点。击球点选择得好，能使动作得以充分完成，只有动作完成才能做出正确的击球动作，正确的击球动作是充分发挥击球力量的保证。

第五，提高球员的力量素质。这主要是提高手指、手腕，前臂内旋、外旋，上臂绕环，腰的转动，伸腰，下肢的蹬、跳等力量。而以上所述的身体力量的提高，应侧重于爆发力，这是提高击球力量的根本。

### 四、如何加强击球的旋转

羽毛球网前搓球动作是基本技术中唯一能使球体产生旋转、改变飞行轨迹的击球技术。搓出的球，运行轨迹不规则，出现左、右、上、下旋转，对方难以掌握回击球的方向，影响击球的稳定性。加强击球的旋转可从以下三个方面着手。

第一，击球拍面角度。根据来球距离的远近，调整拍面击球的角度。来球离网较远时，击球拍面应前倾，以斜拍面搓击球托；来球离网很近时，击球拍面倾斜角度加大，以近似水平面向前搓捻球拍以切击球托，此时有两种搓球动作，即收搓和展搓。如正手的收搓动作，击球时手腕由展腕至收腕发力，由右向左以斜拍切击球托；正手的展搓动作，击球时手腕由收腕到展腕发力，拍面由左向右以斜拍面切击球托。

第二，击中球托部位。以正手搓球为例，收搓时由右向左以斜拍切击球托的右后侧部位，使球下旋翻滚旋转过网；展搓时，拍面由左向右以斜拍面切击球托的左后侧部位，使球上旋翻滚旋转过网。

第三，击球力量。正手搓球主要靠食指的力量，反手搓球主要靠拇指的力量，并掌握好拍面角度和切击球托的部位，靠拍面与球的摩擦力使球体旋转过网。如果击球力量过小，球体只能在原地旋转，难以向前运行过网；如果击球力量过大，出现球向上弹起，则球托难以在拍面上形成一定的黏滞、搓切状态，球体则不易产生旋转。

## 五、如何打出较好的落点

球被击出后落到对方场区的某一个地方就叫作球的落点。一般来讲，球的落点可以简化为几个区域，如将球击到对方场区的前场、中场、后场，而前场、中场、后场又都可分为左区、中区、右区三部分。因此球场基本可以划分为9个击球区，即我们经常要求的落点区，也是经常练习的基本落点区。在比赛中，球员只要有意识地控制落点，并能将球击到这9个区的附近，从而达到技术和战术的要求。

# 第六节　羽毛球步法

羽毛球步法是羽毛球运动中非常重要的技术环节，与手上技术相辅相成、相互影响，没有正确的步法，一定会影响各种击球技术在场上的发挥。羽毛球步法由垫步、交叉步、蹬步、跨步、跳步组成，并根据这几种脚下动作的交叉组合，形成羽毛球步法中的上网步法、后退步法和两侧移动步法。

## 一、上网步法

羽毛球的上网步法包括跨步上网，垫步上网或交叉步上网，蹬跳上网。不论采用哪种步法上网，其上网前的站位及准备姿势都是一样的，即站位取中心位置，两脚左右开立（稍有前后），约同肩宽，两膝微屈，两脚前脚掌着地，后脚跟稍提起并左右微动；上体稍前倾，右手持拍于体前，两眼注视对方的来球。

### （一）跨步上网

（1）二步跨步上网步法：左脚先向来球方向跨出一步，左脚落地的同时，紧接着右脚向前跨出一大步到位击球。图3-233所示为右侧两步跨步上网步法，图3-234所示为左侧两步跨步上网步法。击球后右脚蹬地迅速回位至球场中心位置。

（2）三步跨步上网步法：右脚先向来球方向跨出一小步，接着左脚向前跨出一步，右脚再跨出一大步到位击球。图3-235所示为右侧三步跨步上网步法，图3-236所示为左侧三步跨步上网步法。击球后右脚蹬地迅速回位至球场中心位置。

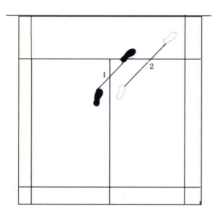

图3-233 右侧两步跨步上网步法

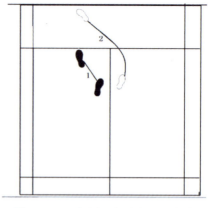

图3-234 左侧两步跨步上网步法

视频：两步跨步上网正手

视频：两步跨步上网反手

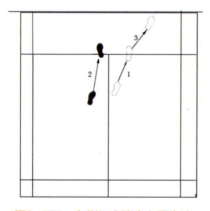

图3-235 右侧三步跨步上网步法

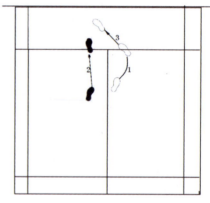

图3-236 左侧三步跨步上网步法

视频：三步跨步上网正手

视频：三步跨步上网反手

### （二）前交叉步加蹬跨步上网步法

左脚先向前迈出一步，落地时右脚抬起，利用左脚蹬地跨出一大步，到位击球。图3-237所示为右侧前交叉步加蹬跨步上网步法，图3-238所示为左侧前交叉加蹬跨步上网步法。击球后右脚蹬地迅速回位至球场中心位置。

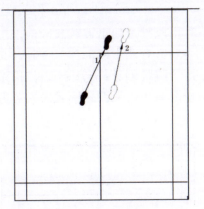
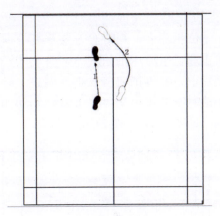

图3-237　右侧前交叉步加蹬跨步上网步法　　　图3-238　左侧前交叉步加蹬跨步上网步法

视频：前交叉步加蹬跨步上网步法正手　　　视频：前交叉步加蹬跨步上网步法反手

### (三) 后交叉步加蹬跨步上网步法

右脚先向前迈出一小步，接着左脚向右脚后迈出第二步，落地时蹬地，右脚迎向来球跨出一大步到位击球。图3-239所示为右侧后交叉步加蹬跨步上网步法，图3-240所示为左侧后交叉步加蹬跨步上网步法。击球后右脚蹬地迅速回位至球场中心位置。

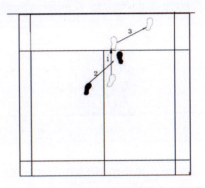
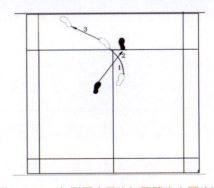

图3-239　右侧后交叉步加蹬跨步上网步法　　　图3-240　左侧后交叉步加蹬跨步上网步法

视频：后交叉步加蹬跨步上网步法正手　　　视频：后交叉加蹬跨步上网步法反手

### （四）蹬跳步上网步法

站位稍靠前，判断对方要重复打网前球时，利用双脚蹬地迅速跳向网前采用扑球技术击球，争取球刚越过球网时立即进行还击。当对方有还击网前球意图时，其站位应稍靠前，右脚稍向前做小步调整，脚刚着地便用力蹬跳侧身扑向球网，使用蹬跳上网步法时既要快，又要注重着地制动和缓冲，防止因前冲过大而触网或侵入对方场区违例（见图3-241、图3-242）。

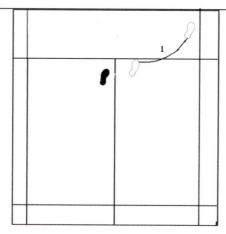

图3-241　蹬跳步上网步法（1）

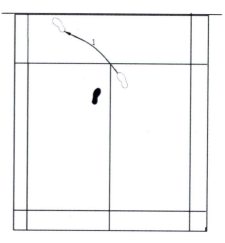

图3-242　蹬跳步上网步法（2）

蹬跳上网是在预先判断来球的基础上，利用脚蹬地，迅速扑向球网，以争取在球刚越过网时立即进行还击。单打或双打中常用此步法上网扑球。其步法是站位稍靠前，一旦发现对方有打网前球的意图，就要右脚稍向前一点地，起蹬侧身扑向网前。击球后应立即退回中心位置。蹬跳上网既要快，又要防止因前冲力过大而触网或过中线犯规。

视频：蹬跳步上网步法正手　　　　　视频：蹬跳步上网步法反手

### （五）垫步上网或交叉步上网

判断准对方来球后，右脚先迈出一小步，左脚立即向右脚垫一小步（或从右脚后交叉迈出一小步），左脚着地后，脚内侧用力蹬地，右脚再向网前跨一大步呈弓箭步，身体重心在前脚。击球后，前脚朝后蹬地，小步、交叉步或并步退回到中心位置。垫步或交叉步上网的优点：步子调整能力强，在被动的情况下，能利用蹬力强、速度快的特点迅速调整脚步，去迎击来球。垫步上网或交叉步上网的注意事项同跨步上网。

### （六）反手上网步法

在羽毛球技术中，无论是正手上网还是反手上网，都要求最后一步到位击球时，应保持右脚在前、左脚在后的身体姿势，所以反手上网的脚步移动方法和正手上网是相同的，区别在于：起动时，右髋应迅速转向左前方，使身体右侧斜对反手网前的击球点位置（这一转体，也可在移动过程中完成），以便于朝左前方移动。

在上网移动到位制动时，为维持身体的平衡，有利于击球和回动，应注意同时利用背肌的力量，克服上身向前的运动惯性，防止身体过度前倾。

上网步法的注意事项如下。

（1）上网步法要注意前冲力不要太大，避免身体失去平衡。

（2）到位击球时，前脚脚尖应朝边线方向，不应朝内侧，以有利于借前冲力向前滑步。

（3）击球后应尽快采用后退跨步、垫步或交叉步退回中心位置。

## 二、后退步法

后退步法是后退至后场完成回击高吊球、杀球、后场抽球的步法，包括正手后退步法、头顶后退步法、反手后退步法、正手后退并步加跳步、头顶侧身加跳步。

不论采用哪种步法后退击球，其后退前的站位及准备姿势均与上网步法的站位及准备姿势相同。

### （一）正手后退步法

正手后退步法，可采用并步后退步法、交叉步后退步法和并步加跳步后退步法。

（1）并步后退步法：右脚向右后侧身退一步，并带动髋部右后转，接着左脚用并步靠近右脚，通过左脚向后蹬地，右脚再向后移动到位，左脚跟进一小步，形成左脚在前、右脚在后，侧身对网的击球准备动作（见图3-243）。

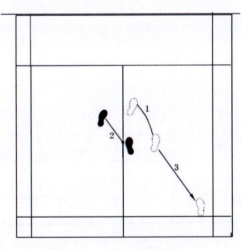

图3-243 并步后退步法

视频：正手并步后退法

（2）交叉步后退步法：起动后右脚向来球落点方向后退第一步，左脚经右脚向后交叉退第二步，右脚再交叉退第三步，身体重心放在右脚上，形成左脚在前、右脚在后，侧身对望的击球准备动作（见图3-244）。

（3）并步加跳步后退步法：与并步后退步法的第一、二步后退步法相同，第三步采用侧身双脚起跳后到位击球，然后双脚落地（见图3-245）。

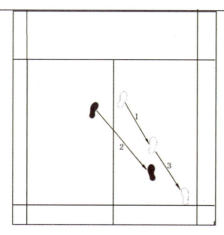

图3-244 交叉步后退步法

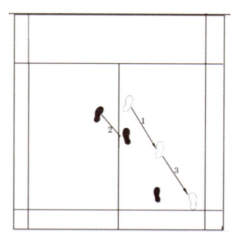

图3-245 并步加跳步后退步法

视频：正手交叉步后退法

视频：正手并步加跳步后退

### （二）头顶后退步法

头顶后退步法包括头顶并步后退步法、头顶交叉步后退步法和头顶侧身步加跳步后退步法。

（1）头顶并步后退步法：右脚蹬地，转体，向左后侧后场区域的来球落点方向后退第一步，左脚向右脚并步，重心放在右脚上，接着左脚前脚掌向后蹬地，使右脚向左后方向跨步移动到位，左脚跟进一小步，形成左脚在前、右脚在后，侧身对网的击球准备动作（见图3-246）。

（2）头顶交叉步后退步法：起动后，右脚蹬地，转体，向身体左后侧区域的来球落点方向后退一小步，左脚从右脚后交叉退一步，左脚蹬地，使右脚以前交叉步向后移动到位，左脚跟进一小步，重心放在右脚上，形成左脚在前、右脚在后，侧身对网的击球准备动作（见图3-247）。

（3）头顶侧身步加跳步后退步法：这是一种快速突击抢攻打法的后退步法。髋关节及上体在快速由右方向左后方转动的同时，右脚向后退一步，紧接着右脚向后方蹬地跳起，上身后仰。角度较大，并在凌空过程中完成击球动作，此时，左脚在空中做交叉动作后先落地，上身收腹使右脚着地时重心落在右脚上，便于左脚迅速回动（见图3-248）。

这种步法应注意如下几个重要环节：首先上身和髋部侧转要快，右脚后退至左脚的后方横侧位，其次蹬跳方向应向左后方跳起，使上身向后仰。左脚在空中做交叉后撤的动作要大，左脚的落地点超过身体重心之后。上身要有力地收腹，重心迅速恢复至右脚，左脚能迅速回动。

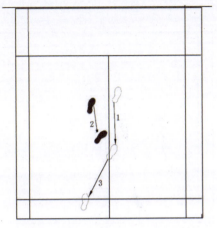

图3-246 头顶并步后退步法

视频：头顶并步后退法

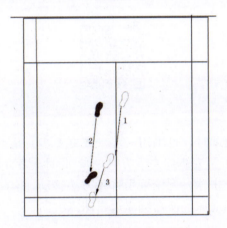

图3-247 头顶交叉步后退法

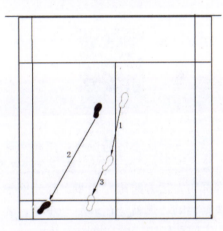

图3-248 头顶侧身步加跳步后退步法

视频：头顶交叉步后退步法

视频：头顶侧身步加跳步后退步法

### （三）反手后退步法

反手后退步法是指用反手技术还击对方击向本方左后场区高球的脚步移动方法，应根据当时所处的位置和离击球点距离的远近选择采用一步反手后退步法、两步反手后退步法、三步反手后退步法。

(1) 一步反手后退步法：如离球较近，可采用一步转体后退击球。其方法为：起动时，身体重心移向左脚，并以左脚为轴，身体向左后方转动，同时右脚向击球点方向跨出一大步，背对网击球（见图3-249）。

(2) 两步反手后退步法：如离球稍远一些，可采用两步后退步法。其方法为：左脚先向左后方撤一小步，紧接着身体左转，右脚以前交叉步向左后方跨出第二步，呈背对球网的姿势，到位后击球（见图3-250）。

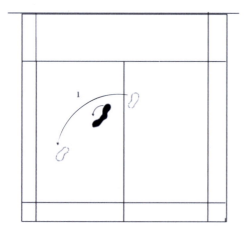

图3-249　一步反手后退步法

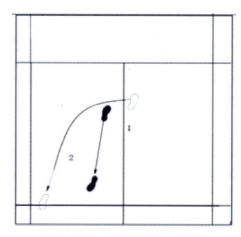

图3-250　两步反手后退步法

视频：一步反手后退步法

视频：两步反手后退步法

（3）三步反手后退步法：在离击球点比较远时，可采用三步（或更多步）反手后退击球。右脚先向左脚并一步（或交叉退一步）后左脚向左后方退一步，此时上身左转，右脚再向左后方跨出一大步，背对网形式到位击球。无论采用哪种方法移动，有一点是很重要的，那就是在最后一步时，要尽可能地保证使右脚靠近击球点方向，有利于协助击球动作的完成（见图3-251）。

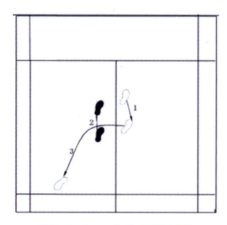

图3-251　三步反手后退步法

视频：三步反手后退步法

## 三、两侧移动步法

两侧移动步法是完成中场球的回击步法，如接杀球、接对方平射球时所采用的步法。其移动前的站位及准备姿势与上网步法的站位及准备姿势基本相同。两侧移动步法包括左侧移动步法、右侧移动步法、左侧跳步法和右侧跳步法。

(一) 左侧移动步法

(1) 一步蹬跨步法：判断来球落点离身体较近时，迅速地将身体重心调整至右脚，右脚掌内侧用力蹬地，同时左脚向左侧跨一大步到位，正对球网击球（见图3-252）。击球后左脚掌内侧蹬地回收回位。或判断来球左脚向左侧跨一步不能到位时，将重心落在左脚，以左脚前掌为轴向左转髋，同时右脚内侧用力蹬地，从左脚前向左侧跨一大步到位，背对球网击球（见图3-253），击球后右脚掌回蹬回位。

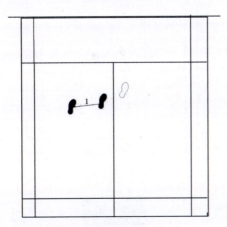

图3-252　左脚一步跨步

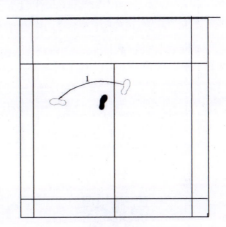

图3-253　右脚一步跨步

视频：左侧一步蹬步法

视频：左侧一步蹬步法（反手接杀出右脚）

(2) 两步蹬跨步法：判断来球落点离身体较远时，左脚先向左侧移一小步，紧接着右脚向左侧蹬跨出一大步，背对球网到位击球（见图3-254）。击球后迅速回位至球场中心位置。

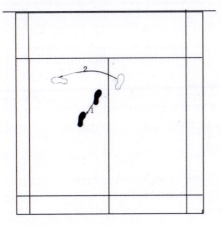

图3-254　两步蹬跨步法

视频：左侧两步蹬步法

### (二)右侧移动步法

(1) 一步蹬跨步法:当来球离身体较近时,身体重心调整至左脚,用左脚内侧蹬地,右脚随髋关节的转动,同时向右侧跨一大步到位击球(见图3-255)。

(2) 两步蹬跨步法:当来球离身体较远时,左脚应先向右侧移动一步,然后右脚向右侧蹬跨出一大步到位击球(见图3-256)。

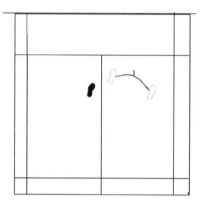
图3-255 一步蹬跨步法

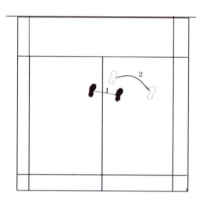
图3-256 两步蹬跨步法

视频:右侧一步蹬步法

视频:右侧两步蹬步法

### (三)左侧跳步法

如对方来球弧度较平,可采用左脚向左侧移动一步跳起突击(见图3-257)。

### (四)右侧跳步法

如对方回击右场区且来球弧度较平,可采用右脚先向右侧移动一步后跳起击球(见图3-258)。

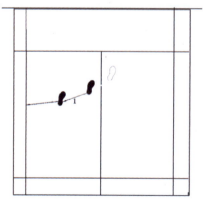
图3-257 左侧跳步法

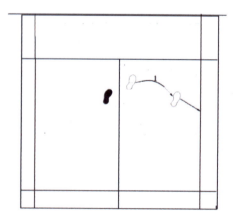
图3-258 右侧跳步法

视频：左侧跳步法

视频：右侧跳步法

上面介绍的是羽毛球运动基础的移动和跑动步法，初学者一定要按这种模式进行必要的训练，才能把羽毛球入门的基本技术练好并为提高技术水平打下牢固的基础。

## 思 考 题

1. 握拍的种类有哪些？请详细阐述握拍方法。
2. 简述高远球击球法的种类及技术要领。
3. 简述吊球击球法的种类及技术要领。
4. 试述正手原地跳杀球技术。
5. 简述接杀球技术的种类及其共同点。
6. 简述头顶后退步法的技术动作要领。

# 第四章
# 羽毛球基本技术训练

# 第一节　脚下基本站位

羽毛球运动对抗速度极快，击球前应充分合理地做好准备，能够对对手的来球做出快速反应并高质量地进行回击，所以准备姿势在比赛过程中具有重要的作用。

接球前的基本准备姿势：两脚自然开立，距离与肩同宽，与持拍手同侧的脚前移半步，两脚后跟自然提起，用前脚掌触地，两膝弯曲，身体重心微降。持拍手稍微屈肘展腕，拍头上仰于胸前。持拍手放松置于身体前方中心位置，无论对方将球击向场上何处，都能以最短的距离、最快的速度挥拍击球。

### （一）单打基本站位

做接球前的基本准备姿势，考虑到后场击球相对于前场击球稍微困难，可将单打击球前基本站位位置（即中心点）选择在场地 1/2 中心点稍偏后一小步的位置上（见图 4-1）。

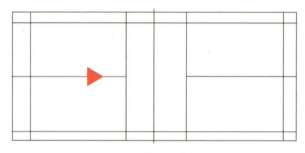

图 4-1　单打基本站位

**1. 进攻站位**

准备主动进攻时，两脚开立呈斜步站位姿势（见图 4-2，以右手持拍为例），做前后方向移动。

**2. 防守站位**

准备被动防守时，双脚开立应稍大，重心降低，两脚左右开立呈平步站位姿势（见图 4-3），以利于向两侧平行移动防守。

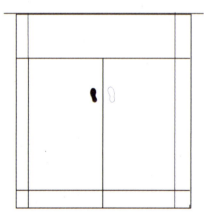

图 4-2　进攻站位

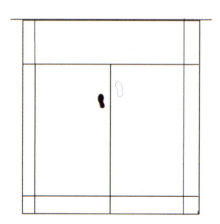

图 4-3　防守站位

在掌握了基本站位方法的基础上，应根据实际情况及战术需要，因时因地地选择单、双打比赛中适当的站位。

## （二）单打发球的站位

单打的发球站位距前发球线约 1 米（见图 4-4）。选择场地中部这个位置发球，有利于迎击前、后、左、右等任何距离和任意落点的来球。但是发球站位也可以根据个人习惯和球场上的战术需要自行选择。

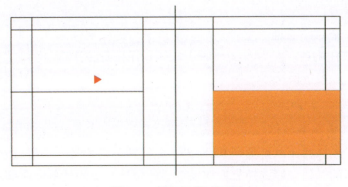

图4-4　单打接发球区域

## （三）单打接发球站位

单打接发球站位应距离前发球线 1.5 米。在左发球区接发球，一般选择有效发球区域中心位置站位（见图 4-5），以便能照顾到发至前、后、左、右各种落点的球。在右发球区接发球，选择有效发球区域中心稍靠近中线的位置站位（见图 4-6）。

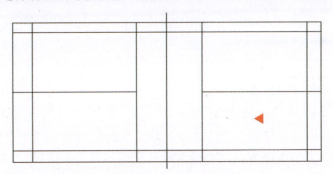

图4-5　单打左发球区域接发球站位

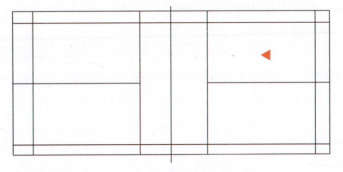

图4-6　单打右发球区域接发球站位

### (四) 正手发球准备姿势

两脚自然分开，左脚在前，脚尖对网；右脚在后，脚尖稍斜，重心放在右脚。左手大拇指、食指、中指捏住羽毛球球托与羽毛结合处，自然抬举至胸前方；右手正手握拍放松屈举至身体后侧，呈发球前的准备姿势。

注意：无论发后场高远球、后场平高球、后场平射球，还是前场小球，发球前的准备姿势必须一致，增加隐蔽性，让对方在己方发球前难以判明虚实，增加其判断的难度。

### (五) 接发球准备姿势

左脚在前，全脚掌着地；右脚在后，前脚掌着地。双膝稍屈，重心落在左脚。右手持拍自然举放在胸前，左臂自然屈肘于左侧，保持身体平衡，两眼注视前方，判断对方的发球方向，准备接发球。

### (六) 双打接发球站位及准备姿势

#### 1. 双打接发球基本站位

双打由于后发球线比单打缩短92厘米，发高球易被扣杀，一般以发小球为主。因此，双打接发球的站位一般选择靠近前发球线的位置，目的是争取在网前抢高点击球。在右发球区接球，站位略偏左靠近中线。

#### 2. 双打接发球准备姿势

左脚全脚掌着地在前，右脚前脚掌触地在后，身体重心落在左脚，双膝稍屈，右手屈肘举拍至头顶前上方，左手自然屈肘于左前侧，保持身体平衡，眼睛注视对方，准备接发球。

## 第二节　脚下步法练习

### 一、接发球移动步法

#### (一) 正、反手前场接发球移动步法

以单打接发球准备姿势站立，正手前场接发球时，判断来球方向后左脚蹬地，同时右脚向身体右前方的来球方向跨大步击球（见图4-7）。击球后，脚步向场地中心位置移动，准备接下一个来球。

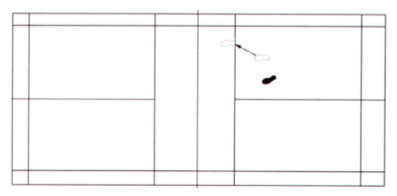

图4-7　正手前场接发球

反手前场接发球时，则判断来球方向后右脚蹬地向身体左前方来球方向跨步接球（见图4-8）。

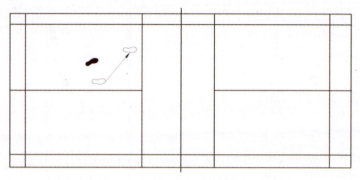

图4-8 反手前场接发球

### （二）接头顶、正手后场发球移动步法

以单打接发球准备姿势站立，头顶后场接发球时，双脚蹬地向身体左后侧来球方向起动，同时右脚回退第一步，身体重心在右脚上，配合上肢击球动作，向身体左后侧方向交叉起跳接发球（见图4-9中的A）。

正手后场接发球时，左脚蹬地向身体右后方起动后退第一步，右脚经左脚向来球方向交叉后退第二步（见图4-9中的B），配合上肢交叉起跳接发球。或左脚蹬地，使右脚向右后方后退第一步，左脚并步跟上，紧接着右脚跨第二步到位，以并步后退步法完成正手后场接发球移动，最后通过交换步起跳接发球。

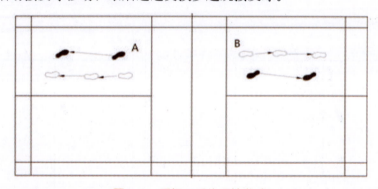

图4-9 后场正手头顶接发球

## 二、前场击球步法

### （一）前场正手击球步法

来球在右侧前场区域，运用蹬跨步、交叉步或垫步移动步法向右侧的前场区域移动。

1. 前场正手三步上网步法

来球在中圈外，起动后右脚迅速向右前方迈出第一小步，左脚紧接着向前交叉迈出第二小步，同时左脚的前脚掌蹬地，右脚再向前跨出第三大步（见图4-10和图4-11），准备击球。击球后，右脚向中心退回第一步，左脚交叉退回第二步，双脚同时再做一小跳步回位。

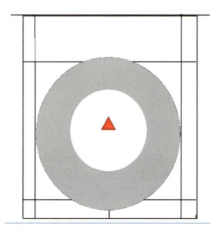

图4-10　击球区域划分

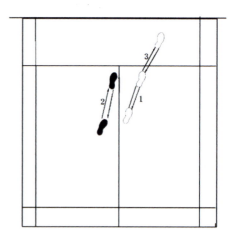

图4-11　前场正手三步上网

**2. 前场正手两步上网步法**

来球在中圈内，起动后左脚向右脚右前方迈出第一小步，同时用力蹬地，右脚交叉跨出第二大步的同时击球（见图4-12）。击球后，右脚立即往中心撤回第一步，左脚紧跟其后退回第二步回位。

**3. 前场正手一步上网步法**

来球在小圈内，起动后左脚掌用力蹬地，右脚向来球方向跨出一大弓箭步的同时击球（见图4-13）。击球后，右脚立即往中心位置退步回位。

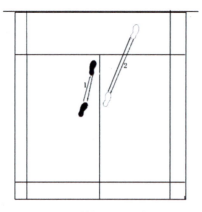

图4-12　前场正手两步上网

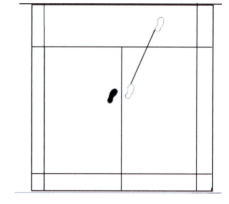

图4-13　前场正手一步上网

## （二）前场反手击球步法

来球在左侧前场区域，运用蹬跨步、交叉步或垫步向左前方移动击球。

**1. 前场反手三步上网步法**

来球在中圈外距离身体较远，起动后右脚迅速向左侧前方迈出第一小步，左脚向前交叉迈出第二小步，同时左脚前脚掌用力蹬地，右脚再向前跨出第三大步（见图4-14）。击球后右脚向中心位置撤回第一步，左脚紧跟着撤回第二步，两脚再向中心位置做一小跳步回位。

2. 前场反手两步上网步法

来球在中圈内,起动后左脚向左前方来球方向迈出第一步,右脚向前方交叉跨出第二步的同时击球(见图4-15)。击球后右脚立即往中心位置撤回第一步,左脚撤回第二步,左右脚同时再做一小跳步回位。

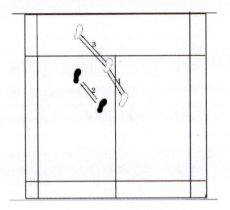

图4-14 前场反手三步上网

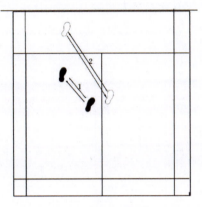

图4-15 前场反手两步上网

3. 前场反手一步上网步法技术

来球在小圈内,起动后左脚蹬地,右脚向来球方向跨大弓箭步的同时击球(见图4-16)。击球后右脚向中心位置撤回一步,左脚再撤一小步回位。

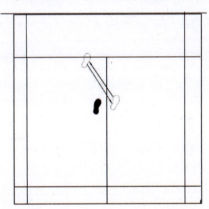

图4-16 前场反手一步上网

## 三、中场击球步法

### (一)中场正手击球步法

右场地中心位置右侧区域移动击球的步法称为中场正手击球步法。中场正手击球步法可分为中场正手蹬跨步接杀球步法、中场正手垫步接杀球步法和中场正手一步腾空接杀球步法。

1. 中场正手蹬跨步接杀球步法

当来球距离身体较近时,以左脚前脚掌为轴心,向右侧的来球方向蹬地起动。同时身体向右转90°角面向来球方向,右脚向来球方向跨步的同时击球(见图4-17)。完成击球后，右脚迅速向中心位置撤回一步回位。

2. 中场正手垫步接杀球步法

起动后左脚蹬地向右脚迈出一小垫步，同时向右转体90°，面向来球方向。右脚向来球方向跨出第二步（见图4-18），准备击球。击球后，跨步脚一触地即向中心位置退回一小步，左脚紧随其后向中心位置退回第二步回位。

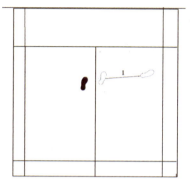
图4-17  中场一步接杀球

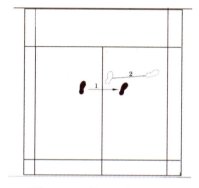
图4-18  中场两步接杀球

3. 中场正手一步腾空接杀球步法

往中场右侧区域位置移动起跳击球的步法称为中场正手一步腾空接杀球步法。来球距离身体较近时，由接球前的准备姿势屈膝起动，向身体右侧来球方向蹬地斜步起跳（见图4-19中的A），准备击球。完成击球后，身体重心放在右脚，当右脚触地瞬间，迅速向中心位置回位。

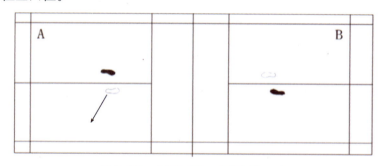
图4-19  中场正手一步腾空接杀球

## （二）中场反手击球步法

由中心位置向左侧移动击球的步法称为中场反手击球步法，其步法分为中场反手一步接杀球步法、中场反手两步接杀球步法和中场头顶击球腾空步法。

1. 中场反手一步接杀球步法

当来球距离身体较近时，由接球前的准备姿势起动，左脚向来球方向蹬地跨步，向左转体90°角(见图4-20)，准备击球。击球后,左脚跟触地迅速向中心位置退回一步，两脚做一小跳步完成回位。

2. 中场反手两步接杀球步法

来球距离身体较远时，起动后左脚蹬地向来球方向迈出第一小步，向左转体，背向球网，身体重心在左脚上。右脚紧跟其后向来球方向自左脚前运用前交叉步，迈出第二步蹬跨步（见图4-21），准备击球。完成击球后，右脚迅速向中心位置退回第一步，同时向右转体，两脚做一小跳完成回位。

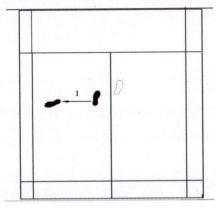

图4-20　中场反手一步接杀球

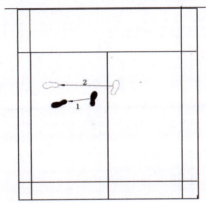

图4-21　中场反手两步接杀球

3. 中场头顶击球腾空步法

往中场左侧区域移动，并利用头顶击球姿势起跳的步法称为中场头顶腾空步法。

来球距离身体较近时，屈膝，右脚前脚掌蹬地，左脚向身体左侧斜步起跳，仰面准备击球（见图4-19中的B）。完成击球后，身体重心落在左脚上，迅速向中心位置并一步，右脚向中心位置再向前跨一步，完成回位动作。

## 四、后场击球步法

### （一）后场正手后退步法

1. 后场正手两步后退步法

来球距离身体不远时，以左脚的前脚掌为轴心，右脚向右后侧区域的来球落点方向蹬地起动后退步，同时左脚向右脚并步，重心在右脚上，右脚向右后斜方后退第二步后跳起（见图4-22）准备击球。击球后，右脚触地并迅速向中心位置迈回第一步，左脚向中心位置迈回，第二步双脚再接一小跳步，完成回位。

2. 后场正手三步后退步法

来球距离身体过远时，起动后右脚向来球落点方向后退第一小步，左脚经右脚往后交叉后退第二步，右脚再交叉后退第三步，身体重心放在右脚上，向右后方向斜步起跳（见图4-23），准备击球。击球后，右脚触地并迅速向中心位置迈回第一步，左脚交叉迈回第二步，双脚再接一小跳步完成回位。

3. 后场正手被动后退步法

后场正手被动后退步法是当对方来球质量较高、己方处于被动低手位时运用的跨步击球步法。起动后，右脚向来球落点方向后退第一步，左脚交叉后退第二步，右脚又经左脚再向后交叉弓箭步跨出第三步同时转体，面向来球，准备击球。要想降低身体重心，可采用跨步姿势击球。击球后，身体重心落在右脚，迅速向中心位置蹬地迈回第一步，左脚向中心位置迈出第二步，同时转体面向球网，双脚向中心位置做第三步跳步，完成回位。

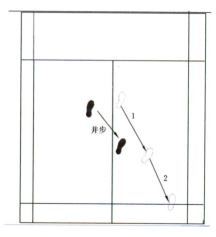

图4-22 后场正手两步后退步法

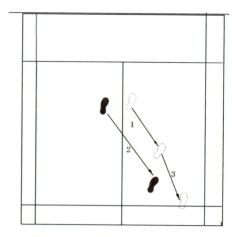

图4-23 后场正手三步后退步法

### （二）后场头顶后退步法

**1. 后场头顶两步后退步法**

右脚蹬地，转体，向左后侧后场区域的来球落点方向后退第一步，左脚向右脚并步，重心落在右脚（见图4-24），右脚蹬地向左后交叉后退第二步，起跳击球。击球后，左脚触地并迅速向中心位置回位。

**2. 后场头顶三步后退步法**

起动后，右脚蹬地，转体，向身体左后侧区域的来球落点方向后退第一步，左脚后交叉后退第二步，右脚再向左后交叉后退第三步（见图4-25），身体重心落在右脚，交叉步起跳击球。击球后，右脚迅速向中心位置蹬地交叉步回位。

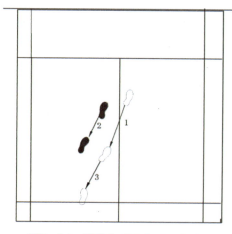

图4-24 后场头顶两步后退步法

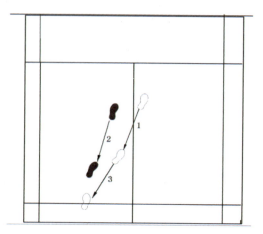

图4-25 后场头顶三步后退步法

### （三）后场反手转身"后退"步法

在左侧的后场区域，配合反手击球的后退步法称为后场反手转身"后退"步法。

1. 后场反手转身两步"后退"步法

右脚蹬地向左后场区转体起动，同时左脚向左后侧来球落点方向迈出第一步。右脚交叉向来球方向再跨出第二步（见图4-26），呈背对球网的姿势，右脚触地的同时完成击球，身体迅速右转，右脚向中心位置回位第一步，左脚交叉向中位置迈出第二步，完成回位动作。

2. 后场反手转身三步"后退"步法

如果来球距离身体位置较远，则以左脚前脚掌为轴心，右脚蹬地向身体左后侧来球落点方向转体迈出第一步，左脚紧接其后向左后侧迈出第二步，右脚再交叉向来球落点方向跨出第三步，并同时击球（见图4-27），击球后身体重心落在右脚，迅速蹬地转身向中心位置方向迈出第一小步，左脚随即交叉迈出第二步，右脚再向中心位置迈出第三步，完成回位动作。

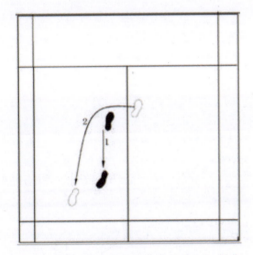
图4-26 后场反手转身两步"后退"步法

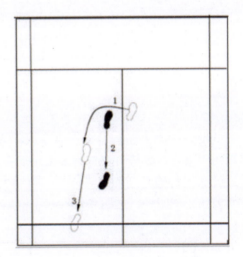
图4-27 后场反手转身三步"后退"步法

3. 后场反手转身被动"后退"步法

此步法用于对方来球质量较高、己方处于左后场区域较被动的低手位击球的情况。

右脚蹬地向左后侧来球落点方向转身起动后撤第一小步，左脚交叉向来球落点方向迈出第二步，右脚以弓箭步向来球落点方向跨出最后一步，以被动低手位完成击球。右脚触地完成击球后，提高身体重心，迅速向右转体并向场地中心方向回位迈出第一步，左脚紧跟其后经右脚交叉向中心位置回位迈出第二步，最后右脚向中心位置迈出第三步，完成回位动作。

### （四）双打中场击球移动步法

1. 平行站位中场正手接杀球步法

由双打击球前的准备姿势开始，以左脚为轴心，右脚向右上步或向右侧跨步的同时击球。如果来球直冲身上，则以左脚为轴心，右脚向右后撤一步的同时击球。

2. 平行站位中场反手接杀球步法

以双打击球前的准备姿势开始，向来球方向起动，右脚向左前方跨步，或是左脚向左后侧退步的同时击球。

3. 前后站位中半场移动步法

此步法用于接发第三拍球。如来球在右中半场，则右脚向来球方向迈出第一步，左脚紧跟着并第二步至右脚旁，右脚随即向来球方向跨出第三步的同时击球。

如来球在左中半场，则左脚向来球方向迈出第一小步，右脚紧跟其后经左脚向来球方向跨步后击球。如来球的距离较近，也可以通过左脚向左侧跨出一步后击球。

### （五）双打后场击球移动步法

前后站位后半场移动步法。此步法用于接发第三拍球。如来球在右后半场，则右脚向来球方向后撤第一步，左脚紧跟着并第二步至右脚旁，右脚随即向来球方向跨出第三步后击球；如来球在左后半场，则右脚向后跨出一大步，左脚紧跟其后经右脚向来球方向跨步后击球。

## 第三节　单、双打发球技术

### 一、单打发球技术

#### （一）单打发球的姿势和种类

就发球的姿势而言，有正手发球姿势和反手发球姿势之分。一般情况下，单打时多采用正手发球姿势，双打时多采用反手发球姿势。

就球飞行的角度和距离而言，可将发球分为后场高远球、后场平高球、后场平射球和前场小球四种（见图4-28）。

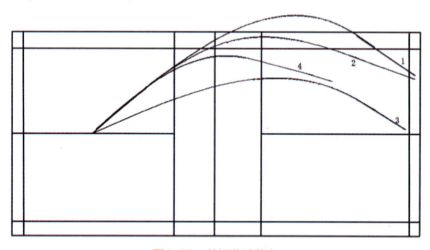

图4-28　单打发球落点

1—后场高远球；2—后场平高球；3—后场平射球；4—前场小球

1. 后场高远球

这种发球多采用正拍面将球击得又高又远，球飞行至最高点后突然掉头垂直落至端线附近。由于这种球的落点处于对方端线附近（见图4-28中的1），能有效地调动对方远离中心位置，并削弱其进攻的威力，同时也可增大对方衔接下一拍球的难度，所以在单打中被普遍采用。

### 2. 后场平高球

这是用正、反拍面击出飞行弧线较发后场高远球低的一种发球方法（见图 4-28 中的 2）。其落点视单、双打发球规则的不同要求有远近之分，分别在单、双发球区域的端线附近。球飞行的高度以对方起跳无法拦截为宜。由于飞行弧线不高和球速相对高远球稍快，所以与发前场小球配合使用能增大对方接发球的难度。

### 3. 后场平射球

这是用正、反拍面击出飞行弧线较后场平高球还要低的一种发球方法（见图 4-28 中的 3）。这种球几乎擦网而过，直射对方后场端线，具有球速快、突击性强的特点，是单、双打发球抢攻战术中常用的一种发球方式。实战中，当接发球方无准备或接发球方站位出现空当时，发这种球可发挥其快速和突变的威力，使接发球方陷于被动或被迫出现失误。

### 4. 前场小球

这是运用正、反拍面摩擦击球，使球轻轻擦网而过，落在对方前发球线附近的一种发球方法（见图 4-28 中的 4）。由于它的飞行弧线低、距离短、落点在前场，可以有效地限制对方接发球后进行主动进攻使己方陷入被动局面，所以是单、双打中较常见的一种发球方式。

## （二）正手发球技术

（1）以发球准备姿势站立，持球的手松手放球，持拍的手上臂外旋带动前臂充分伸腕，自下而上沿半弧形做回环引拍动作。

（2）同时随引拍动作转体，重心向左脚移动。当拍挥至身体右侧前下方，转身至接近于面对球网时，准备击球。

注意：发球最佳球点在左脚尖的右前下方。

（3）击球动作。下面分别介绍发平射球、平高球、高远球和小球的击球动作。

① 正手发平射球击球动作：击球点在规则允许的范围内争取略高，拍面与地面成近似 95°的仰角，前臂内旋，带动手腕快速闪动屈指向前发力击球。关键是击球动作小而快，爆发力和目的性强。

② 正手发平高球击球动作：击球点须在右前下方略高于发高远球的击球位置。击球时前臂带动手腕发力，拍面与地面成小于 45°的夹角，向前推进击球。关键是控制好球的飞行弧度。如果拍面仰角大，击出的球过高，就达不到战术目的；如果拍面仰角小，击出的球较低，则容易被对手拦击。

③ 正手发高远球击球动作：当拍面与球接触的瞬间，上臂与前臂迅速内旋，带动手腕快速向前方屈指展腕闪动发力，用正拍面将球击出。

④ 正手发小球击球动作：击球时握拍要松，前臂前摆，以手指控制力量收腕发力，用斜拍面往前推送切击球托，使球轻轻擦网而过，落入对方前发球区内。为了控制好击球力量，引拍动作较发高远球要小且柔和一些，发球后收腕，以收腕姿势制动结束。

（4）击球后，身体重心完全移至左脚上，持拍手随击球后的惯性动作自然向头部左前上方挥动，手腕呈展腕状态。

## 二、双打发球技术

发球是双打的一项重要技术。双打由两队四人同场竞技,球速较单打更快,发球的要求也更高。如果发球质量不好,比赛开始就会陷入被动挨打的局面。因此,发球是争取开局主动的关键。

1. 双打发球站位

双打发球者的站位较单打靠前,在紧靠前发球线与中线交接附近的T形位置。选择这个位置发球,便于发球后抢击封网前球。另一同伴在后场中部位置准备接第三拍。男女混合双打中,由于分工不同,男队员发球站位一般移至女队员身后。

2. 双打有效发球区域

选手在右发球区发球,必须以对角线路将球发在对方的右发球区内。双打右发球有效区域为中线、中线右边的双打边线、双打后发球线和前发球线之间。

### (一) 双打发球的种类

根据双打短、平、快的特点,发球方以发后场平高球、后场平射球和网前小球为主。各项发球飞行线路与单打发球相同,只是根据双打发球区域的变化,其落点位置较单打的略有变化。

1. 双打发后场平高球

双打发后场平高球是飞行弧线较发后场高远球低的一种发球方式,其飞行高度以对方跳起无法拦截为宜,落点在双打后发球线附近。由于这种发球的落点位于对方后场附近,故应与发网前小球配合使用,以增加对方接发球的判断难度。

2. 双打发后场平射球

双打发后场平射球以几乎与球网平行的弧线直射对方双打后发球线附近,具有球速快、突然性强的特点,多用于双打发球抢攻战术。在接发球方无准备、站位出现空当的情况下,或是为了加快节奏,运用这种快速、突变的发球方式,可迫使接发球方陷于被动或者接发球时出现失误。

3. 双打发网前小球

双打发网前小球是以斜拍面摩擦击球,使球贴网而过,落在接发球方前发球线附近的一种发球方式。这种小球飞行弧度低、距离短,在双打中可以有效地限制接发球方直接扣杀进攻,因而被普遍采用。

就发球的姿势而言,可以用正手或反手姿势发球。通常情况下,选手们更多地选用反手姿势发球。

### (二) 双打反手发球技术

反手发球技术是在身体的左前方用反拍面击球的一种发球姿势。与正手发球不同的是,反手发球力臂距离相对较小,对球的控制力更强,发球动作更具一致性、隐蔽性、突然性。

1. 反手姿势发球

在比赛中,选手们更多地选用反手姿势发球:双脚自然分开前后站立;右脚在前,脚尖对网；左脚在后，脚尖触地，重心在右脚上。为争取更高的击球点，右脚可适当提踵。左手拇指、食指和中指拿住球体的羽毛部分，自然斜倾置于反拍面前。持拍手做反手发球握拍，自然屈肘放至体前，拍头向下，准备发球。

2. 双打反手发球技术

（1）以反手发球准备姿势做好准备，左手释放球的同时，持拍手以肘为轴前臂内旋，带动手腕展腕由后向前做回环弧形引拍，准备击球。

（2）击球动作。下面分别介绍反手发小球、双打反手发平高球和反手发平射球的击球动作。

① 反手发小球击球动作：击球时手腕由外展至内收捻动发力，靠手腕和手指控制力量，以斜拍面向前轻轻推送切击球托，使球齐网飞行，落至对方前发球线附近。双打反手发小球的关键是击球拍面角度与力量的控制。

② 双打反手发平高球击球动作：击球时屈指收腕发力，用正拍面向前上方将球击出，使球以一定的弧线向上飞行，越过接发球方落入其双打后发球线附近。

③ 反手发平射球击球动作：击球时，尽可能在规则允许范围内提高击球点，利用拇指的顶力，并配合其余四指屈指发力，使拍面与地面成近似于90°的角迅速向前推进击球，使球以与球网平行弧线飞行，直落到对方双打后发球线附近。

（3）以制动动作结束发力。

## 第四节　单、双打接发球技术

### 一、单打接发球技术

将对方的发球回击至对方场区叫接发球。竞赛是公平的，发球方控制着发球的主动权，接发球方却掌握着第一击球的主动权（将球由半场接发球区域任意还击到对方的整个场区）。

#### （一）单打接发球的种类

根据发球种类的不同，接发球可分为前场和后场接发球、正手和反手姿势接发球。接发前场球回击种类如下（见图4-29）。

（1）接发球搓、放小球：接发球搓小球是当对方发前场小球质量不好、球速慢，我方判断准确、击球点较高时，以斜拍面摩擦击球，使球旋转翻滚，贴网落至对方前场区域的一种接发球。接发球放小球是当对方发前场小球质量较好，我方接球较被动（击球点接近地面）时，抬击球托，使球擦网而过，贴网落至对方前场区域的一种接发球（见图4-29中的3）。

（2）接发球勾对角小球：将对方发至前场的小球，以斜对角线路勾至对方前场区的一种接发球（见图4-29中的2）。

（3）接发球挑、推后场球：将对方发至前场的小球，以较高或半高的飞行弧线击至对方后场区域的一种接发球（见图4-29中的4）。接发球推球弧线比接发球挑球弧线要低一些。

（4）接发球扑球：将对方发至前场网上高弧线小球，以向下飞行的轨迹，将球从网顶部扑至对方场区的一种接发球（见图 4-29 中的 5）。

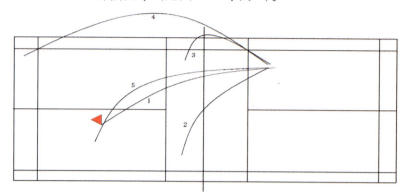

图4-29　单打接发前场球球路

接发后场球回击种类如下（见图 4-30）。

（1）接发球击高远（平高）球：是将对方发至后场的球，以高或半高弧线回击至对方后场端线附近的一种接发球（见图 4-30 中的 2）。接发回击平高球的飞行弧线比接发回击高远球要低一些，速度更快，更富有攻击性。

（2）接发球击吊球：是将对方发至后场的球，以斜拍面，由上向下的飞行轨迹，击向对方前场区域的一种接发球（见图 4-30 中的 3）。

（3）接发球击杀（抽杀）球：是将对方发至后场的球，以由上向下的飞行轨迹，击向对方中场区域的一种接发球（见图 4-30 中的 4）。接发后半场高弧线的来球时，可采用扣杀球回击；接发较平弧线的来球时，可采用抽杀球回击。

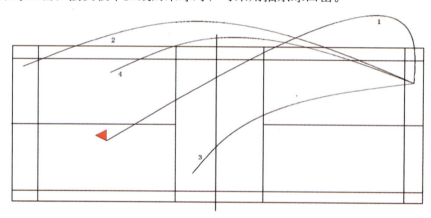

图4-30　单打接发后场球球路

### （二）单打前后场接发球技术

接发球的方法是多种多样、千姿百态的，没有统一固定的模式。接同一种发球，由于选手个人的打法不同、特点不同和技术水平不同，在接发球技术运用上也不同。

**1. 前场正手接发球技术**

（1）判断起动。用正手前场接发球步法，重心放在左脚上，右脚前蹬，向来球方向蹬跨一步，形成右脚在前、左脚在后的弓步姿势，同时持拍臂微屈肘，外旋半弧形引拍，准备接发球。

(2) 击球动作。下面分别介绍正手接发球的搓网前小球、勾对角小球、挑球、推球和扑球的击球动作。

① 正手接发球搓网前小球击球动作：结合身体向前跨步的冲力，用斜拍面大于120°的仰角拍面，向前摩擦推送击球。击球的力量比网前搓小球的力量要稍微大一些，应控制适度的力量，如击球用力过大，则球不会出现旋转，落点靠后，无法达到通过接发球搓网前小球以获取主动权的目的；击球用力过小，接发球搓球会不过网。

② 正手接发球勾对角小球击球动作：收腕内旋，以拇指、食指转动拍柄，拍面朝向斜对面，上臂带动前臂，前臂带动收腕回拉，向网前斜对角方向发力击球。

③ 正手接发球挑球击球动作：击球点较低，用与地面形成大于90°的仰角拍面，前臂内旋，食指和拇指收紧拍柄，展腕发力击球。

④ 正手接发球推球击球动作：手腕迅速内旋，食指发力拨动拍柄，以球拍与地面成近似90°的夹角内翻拍面击球。

⑤ 正手接发球扑球击球动作：击球点高于球网顶部，前臂快速内旋，以球拍与地面形成小于90°的夹角拍压击球。

(3) 回动。完成接发球动作后，持拍手自然收回体前，右脚后蹬，以垫步、并步或交叉步，向中心位置回动。

2. 前场反手接发球技术

(1) 判断起动。反手前场接发球时，重心放在左脚上，右脚朝左侧网前场区前蹬，向来球方向蹬跨一部，形成右脚在前、左脚在后的弓步姿势，反手握拍向来球方向伸出，同时前臂微屈做内旋半弧引拍动作，准备击球。

(2) 击球动作。下面分别介绍反手接发球搓网前小球、反手接发球勾对角小球、反手接发球挑球、反手接发球推球和反手接发球扑球的击球动作。

① 反手接发球搓网前小球击球动作：结合身体向前跨步的冲力，手腕带动食指、拇指内旋捻动球拍，用近似120°的斜拍面，向前摩擦推送搓球。

② 反手接发球勾对角小球击球动作：手腕外旋，拇指前顶，其余四指收紧拍柄，拍面朝向斜对角，上臂带动前臂，前臂带动手腕回拉，向网前斜对角方向发力击球。

③ 反手接发球挑球击球动作：击球点较低，前臂外旋，拇指前顶，用与地面成大于90°的夹面拍面，收腕发力接球。

④ 反手接发球推球击球动作：球拍与地面形成近似90°夹角，前臂迅速外旋，拇指前顶，手腕向前方外翻拍面击球。

⑤ 反手接发球扑球击球动作：击球点高于球网顶部，前臂快速外旋，球拍与地面形成小于90°的夹角，拇指前顶，向前下方拍压击球。

(3) 回动。击球后，持拍手自然收回体前，脚步退回中心位置形成接发球前准备姿势。

3. 后场接发球技术

根据不同的来球位置，接发后场球可采用正手和头顶两种姿势击球。正手和头顶接发后场球技术的动作轨迹基本相同，只是击球点略有差异。正手接发后场击球点在身体右侧右肩的上方，而头顶接发后场击球点在身体左后侧头顶或左肩的上方。

(1) 判断起动。用接发后场球步法向来球方向移动，同时上臂外旋带动前臂后仰回环引拍，身体重心放在右脚，准备起跳击球。

（2）击球动作。下面分别介绍接发球回击高远球、平高球、接发球回击吊球和劈球、接发球回击杀球、接发球回击抽杀球的击球动作。

①接发球回击高远（平高）球击球动作：击球点在头前上方，通过转体带动上臂，上臂带动前臂迅速内旋向上挥动，将力传递至手腕，手指发力，用正拍面与地面成稍大于90°的夹角（击平高球）和接近120°的仰角（击高远球）将球击出。

②接发球回击吊球和劈球击球动作：击球点比回击平高球和高远球靠前约10厘米，上臂带动前臂迅速内旋向上挥动，通过手腕和手指控制击球力量（劈球比吊球力大），用球拍面与地面夹角成小于90°的斜面（劈球比吊球击球角度更大）切击球托右侧（头顶击球时，拍面由右至左滑动，切击球托左后侧）。

③接发球回击球杀球动作：身体充分后仰呈弓形展开，击球点比回击吊球再靠前约5厘米，上臂带动前臂迅速内旋向上挥动，最后通过手腕手指发力，用与地面成近似75°的夹角将球击出。

④接发球回击抽杀球击球动作：手臂迅速内旋、后倒回环引拍，用与地面成90°左右的夹角拍面向前挥动击球。

（3）回动。击球后，持拍的手随惯性动作向身体左前下方挥动并迅速将拍收回体前，脚步向中心位置跟进回动，做好下次接球的准备。

## 二、双打接发球技术

双打接发球技术，可参见单打接发球技术所述的接发前场球和接发后场球技术部分。下面再补充一些具有双打特点的接发球技术。

1. 接发拨球

这是将对方发至网前的小球，争取在高点用正、反拍面将球拨击至对方中场结合部位的一种接发球。由于落点在对方前后场选手之间的中部半场结合部位，可有效地避免前场选手网前封杀，同时又可迫使后场选手采用下手位击球，减弱其进攻的威力，故在双打中被普遍采用。

2. 接发推扑球

这是将对方发至前场的小球，争取在高的击球点上用正、反手推扑至中路，或者推扑至后场底线两角的一种接发球技术。这种发球方式出球速度快，威胁大，攻击性强。

3. 接发抽杀球

这是用后场正手或是头顶击球方式，将对方发至后场的平高球或平射球，向对方场区抽杀过去的一种接发球方式。

### （一）双打前场接发球技术

双打接发前场小球的方法是快速抢网前制高点，可利用推扑球或拨半场球等方法还击。

1. 双打正手前场接发球技术

（1）做好接发球准备姿势。判断来球后，持拍手正手握拍微外旋展腕引拍伸向来球方向，同时右脚向前跨步，准备击球。

（2）击球动作。下面分别介绍双打正手接发推扑球和双打正手接发拨半场球。

①双打正手接发推扑球：争取高的击球点，前臂迅速内旋，带动手腕转动，屈食指紧扣拍柄发力，以正拍面向前下方拍击球托正部，使球以与球网平行或是过网后以向下的弧线飞行，落至对方中后场区域。

②双打正手接发拨半场球：取高点击球，用食指和拇指捻动拍柄发力，以斜拍面收腕动作向对方半场区域拨击球托右侧，使球呈低弧线飞行，越过对方选手，落至两人之间的半场位置。

（3）击球后掌心向下，持拍手以制动动作结束，随后随球向前场跟进，并将球拍收回至头顶前上方，准备回击下一个来球。

2. 双打反手前场接发球技术

（1）判断来球，做好准备。持拍手反手握拍伸向来球方向，右脚向前跨步的同时做内旋引拍，准备击球。

（2）击球动作。下面分别介绍反手接发拨半场球和反手接发推扑球的击球动作。

①反手接发拨半场球：争取高点，拇指和食指捻动拍柄，以斜拍面收腕动作向对方半场区域拨击球托左后侧。反手接发拨半场球的飞行弧线与正手相同。

②反手接发推扑球：争取高点，前臂迅速外旋并收腕，拇指前顶紧握拍柄向前下方发力，反拍面拍击球托正部。反手接发推扑球的飞行弧线与正手相同。

（3）击球后，持拍的手以制动动作结束，准备回击下一个来球。

### （二）双打后场接发抽杀球技术

持拍手对准来球方向，抬肘，以鞭打动作快速向后倒臂引拍。正手抽杀球时击球点在右肩前上方，头顶抽杀球时击球点在左肩头顶上方。击球时，上臂和前臂迅速内旋，带动手腕快速闪动，手指由松至紧屈指发力，用正拍面快速将球向对方场区击出。

击球后要控制住手臂，挥臂幅度不要过大，要迅速收回至体前位置，准备回击下一个来球。

## 第五节　单、双打前场击球技术

前场击球技术由前场挑高球、平推球、搓小球、放小球、勾对角线小球和扑球等几种击球技术组成，每一项击球技术都可用正手、反手击球姿势完成，击出直线、斜线不同飞行路线的球。依据击球点位置的不同，前场击球可分为前场高手位击球和前场低手位击球两种。

前场击球由"判断起动—移动引拍—完成击球—回收动作—再开始下一次击球前的判断起动"循环完成。下面介绍的前场击球技术均按这几个基本环节进行，以右手持拍为例。

### 一、单打前场击球技术

#### （一）前场高手位击球技术

1. 技术种类

主动状态下（即击球点在肩部以上位置），可以运用搓球、高手位勾对角线球、平推球和扑球等几种击球技术，如图 4-31 所示。

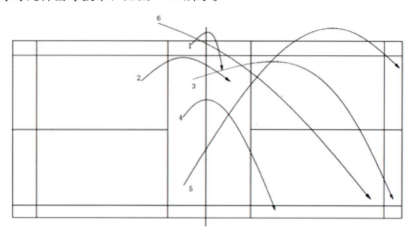

图4-31　网前击球

1）搓球

将对方击至网前高手位的球，用斜拍面以"搓""切"等动作击球，使球在摩擦力的作用下旋转飞行，擦网而过。这种同样落至对方网前的球称为网前搓小球（见图 4-31 中的 1）。

2）高手位勾对角线球

将对方击至前场区域高手位置的球，以对角线路回击至对方对应的前场区域的球称为前场勾对角线球（见图 4-31 中的 4）。

3）平推球

平推球是将对方击至前场位置较高的来球，以飞行弧线较平的路线回击至对方端线附近的一种球（见图 4-31 中的 3）。由于击球点高，动作小，发力距离短，速度快，而且落点变化多，因此加大了对方接球的难度，是从前场攻击对方后场底线的一种极具威力的进攻技术，在单、双打中都常用。

4）扑球

将位于球网上的来球，由上而下，向对方场区扑击下去，称为前场扑球（见图 4-31 中的 6）。

2. 前场高手位正手击球技术组成

1）判断起动

判断之后运用正手上网步法向身体右侧的来球方向起动、移动，同时以肩肘为轴，前臂外旋带动伸展，在身体的右前方做适量的半弧回环引拍，左手自然后伸与右手反方向平行，保持身体平衡，准备击球。

2）击球动作

将击球点选择在距离球网顶端 10～30 厘米的位置。

（1）正手搓球击球动作：用食指、拇指捻动球拍，手腕由展腕至收腕发力，由右向左以斜拍面摩擦切球托的右后侧部位，使球呈下旋翻滚过网，称为"收搓"。击球动作由收腕到展腕发力，由左向右以斜拍面切击球托的左后侧部位，使球呈上旋翻滚过网，称为"展搓"。

（2）正手推球击球动作：以肘为轴，前臂内旋带动手腕由伸腕至展腕快速向前发力击球，在击球的瞬间充分运用食指的拨力击球。正拍面向正前方击球为推直线球。正拍面向斜前方向击球为推斜线球。

（3）正手高手位勾对角线球击球动作：上臂内旋带动肘部稍回拉，手腕由伸腕至收腕发力切击球托的右侧部位。

3）击球后回动

击球后右脚立即蹬地向中心位置回动，同时手臂收回至胸前，准备回击下一个来球。

3. 前场正手扑球技术组成

前场正手扑球技术也属于前场高手位正手击球技术，但由于步法及击球动作的不同，特单独对其进行讲解。

1）判断起动

运用前场跃起扑球步法向来球方向移动，在右脚蹬地向前方跨出或腾空跃起的同时，持拍手高举向头部前上方伸出，前臂略外旋回环引拍。

2）击球动作

扑球的击球点必须高于球网的顶部。击球时，前臂内旋，手腕由伸展姿势向前下方快速挥拍击球托的正面。如果来球距离球网较近，为避免击球后控制不住球拍挥动的惯性而触网，可采用从右向左与球网几乎平行的方向使用提抹的方式挥拍击球。

3）击球后回动

击球后手臂以制动动作结束，并迅速将球拍收回至体前，做好迎接下一个来球的准备。

4. 前场高手位反手击球技术组成

1）判断起动

运用前场反手上网步法向来球方向移动，同时持拍手前臂内旋带动手腕做半弧形回环引拍向来球伸出，左手自然平举与右手对称，保持身体平衡。

2）击球动作

将击球点选择在低于球网顶端10～30厘米的位置。

（1）反手搓球击球动作：运用食指、拇指捻动球拍，手腕由展腕至收腕发力，以斜拍面由左至右切击球托的左后侧部位称为反手"收搓"。手腕由收腕至展腕发力，以斜拍面由右向左切击球托的右后侧部位称为反手"展搓"。

（2）反手推球击球动作：手腕由展腕至收腕向前快速挥动发力击球，击球的瞬间充分运用拇指指前发力。反拍面向正前方击球为推直线球，反拍面向斜前方（由左向右前方挥动）击球为推斜线球。击球过程中，手腕几乎保持手背面向上的平行状态。

（3）反手勾对角线球击球动作：上臂带动肘部外旋做回拉动作，手腕由展腕至收腕发力切击球托的左后侧部位。

3）击球后回动

击球后手臂收至胸前，立即向中心位置回动，准备回击下一个来球。

5. 前场反手扑球技术组成

1）判断起动

运用前场跃起扑球步法向来球方向移动，在髋部带动身体向左转体并通过右脚蹬地向前方跨出或腾空跃起迈出的同时，持拍手臂稍内旋回环引拍，向头部前上方的来球方向伸出。

2）击球动作

扑球的击球点必须高于球网的顶部。击球时，前臂外旋，手腕由伸展姿势向前下方快速收腕发力击球托正面。来球距离球网较近时，为避免击球后球拍挥动的余力导致触网，可采用与球网几乎平行的轨迹，从左向右挥拍击球。

3）击球后回动

击球后前臂和手腕以制动动作结束，并迅速将球拍收回至胸前。

### （二）前场低手位击球技术

**1. 技术种类**

前场低手位被动状态下击球，击球点在腰部和膝盖以下，一般采用挑高球、低手位勾对角线球、放小球等击球技术。

1）挑高球

将对方击至前场低手位的球，以由下至上的弧线回击至对方后场端线上空的球为前场正手挑高球（见图4-31中的5）。它是在被动情况下赢得回位时间、摆脱被动态势而经常采用的一种过渡性技术。

2）低手位勾对角线球

将对方击来前场低手位的球轻轻一勾，回击至对方斜对角前场区域的球，称为前场低手位勾对角线球（见图4-31中的4）。这是在被动情况下与挑球、推球配合运用的一项控制与反控制的过渡性技术。

3）放小球

将对方击来前场低手位的球轻轻一击，使球擦网而过，落至对方前场区域的球，称为低手位放小球（见图4-31中的2）。这是在被动情况下，配合挑球而前后调动对方的一项过渡性技术。

**2. 前场低手位正手击球技术组成**

1）判断起动

判断来球方向，降低身体重心，向右侧的来球方向移动，同时持拍手臂外旋，带动手腕稍做回环引拍动作伸向来球底部，左手拉举于身体后侧与右手平行以保持身体平衡。

2）击球动作

前场低手位击球点在腰部或跨步腿膝盖以下的位置。

（1）正手挑高球击球动作：前臂迅速内旋，带动手腕向前上方展腕发力击球。将球向对方场区上方高高挑起，以高弧线飞行，落至底线附近。

（2）正手放小球击球动作：手掌放松空出，仅用手指握住球拍柄，呈水平伸向球托底部，靠身体前冲的力量和拇指、食指力量将接近地面的球轻轻向上"抬击"球托底部，使球直线越过球网，贴网下落至对方前场区域。

（3）正手勾对角线球击球动作：手臂内旋，食指发力，用斜拍面向斜前方稍加力量抬击球托底部，使球以一定的弧线越过球网，落入对方对角网前区域。

3）击球后回动

击球后立即向中心位置回动，持拍的手臂收至胸前。

3. 前场低手位反手击球技术组成

1) 判断起动

降低身体重心,向左侧的来球方向起动移动,同时手臂略内旋,带动手腕稍回环引拍,伸向来球方向,左手平举于身后,保持身体平衡,准备击球。

2) 击球动作

击球点在腰部或膝盖以下位置。

(1) 反手勾对角小球击球动作:上臂外旋,运用食指、拇指捻动球拍,用斜拍面向网前斜上方抬击球托左侧,使球落入对方前场对角区域。拍面抬击的角度比高手位勾对角线球要大,击球力量也比较大。

(2) 反手挑高球击球动作:前臂外旋带动手腕,利用拇指的顶力和手腕发力将球向前上方后场上空击出,落入对方底线区域附近。

(3) 反手放小球击球动作:借用跨步前冲力量,拇指轻轻向前上方抖动发力抬击球托底部,使球越过球网,贴网落入对方前场区域。

3) 击球后回动

击球后立即向中心位置回动,持拍的手臂收回至胸前。

## 二、双打前场击球技术

### (一) 技术种类及技术组成

单打前场击球技术中介绍的搓网前小球、勾网前对角线球、推后场球、挑后场球和扑球等击球技术,同样广泛应用于双打中。双打接发前场小球的方法是快速抢网前制高点,可利用推扑球、拨半场球和封网等方法还击。

### (二) 推扑球、拨半场球击球技术

1. 双打正手前场推扑球、拨半场球接发球技术

(1) 做好接发球准备姿势判断来球后,持拍手正手握拍微外旋展腕引拍伸向来球方向,同时右脚向前跨步,准备击球。

(2) 击球动作。下面分别介绍双打正手接发推扑球和双打正手接发拨半场球。

① 双打正手接发推扑球:争取高的击球点,前臂迅速内旋,带动手腕转动,屈食指紧扣拍柄发力,以正拍面向前下方拍击球托正部,使球以与球网平行或是过网后以向下的弧线飞行,落至对方中后场区域。

② 双打正手接发拨半场球:取高点击球,用食指和拇指捻动拍柄发力,以斜拍面收腕动作向对方半场区域拨击球托右侧,使球呈低弧线飞行,越过对方选手,落至两人之间的半场位置。

(3) 击球后掌心向下,持拍手以制动动作结束,随后随球向前场跟进,并将球拍收回至头顶前上方,准备回击下一个来球。

2. 双打反手前场推扑球、拨半场球接发球技术

(1) 判断来球,做好准备。持拍手反手握拍伸向来球方向,右脚向前跨步的同时做内旋引拍,准备击球。

(2) 击球动作。下面分别介绍反手接发拨半场球和反手接发推扑球的击球动作。

① 反手接发拨半场球：争取高点，拇指和食指捻动拍柄，以斜拍面收腕动作向对方半场区域拨击球托左后侧。反手接发拨半场球的飞行弧线与正手相同。

② 反手接发推扑球：争取高点，前臂迅速外旋并收腕，拇指前顶紧握拍柄向前下方发力，反拍面拍击球托正部。反手接发推扑球的飞行弧线与正手相同。

（3）击球后持拍手以制动动作结束，准备回击下一个来球。

### （三）封网击球技术

前场封网技术是在前场位置，用正手或头顶或反手击球的方式，将对方击来的平抽球和网前小球封压至对方场区的一种击球技术。由于网前击球距离短，对方来球速度较快，回击球的速度也快，所以控制和封禁前场球，是双打争取主动的有效途径和得分的重要手段。

#### 1. 正手和头顶封网击球技术

（1）向来球方向移动，手肘上抬，前臂后倒做回环引拍，准备击球。击球动作小而快，以前臂带动手腕，由外旋后伸至内旋前屈快速向前闪动发力，将球向对方场区前下方击压过去。正手封网击球点在右肩上方或前上方，头顶封网击球点则在左肩斜前上方。

（2）击球后，上臂上举控制动作，前臂与手腕迅速制动，收回成前场击球前准备姿势，准备下一次击球。

#### 2. 反手封网技术

（1）用前场反手接发球步法，向来球方向移动并跨步，同时持拍手上臂带动前臂做内旋引拍，手腕呈展腕姿势向来球方向伸出，准备击球。

（2）击球时，前臂迅速外旋带动手腕向前挥动，拇指前顶，收腕发力，将球向对方场区的前下方击出。

（3）击球后持拍手固定在击球高度，制动动作结束。

## 第六节　中场击球技术

羽毛球单打过程中所运用的中场击球技术有接杀球技术和中场腾空杀球技术。接杀球技术由接杀放直线小球、接杀勾对角小球、接杀挑高球和接杀反抽球等几项击球技术组成。中场腾空抽杀球一般击球力量不是很大，但挥臂动作突然，速度较快。

中场各种接杀球技术由正、反手击球姿势完成，击出直、斜线不同飞行路线的球。中场抽杀球由正手、头顶两种击球姿势完成。

中场击球技术由判断起动—移动引拍—完成击球—回收动作—再开始下一次击球前的判断起动组成。下面以右手持拍为例介绍中场击球技术。

### 一、中场击球技术的类型

#### （一）中场接杀球技术

中场接杀球的接球位置在中场区域附近，主要有接杀挑高球（见图 4-32 中的 A1）、接杀平抽球（见图 4-32 中的 A2）、接杀放直线小球（见图 4-32 中的 A3）和接杀勾对角小球（见图 4-33 中的 B1）。

1. 接杀挑高球

将对方杀至腰部以下位置的球,以高弧线回击至对方后场底线附近的球称为接杀挑高球(见图4-32中的A1)。防守中运用这种击球调动对方,让对方做左右底线大角度移动,削弱其进攻威力。接杀挑高球被广泛地运用于双打中。

2. 接杀平抽球

将对方杀至肩、腰位置的球,沿球网以平行弧线向对方场区抽压回击称为接杀平抽球(见图4-32中的A2)。接杀平抽球的击球点高,防守中当对方进攻质量不高、来球弧线较平时,应抓住机会运用接杀平抽球进行反攻。

图4-32 中场回球线路

3. 接杀放直线小球

将对方击来的杀球,回击网前小球至对方区域为接杀放直线小球(见图4-32中的A3)。同其他接杀球技术配合使用,可调动对方前后奔跑,有效地限制其连续进攻。接杀放直线小球在单打竞赛中较为常用。

4. 接杀勾对角小球

将对方击来的杀球,以对角线小球回击至对方前场区域称为接杀勾对角线小球(见图4-33中的B1)。在防守中运用此项技术不但可以避免因起高球而使对方发起连续进攻,导致自己陷入被动局面,而且还可以形成小对角线路,增加对方前后移动的难度,限制其进攻速度。

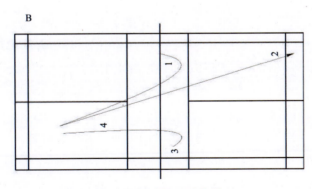

图4-33 中场回球路线

## (二) 中场腾空抽杀球

这是起跳腾空将对方杀至中后场区域弧线较平的球,由高至低向对方场区抽杀的一种回击方法(见图4-33中的B2)。其战术的目的是在攻守控制和反控制中,当对方回球质量不好时抓住机会进行反攻。

## 二、中场击球技术动作类别

### （一）中场正手接杀球技术

1. 判断起动

降低身体重心，运用正手接杀球步法向来球方向移动，同时以上臂带动前臂和手腕外旋做一定的弧形引拍，球拍与跨步脚脚尖同时指向来球，准备击球。

2. 击球动作

击球点控制在体侧平行面之前的位置。这一点很重要，如果击球点在体侧平行面之后，则将失去接杀球的最佳击球角度，无法接好杀球。

（1）正手接杀勾对角线小球击球动作：击球时运用正手网前勾对角线小球的动作向前推送发力，使球沿对角线飞行，落入对方前场区域。可根据对方杀球力量的大小来调整回击球的力量，对方杀球力量大，回击球发力相对小；对方杀球力量小，回击球发力需要大一些。

（2）正手接杀平抽球击球动作：手臂迅速内旋，食指控制球拍，在其余四个手指的协作下，以类似翻腕的动作发力击球，使球平行过网后即呈向下轨迹飞行。

（3）正手接杀放直线小球击球动作：手腕屈收、手指控制球拍面，借助对方杀球的力量，以一定的仰角斜拍面向前方推送切击球托的底部，使球呈直线飞行落入对方前场区域。

（4）正手接杀挑高球击球动作：以肘为轴，前臂和手腕迅速内旋，食指紧扣拍柄，展腕发力将球击出，使球呈高弧线飞行，落入对方底线区域附近。

3. 击球后回动

在跨步脚触地的瞬间即向中心位置回动，同时持拍手迅速收回，准备回击下一个来球。

### （二）中场正手腾空抽杀球技术

1. 判断起动

用中场起跳腾空步法向来球方向移动，向右斜上方来球方向起跳，伸展腾空，同时举臂外旋后倒臂回环引拍，手腕充分后伸，准备击球。

2. 击球动作

击球点应在右肩斜前上方，前臂内旋带动手腕，手指紧握拍柄，前屈闪动击球，击球拍面与地面成90°左右夹角，将球自上而下向对方场区抽杀。

3. 击球后回动

抽杀球后，前臂随惯性往左下方挥动，右脚着地，身体重心在右脚上，立即向中心位置回动。

### （三）中场反手接杀球技术

1. 判断起动

降低身体重心，用中场反手接杀球步法向来球方向移动，在跨步脚向前迈的同时，持拍手的上臂内旋，带动前臂和手腕做一定的弧形引拍，伸向左侧来球方向，准备击球。

2. 击球动作

击球点必须控制在身体左侧平行面以前的位置。

（1）反手接杀勾对角来球击球动作：用反手网前勾对角线小球的击球动作，加大击球力量和拍面角度向斜前方推送切击球托左侧，使球呈对角线飞行，落入对方前场网前区域。

（2）反手接杀放直线小球击球动作：持拍手完全放松，手指控制球拍面，由展腕至收腕微发力，以一定的斜拍面仰角向前推送切击球托的底部，使球呈直线飞行，贴网落入对方前场区域。

（3）反手接杀挑高球击球动作：以肘为轴，紧握球拍前臂和手腕迅速外旋，利用拇指的顶力发力，以展腕动作将球击出，使球呈高弧线飞行，落入对方底线附近。

（4）反手接杀平抽球击球动作：右脚触地的同时，手臂迅速外旋带动手腕闪动发力，在拇指前顶拍柄和其余四指的协作下，以类似翻压的动作击球，将球沿齐网平行的高度，呈直线或对角线击向对方场区。

3. 击球后回动

击球后，即向中心位置回动，持拍的手迅速复位，准备回击下一个来球。

### （四）中场头顶腾空抽杀球技术

1. 判断起动

根据来球距离的远近，用中场头顶起跳腾空步法向来球方向移动，并向左斜上方来球方向腾起，同时持拍手臂和身体向来球伸展，手臂外旋倒臂回环引拍，手腕充分后伸，准备击球。

2. 击球动作

击球点应在左肩斜上方。击球时，前臂内旋，带动手腕前屈微收，手指抓紧拍柄闪动，靠手腕爆发力发力击球，击球拍面与地面形成 90°左右夹角。

3. 击球后回动

抽杀球后，前臂随着惯性往左下方挥动，身体重心在左脚上，即刻向中心位置回动。

## 三、双打中场击球技术

### （一）双打中场击球技术的种类

1. 平抽快挡球

运用正手或反手击球姿势，将对方击至肩部高度附近的球，以齐网的飞行弧线，还击至对方中后场区域，或者运用快挡技术将来球回击至对方前场区域，回击时，应保证球过网后即下落。平抽快挡球发力动作小、距离短、速度快，广泛地运用于双打对攻和反攻中。

2. 接杀拨半场球

运用正手或反手击球姿势，将对方击来的腰以上部位的杀球，拨击至对方前后场的结合部，打破对方连续进攻态势，多用于双打的防守调动战术。

### （二）双打中场防守击球前准备姿势

两脚与肩同宽或略宽于肩，开立于双打左或右半场中心位置，左脚稍前于右脚，脚后跟提起，重心降低。持拍手握拍位置上移，屈肘置于身前，拍头稍偏向左，左臂自然屈肘于身侧，两眼注视来球。

### （三）双打中场击球技术

1. 中场正手平抽、快挡击球技术

（1）击球前做好准备姿势，准确判断，适时移动。跨步的同时，持拍手以肩为轴，手臂屈肘后引，前臂向后外旋回环带动手腕伸展引拍。

（2）击球动作。下面分别介绍正手平抽球击球和正手快挡球击球的动作。

① 正手平抽球击球动作：持拍手的肘关节后引，前臂迅速向前内旋，带动手腕屈收发力，向前推压击球，使球以一定的速度齐网平行飞行至对方场区。

② 正手快挡球击球动作：击球时主要以食指和拇指控制住拍面，向前推送击球，使球以低弧线越过球网，落入对方前场区域。挡球的击球点较平抽球低一些。

（3）击球后惯性动作小，要迅速收拍，同时右脚回位一步呈击球前的准备姿势。

2. 中场反手平抽、快挡击球技术

（1）持拍手以肩为轴，上臂带动前臂内旋回环引拍，向来球方向伸出。

（2）击球动作。下面分别介绍反手快挡球和反手平抽球的击球动作。

① 反手快挡球击球动作：以反拍面对准来球，几乎没有击球前的预摆引拍动作，以拇指和食指控制球拍，向前推送挡球，击球后球的飞行弧线轨迹同正手快挡球。挡球的击球点较平抽球低一些。

② 反手平抽球击球动作：击球时前臂外旋带动手腕屈收闪动，利用拇指的顶力向前推送发力点球，球的飞行弧线同正手平抽球。

（3）击球后，前臂以制动动作结束，收拍复位成击球前的准备姿势。

3. 中场正手接杀拨球技术

（1）准确、适时地判断和移动，持拍手的肩肘关节外旋，带动手腕稍做回环引拍，伸向右侧来球方向，当右脚跨步触地时，运用比正手网前勾对角线小球稍大一点的动作击球，食指向前推送发力击球，使球齐网向前飞行，落入对方两位选手间的中半场空当。

（2）击球后即刻复位成击球前的准备姿势。

4. 中场反手接杀拨球技术

准确、适时地判断和移动，持拍手的肩肘关节内旋，带动手腕稍做伸腕引拍，伸向左侧的来球方向，当右脚跨步触地时，运用比反手网前勾对角线小球稍大一点的动作击球，拇指前顶发力击球，使球齐网向前飞行，落入对方两位选手间的中半场空当。

## 第七节　后场击球技术

后场击球有力量大、速度快、爆发力强和攻击力强等特点，是羽毛球运动中的一项主要的击球技术，广泛地运用于单、双打竞赛中。然而，后场跃起这漂亮的凌空一击，却只有在前场、中场各项技术的合理配合运用下才有可能实现。

依据击球位置的不同，后场击球可分为后场高手位击球和后场低手位击球。每一项击球技术可由正手、头顶和反手三种击球姿势完成。

(1) 后场正手击球：在右后侧位置，面向来球方向，用正拍面击球。

(2) 后场头顶击球：在左后侧位置，面向来球方向，用正拍面绕头顶在左肩头顶上方击球。

(3) 后场反手击球：在左后侧位置，背向来球方向，用反拍击球。

高远球是后场击球技术的基础，其他击球技术都是在高远球击球技术基础上的"延伸"技术。高远球击球技术掌握得扎实，其他击球技术便能融会贯通。后场击球技术要求先掌握后场各项高手位击球要领，然后学习后场低手位被动击球和反手击球技术，再进一步加强高难度后场突击杀、点杀和高吊杀动作一致性等技术的练习。

后场击球由"判断起动—移动引拍—完成击球—回收动作—再开始下一次击球前的判断起动"循环完成。下面介绍的后场击球技术均按这几个基本环节进行，并以右手持拍为例。

## 一、后场击球技术的种类

后场击球依据战术需要可击出后场高远球、后场平高球、后场吊球、后场劈球和后场杀球等，而每一种击球方式均可分别击出直线球路和斜线球路。

### （一）后场高远球

后场高远球是由底线击至对方底线的一种高弧线飞行球。后场高远球由于飞行弧线较高，速度较慢，在被动状态下运用可争取回位时间，以便过渡和调整击球力量。双打防守反攻可用于后场高远球调动对方至底线两角，消耗其体力。后场高远球在主动高手位和被动低手位状态下都可以运用。

### （二）后场平高球

后场平高球是从底线以比高远球低的飞行弧线击至对方底线的球，其高度以对方从中场起跳难以拦击为宜。后场平高球是一项高手位状态下运用的后场进攻技术，由于它的动作突击性强、出球速度快，如在适当的时机选择高质量的平高球将对方逼至底线两角，再配合前场小球调动，效果极佳。

### （三）后场吊球

后场吊球是将后场区域端线附近位置的球，回击到对方前场区域（前发球线附近与球网之间）紧靠边线两角的近网小球，吊球的飞行轨迹以球过网后迅速下落为宜，如能与后场高球结合使用，则能有效地调动对方，是后场一项主要的进攻技术。根据不同的来球弧线和击球位置，吊球又可分为高手位主动吊球和低手位限制性吊球两种，并可分别击出直线球路和斜线球路。

### （四）后场劈球

后场劈球是一项介于吊球和杀球技术之间的后场进攻技术，采用后场高手位击球。由于劈球是以吊球的动作、杀球的力量并以斜拍面击球，所以速度快且落点一般比较刁钻。实战中，后场劈球与平高球、吊球、杀球配合运用，常能给对手造成判断上的困难，是后场一项灵活多变、威力强大的进攻技术。

### （五）后场杀球

后场杀球是针对对方击至后场或中后场区域的来球，争取以尽量高的击球点，将球由上至下地向对方场区全力扣压过去的一种技术。杀球技术的击球力量最大，速度最快，威力也最大，是进攻得分的重要手段。根据出球角度的不同，后场杀球可以击出直线球和斜线球；根据击球力量的不同，可分为重杀和点杀；根据出球距离和落点的不同，分为长杀（落点在双打后发球线附近）和短杀（落点在中场）；根据击球时间差的变化，也可采用突击杀球技术等。

## 二、后场正手击球技术

### （一）后场正手高手位击球技术

后场高手位击球，即主动状态下击球，击球点在肩部、头部的上方，可依战术需要击出高远球、平高球、吊球、劈球和杀球等。

1. 判断起动

运用后场正手后退步法向右后侧区域的来球方向移动，同时持拍手臂以45°夹角屈肘举于身侧，左手自然上举保持平衡，侧身对网，重心在右脚上，呈击球前的准备姿势。当球下落到一定的高度时，持拍手肘部上抬，手臂外旋，充分后倒，以肩为轴做回环引拍动作，手腕充分伸展，形成击球前较长的力臂，左手随转身动作伸向左侧，协调右手发力，准备击球。

2. 击球动作

（1）后场正手高远球击球动作：选择在右肩前上方，前臂急速内旋，带动手腕加速向前上方挥动，屈收手腕，屈指发力，用正拍面以与地面成近120°的仰角在空中最高点将球向前上方击出，使其高弧线飞行，落入对方场区底线附近。

（2）后场正手平高球击球动作：用比击高远球稍小（约95°角）的仰角拍面，将球击出为平高球，以平高弧线飞行，落入对方场区底线附近。

（3）正手吊、劈球击球动作：吊球的击球点在右肩的前上方较击高远球稍前一点的位置。击球时手腕由伸展到屈收带动手指捻动发力，使球拍向内或向外旋转，手腕手指控制力量，以斜拍面"切击"球托后部的右侧或左侧，使球呈对角线飞行，落入对方前场区域。吊球和劈击球动作的主要区别是击球发力不同，吊球发力小，劈球则要加大击球的力度。

（4）后场杀球击球动作：击球点选在右肩上方较击高远球、吊球更前一点的位置。击球前，为了获得最大的力臂，可充分调动下肢、腰腹和上肢的力量，使身体后仰呈弓形，然后发力击球。击球的瞬间前臂带动手腕由伸到屈快速闪动，以正拍面向前下方发力击球，使球自上而下飞行落入对方中后场区域。

3. 击球后挥动

击球后持拍手随击球动作完成后的惯性向左前下方挥动，左手协助保持身体平衡，起跳脚触地瞬间即向中心位置移动，同时持拍手由左前下方迅速收回至身前，准备迎接下一次来球。

### （二）后场正手低手位击球技术

后场正手低手位击球，即被动状态下击球，击球点大致在膝盖高度的位置，可击高远球和限制性吊球。

1. 判断起动

运用后场正手被动步法向右后侧区域转体移动，持拍手正手握拍自然侧拉于身后，同时手肘前行前臂外旋后倒，手腕充分后伸引拍，左手平举于相应一侧保持平衡，准备击球。

2. 击球动作

后场正手被动高远球击球动作：前臂急速内旋，带动手腕加速向前方挥动，右脚跨步着地的同时，以正拍面并使拍面上仰约45°角将球由低点向对方场区上空击出。

注意：上下肢要配合一致完成击球动作。

后场正手被动吊球击球动作：击球点比被动击高远球稍后，手肘先行锁住，前臂后摆再向前挥动，同时手指控制拍面，收腕以斜拍面仰角切击球托，使球由下至上吊至对方前场区域。

注意：正手后场被动吊球时手肘先行是关键，如果肘部位置不固定，则易击球下网。

3. 击球后回动

击球后，以制动动作控制手臂继续向左侧挥动，同时迅速地提高身体重心，向中心位置转体跟进回位，并将持拍手收至胸前。

## 三、后场头顶击球技术

在左后场区用正拍面在头顶上方击球叫后场头顶击球。这种击球，依据战术的需要可分别击高远球、平高球、吊球、劈球和杀球。每一项击球技术，依据战术的需要都可击出直线球路或斜线球路。

1. 判断起动

运用后场头顶后退步法向来球落点方向后退移动，击球前的准备姿势应为侧身（左肩对网）。如果来不及，则可以仰面姿势，用与后场正手击球技术相同的引拍动作准备击球。

2. 击球动作

击球点选择在头顶或左肩前上方。

（1）后场头顶杀球击球动作：击球点偏在头顶前上方较击高远球和吊球靠前的位置，击球时前臂内旋，带动球拍高速向前下方挥动，以拍面与地面形成小于90°的夹角，屈指大力发力击球。

（2）后场头顶劈球、吊球击球动作：后场吊球时用手指推捻拍柄，使球拍向内旋转，以斜拍面向前下方滑动"切"球托左侧后部。劈球击球发力和击球拍面角度较吊球大。

（3）后场头顶平高球击球动作：击球拍面较击高远球仰角小，手腕、手指闪动发力速度更快，爆发力更强。

后场头顶高远球击球动作要领同后场正手击球。

3. 击球后回动

起跳击球后，身体重心落在左脚上，左脚一触地即迅速往中心位置回动，持拍的手迅速回收至胸前，准备下一次击球。

## 四、后场反手击球技术

### （一）后场反手高手位击球技术

在左后场区以反拍面击球称为后场反手击球。这种击球技术依据战术的不同需要可击出直线反手高球、斜线反手高球、反手吊球和反手杀球。反拍面击球的技术动作较难，击球威力不如正拍面大，落点也不易控制，初学者处理左后场区的球时应尽可能地争取用头顶正拍面击球。只有在极被动、迫不得已的情况下才用反手击球。但是如果反手技术掌握得好，同样能化险为夷，变被动为主动。

1. 判断起动

以后场反手转身"后退"步法迅速向来球方向移动，身体稍向左转，背向球网，含胸收腹，反手握拍屈肘举于右侧与肩同高的位置，同时手臂内旋回环引拍，手腕稍有外展，双眼注视来球，准备击球。

2. 击球动作

（1）后场反手高远球击球动作：上臂和前臂急速外旋带动手腕加速，近似画一条弧线由左下方经胸前向右前上方挥动，击球点选在右肩上方。击球时手腕由伸展至屈收快速闪动屈指发力，利用拇指的顶力与其余四指的配合，紧握球拍，用反拍面将球向后场击出，使球高弧线飞行，落入对方场区底线附近。在完成击球动作的同时，右脚着地，身体重心也落在右脚上。

（2）后场反手吊球击球动作：击球的瞬间拍面与地面的夹角保持90°左右，以稍带有前推的动作击球，避免击球不过网。吊直线击球时前臂外旋带动手腕，手指捻动发力，斜拍面沿从左向右的轨迹向前下方切击球托的后中部，使球呈直线飞行落入对方前场区域。吊斜线球时用斜拍面向斜下方切击球托的左侧部位。

（3）后场反手杀球击球动作：后场反手杀球的击球点较击高远球和吊球靠前，击球时拍面的仰角较小。为了获得最大的击球力量，应协调好蹬力、腰腹力、肩力，以上臂带动前臂由外旋快速闪动，屈指发力，用反拍正面击球托的后部，使球由高向下飞行落入对方场区。击球瞬间拍面向正前方下压为反手杀直线球，击球拍面向斜前下方挥压则是反手杀斜线球。

3. 击球后回动

完成击球后，身体重心落在右脚，持拍手由制动动作收回胸前，准备迎接下一次接球。

### （二）后场反手低手位击球技术

后场反手低手位击球是处于较被动状态下运用的一项过渡性技术，击球点大致在膝关节附近的位置。

1. 判断起动

运用后场反手被动转身"后退"步法向来球落点方向后退移动，持拍手臂以肩为轴，前臂内旋回环引拍，握拍放松，腕稍有外展，呈背对球网跨步姿势准备击球。

2. 击球动作

（1）后场反手低手位高远球击球动作：上臂和前臂急速外旋带动手腕，利用拇指的顶力，配合其余四指屈指发力，借助身体右转的力量，向对方后场区域的前上方挥臂击球，使球呈高弧线飞行，落入对方底线附近。完成击球动作的同时跨步脚着地。

（2）后场反手低手位吊球击球动作：击球时手腕由伸展至屈收发力，手指和手腕控制拍面力量和角度，拇指前顶发力，以反拍面轻击球托左后侧部位，将球由下向上吊至对方前场区域。

注意：击球瞬间手臂应有一定的前送动作，否则球不易过网。

3. 击球后回动

完成击球后迅速转体，面向球网，向中心位置回位。

## 五、双打后场击球技术

前面介绍的单打后场击球技术均可运用于双打中，下面就具有双打特点的后场击球技术做一些补充。

### （一）后场击球技术的种类

后场击球包括点杀身上球和拦截球技术。

1. 点杀身上球

这是用正手、头顶等击球方式，将对方击来的中后场球，以近似扣球的动作击向对方身上，特别是右肩附近位置点击过去的一种球。虽然点杀球的击球力量不如大力扣杀球那么大，但由于其动作巧、落点准、速度快，与后场重杀、长杀等配合运用，能起到让对方防不胜防的作用。

2. 拦截球

这是用正手、反手和头顶等击球方式，将对方击来的快速有力的平抽球，拦截至对方前场的一种击球技术。实战中，运用拦截球可以有效地破坏对方的连续进攻战术。

### （二）后场击球技术

后场击球包括后场正手击球、后场反手拦截球和头顶拦截球技术等。

1. 后场正手击球技术

（1）运用后退步法向来球方向移动，持拍手屈肘上举至体侧肩高位置，同时上臂带动前臂后倒外旋回环引拍，如果是拦截球，则轻微外旋引拍即可，准备击球。

（2）击球动作包括点杀击球动作、拦截球击球动作等。

① 点杀击球动作：争取较高的击球点，上臂协调配合前臂，手肘制动后摆，靠手腕和手指发力点击球托，使球自上而下向击球目标飞行。

② 拦截球击球动作：击球时，持拍手正手握拍直接伸向来球方向，手腕内收带动手指轻微发力，以斜拍面拦截球托使球过网后落入对方前场区域。

（3）击球后迅速收拍至体前，准备回击下一个来球。

2. 后场反手拦截球技术

（1）准备好，判断准，左脚向左侧来球方向迈出一步，转体，右脚经左脚交叉向来球方向跨出第二大步，同时持拍手以肘为轴做小弧度内旋引拍，争取高的击球点，提前在来球方向做好击球准备。

（2）手腕由微展至内收发力，以反拍斜拍面抹击球托后部。击球后，球的飞行方向同正手拦截球技术。

（3）击球后手臂以制动动作结束，回收至体前，做好准备姿势。

3. 头顶拦截球技术

（1）准备好，判断准，双脚蹬地向后场头顶来球方向斜步起跳，持拍手后仰引拍，准备击球。

（2）手指、手腕控制拍面，以正拍面抹击球托，使球越过球网落入对方前场区域。

（3）击球后以制动动作结束，迅速收回，准备下一个来球。

## 思 考 题

1. 单打该如何站位？
2. 单打发球的种类及战术作用有哪些？
3. 简述前场高手位击球技术的种类及技术要领。
4. 双打发球的种类及其战术作用有哪些？
5. 双打中场击球的技术种类及其技术要领有哪些？
6. 双打后场击球的技术种类及其技术要领有哪些？

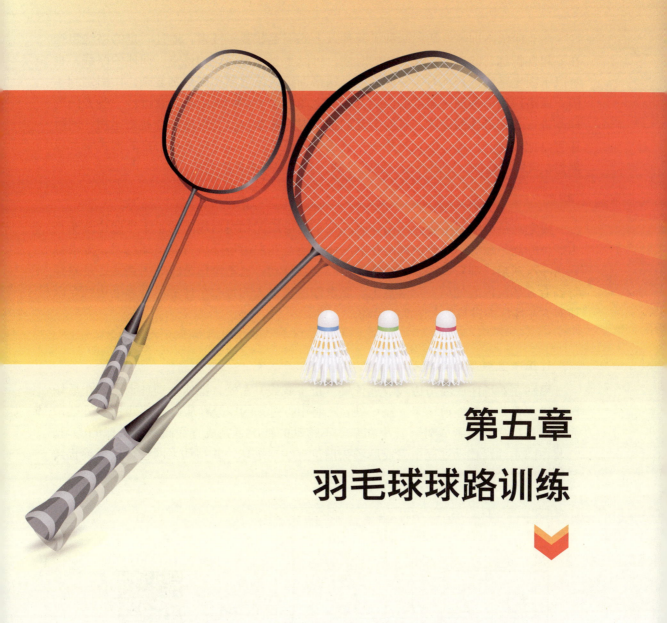

# 第五章
## 羽毛球球路训练

羽毛球球路训练就是把两种或两种以上的羽毛球基本技术，通过一定的路线组合在一起进行练习的方法。在训练的时候，可以事先规定回球的落点、回球的路线，也可以不固定路线进行练习。一般来说，球路训练应该遵循由简单到复杂、由固定到不固定球路这样一种循序渐进的原则。在羽毛球的学习和训练中，特意设计一些专门的球路进行有针对性的训练，有助于我们把掌握的基本技术有机地结合起来运用，同时还可以把前场与后场、进攻与防守、直线与斜线等技术综合起来在一定的形式下加以熟悉、巩固和提高。下面介绍一些常见的、简单的球路训练方法。

## 一、固定高吊球练习

固定高吊球练习主要介绍击球点、位于右后场区和左后场区的正手击球位及头顶击球位的高吊球练习。不论你是在右后场区还是在左后场区进行高吊球练习，要求每回击一次球后，都应该适当地向球场中心位置移动；也不论你是将球用直线还是斜线打到对方场区内的任何一个落点上，要求你所击出去的每一个球都尽量靠近边线，以使对方在场区内进行最大范围的运动。

### （一）右后场区位置的高吊球练习方法

1. 正手直线高吊球练习

甲站在右场区底线与边线附近位置（正手底线）A 处，把球分别打到乙的左后场区底线位置 B 处和左前场区位置 C 处；乙将甲打过来的球分别从位置 B 处和 C 处还击到甲的正手底线位置 A 处。让甲在基本不移动的情况下完成直线高球和吊球的练习。乙将在固定线路移动过程中完成后场头顶位直线高远球，并移动上网进行反手挑直线后场高远球的固定球路练习（见图5-1）。

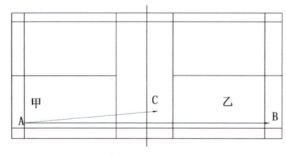

图5-1　正手直线高吊球

视频：正手直线高吊球练习

2. 正手斜线高吊球练习

甲站在右场区底线与边线附近位置（正手底线）A 处，把球分别打到乙的右后场区底线位置 B 处和右前场区位置 C 处；乙将甲打过来的球分别从位置 B 处和位置 C 处还击到甲的正手底线位置 A 处。让甲在基本不移动的情况下完成斜线高球和吊球的练习，乙将在固定线路移动过程中完成后场头顶位斜线高远球，并上网进行反手位挑斜线高远球的固定球路练习（见图5-2）。

3. 正手直线高球、斜线吊球练习

甲站在右场区底线与边线附近位置（正手底线）A 处，把球分别打到乙的左后场区底线位置 B 和右前场区位置 C 处；乙将甲打过来的球分别从位置 B 处和位置 C 处还击到甲的正手底线位置 A 处，让甲在基本不移动的情况下完成斜线高球和直线吊球的练习，乙将在固定线路移动过程中，完成后场直线高远球，并移动至斜线网前，进行网前正手位挑斜线高远球的固定球路练习（见图 5-3）。

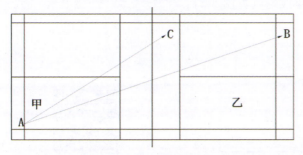

图5-2　正手斜线高吊球

视频：正手斜线高吊球练习

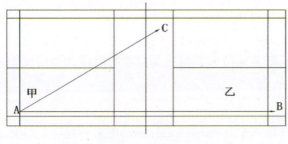

图5-3　正手直线高球、斜线吊球

视频：正手直线高球、斜线吊球练习

#### 4. 正手斜线高球、直线吊球练习

甲站在右场区底线与边线附近位置（正手底线）A 处，把球分别打到乙的右后场区底线位置 B 和左前场区位置 C 处；乙将甲打过来的球分别从位置 B 处和位置 C 处还击到甲的正手底线位置 A 处。让甲在基本不移动的情况下，完成斜线高球与直线吊球的练习，乙将在固定线路移动过程中，完成后场正手斜线高远球，并上斜线网前，进行反手位挑直线高远球的固定球路练习（见图 5-4）。

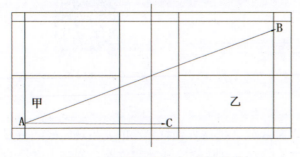

图5-4　正手斜线高球、直线吊球

视频：正手斜线高球、直线吊球练习

#### 5. 正手直线、斜线的高吊球练习

甲站在右场区底线与边线附近位置（正手底线）A 处，把球分别打到乙的左后场

区底线位置 B 处、右后场底线位置 C 处、左前场区位置 D 处和右前场区 E 处；乙将甲打到各个不同位置落点 B 处、C 处、D 处、E 处的球还击到甲的正手底线位置 A 处。让甲在基本不移动的情况下完成直线和斜线高球与直线和斜线吊球的练习，乙将在固定线路移动的过程中，完成前后场四点回击后场固定点球路练习，也可称为甲对乙进行后场正手位一点打四点的固定球路练习（见图5-5）。

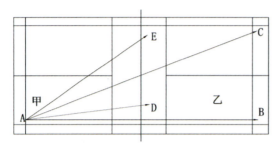

图5-5　正手直线、斜线的高吊球　　　　　视频：正手直线、斜线高吊球练习

### （二）左后场区位置的高吊球练习方法

需要注意的是，在左后场区的练习中，开始阶段一般要求练习者用头顶技术去完成每一个击球动作。建议在头顶高、吊击球技术掌握较为熟练的时候，再用反手击球技术完成左后场区的高、吊球练习。

**1. 头顶直线高吊球练习**

甲站在左场区底线与边线附近位置 A 处，把球分别打到乙的右后场区底线位置 B 处和右前场区位置 C 处；乙将甲打过来的球分别从位置 B 处和 C 处击到甲的左后场区位置 A 处。让甲在基本不移动的情况下完成直线高球和直线吊球的练习，乙将在固定线路移动过程中，完成后场正手位直线高远球，并上网进行网前正手位挑直线高远球的固定球路练习（见图5-6）。

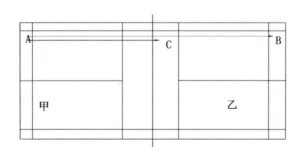

图5-6　头顶直线高吊球　　　　　视频：头顶直线高吊球练习

**2. 头顶斜线高吊球练习**

甲站在左场区底线与边线附近位置 A 处，把球分别打到乙的左后场区底线位置 B 处和左前场区位置 C 处，乙将甲打过来的球分别从位置 B 处和位置 C 处还击到甲的左场区底线位置 A 处。让甲在基本不移动的情况下完成斜线高球和斜线吊球的练习，乙将在固定线路移动过程中，完成头顶位斜线高远球，并上网进行网前反手位挑斜线高远球的固定球路练习（见图5-7）。

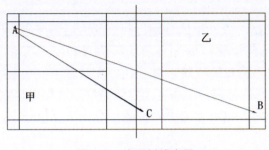

图5-7 头顶斜线高吊

视频：头顶斜线高吊练习

### 3. 头顶直线高球、斜线吊球练习

甲站在左场区底线与边线附近位置 A 处，把球分别打到乙的右后场区底线位置 B 处和左前场区位置 C 处；乙将甲打过来的球分别从位置 B 处和位置 C 处还击到甲的左场区底线位置 A 处。让甲在基本不移动的情况下完成直线高球和斜线吊球的练习，乙将在固定线路移动过程中，完成后场正手位击直线高远球，并上网进行网前反手位挑斜线高远球的固定球路练习（见图5-8）。

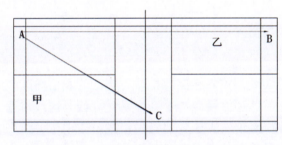

图5-8 头顶直线高球、斜线吊球

视频：头顶直线高球、
斜线吊球练习

### 4. 头顶斜线高球、直线吊球练习

甲站在左场区底线与边线附近位置 A 处，把球分别打到乙的左后场区底线位置 B 处和右前场区位置 C 处；乙将甲打过来的球分别从位置 B 处和位置 C 处还击到甲的左场区底线位置 A 处。让甲在基本不移动的情况下完成斜线高球和直线吊球的练习，乙将在固定线路移动过程中完成后场头顶位击斜线高远球，并上网进行正手位挑直线高远球的固定球路练习（见图5-9）。

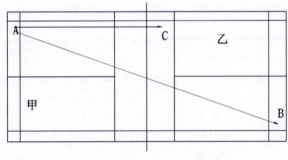

图5-9 头顶斜线高球、直线吊球

视频：头顶斜线高球、
直线吊球练习

### 5. 头顶直线、斜线高吊练习

甲站在左场区底线与边线附近位置 A 处，把球分别打到乙的右后场区底线位置 B 处、左后场区底线位置 C 处、右前场区位置 D 处和左前场区位置 E 处。乙将甲打到各个不同位置落点的球还击到甲的左场区底线位置 A 处。让甲在基本不移动的情况下完成直线和斜线高球与直线和斜线吊球的练习，乙将在固定线路移动过程中，完成前、后场四个点位回击后场固定点球路练习，也可称为甲对乙进行后场头顶位一点打四点的固定球路练习（见图5-10）。

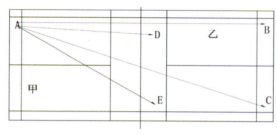

图5-10 头顶直线、斜线高吊

视频：头顶直线、斜线高吊练习

## 二、不固定高吊球练习

### （一）两点移动高吊左场区

甲在右场区底线与边线附近位置 A 处，用直线高球把球打到乙的左后场区底线位置 C 处，用直线吊球把球吊到乙的左前场区位置 D 处，在左场区底线与边线附近位置 B 处，用斜线高球把球打到乙的左后场区底线位置 C 处，用斜线吊球把球吊到乙的左前场区位置 D 处；乙则将甲打到位置 C 处和位置 D 处的球分别还击到甲的两个底线位置 A 处和位置 B 处，让甲在底线移动中对乙进行右场区高远球、左场区吊球的高吊练习。甲在每回击一次球后都应该适当地向球场中心位置回动（见图5-11）。

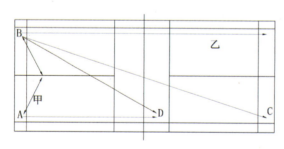

图5-11 两点移动高吊左场区

视频：两点移动高吊左场区

### （二）两点移动高吊右场区

甲在左场区底线与边线附近位置 A 处，用直线高球把球打到乙的右后场区底线位置 C 处，用直线吊球把球吊到乙的右前场区位置 D 处，在右场区底线与边线附近位置 B 处，用斜线高球把球打到乙的右后场区底线位置 C 处，用斜线吊球把球吊到乙的右前场区位置 D 处；乙则将甲击到位置 C 处和位置 D 处的球分别还击到甲的两个底线位置 A 处和 B 处，让甲在底线两点移动中对乙的右场区进行高吊练习。甲在每回击一次球后都应该适当地向球场中心位置回动（见图5-12）。

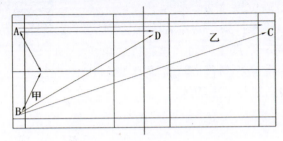

图5-12 两点移动高吊右场区

视频：两点移动高吊右场区

### （三）两点移动直线、斜线高吊左后场和右前场

甲不论是在左场区底线与边线附近位置A处，还是在右场区底线与边线附近位置B处，均应将球打到乙的左后场区位置C处或吊到右前场区位置D处；乙则将位置C处或位置D处的球分别还击到甲的两个底线位置A处和位置B处，让甲在后场两点底线处的移动中对乙的左后场区和右前场区进行直线、斜线高吊球的练习。要求甲在每回击一次球后都应该适当地向球场中心位置回动（见图5-13）。

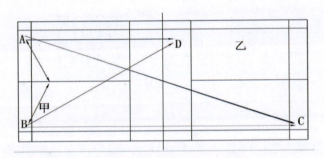

图5-13 两点移动直线、斜线高吊左后场和右前场

视频：两点移动直线、斜线高吊左后场和右前场

### （四）两点移动直线、斜线高吊右后场和左前场

甲不论是在右场区底线与边线附近位置A处，还是在左场区底线与边线附近位置B处，均应将球打到乙的右后场区位置C处或吊到左前场区位置D处；乙则将甲击到位置C处或位置D处的球分别还击到甲的两个底线位置A处和位置B处，让甲在后场两点底线处的移动中对乙的右后场区和左前场区进行直线、斜线高吊球的练习。要求甲在每回击一次球后适当地向球场中心位置回动（见图5-14）。

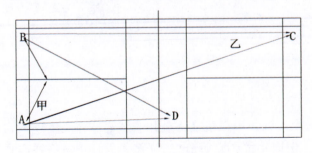

图5-14 两点移动直线、斜线高吊右后场和左前场

视频：两点移动直线、斜线高吊右后场和左前场

## （五）两点打四点

甲不论是在右场区底线与边线附近位置 A 处，还是在左场区底线与边线附近位置 B 处，都可任意地将球打到乙的左后场、左前场、右后场或右前场这四个区域中的任何一个点上，而乙只能将这些来球任意还击到甲的右场区底线位置 A 处或左场区底线位置 B 处，甲在底线移动中对全场进行直线和斜线高球与吊球的练习。

视频：直线高球杀直线（正手）

### 三、高杀球路

#### （一）直线高球杀直线

（1）乙把球发到甲的右后场位置 A 处，甲在位置 A 处用直线高球将乙发过来的球打到乙的左后场区位置 B 处，乙还击甲的后场直线高球到 A 处，甲杀直线球到位置 C 处，乙将甲杀过来的球挑到位置 A 处，甲再回直线后场高球到位置 B 处。如此重复，直到球落地为止（见图5-15）。

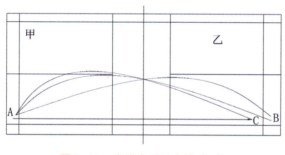

图5-15　直线高球杀直线（1）

视频：直线高球杀直线（正手）

（2）乙把球发到甲的左后场位置 A 处，甲在位置 A 处直线高球将乙发过来的球打到乙的右后场区位置 B 处，乙还击甲的后场直线高球到 A 处，甲杀直线球到位置 C 处，乙将甲杀过来的球挑到位置 A 处，甲再回直线后场高球到位置 B 处。如此重复，直到球落地为止（见图5-16）。

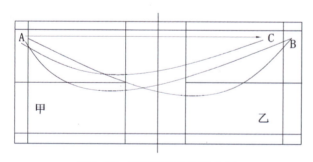

图5-16　直线高球杀直线（2）

视频：直线高球杀直线（头顶）

#### （二）直线高球杀斜线

（1）乙把球发到甲的右后场位置 A 处，甲在位置 A 处用直线高球将乙发过来的球打到乙的左后场区位置 B 处，乙还击甲的后场直线高球到位置 A 处，甲杀斜线球到位置 C 处，乙将甲杀过来的球挑到位置 A 处，甲再回直线后场高球到位置 B 处。如此重复，直到球落地为止（见图5-17）。

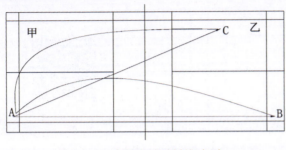

图5-17　直线高球杀斜线（1）

视频：直线高球杀斜线（正手）

（2）乙把球发到甲的左后场位置A处，甲在位置A处用直线高球将乙发过来的球打到乙的右后场区位置B处，乙还击甲的后场直线高球到位置A处，甲杀斜线球到位置C处，乙将甲杀过来的球挑到位置A处，甲再回直线后场高球到位置B处。如此重复，直到球落地为止（见图5-18）。

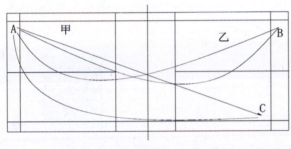

图5-18　直线高球杀斜线（2）

视频：直线高球杀斜线（头顶）

### （三）斜线高球杀直线

（1）乙把球发到甲的右后场位置A处，甲在位置A处用斜线高球将乙发过来的球打到乙的右后场区位置B处，乙还击甲的后场斜线高球到位置A处，甲杀直线球到位置C处，乙将甲杀过来的球挑到位置A处，甲再回斜线后场高球到位置B处。如此重复，直到球落地为止（见图5-19）。

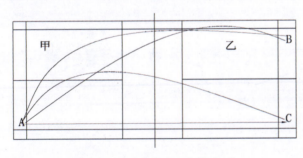

图5-19　斜线高球杀直线（1）

视频：斜线高球杀直线（正手）

（2）乙把球发到甲的左后场位置A处，甲在位置A处用斜线高球将乙发过来的球打到乙的左后场区位置B处，乙还击甲的后场斜线高球到位置A处，甲杀直线球到位置C处，乙将甲杀过来的球挑到位置A处，甲再回斜线后场高球到位置B处。如此重复，直到球落地为止（见图5-20）。

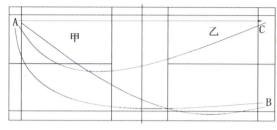

图5-20　斜线高球杀直线（2）

视频：斜线高球杀直线（头顶）

### （四）斜线高球杀斜线

(1) 乙把球发到甲的右后场位置 A 处，甲在位置 A 处用斜线高球将乙发过来的球打到乙的右后场区位置 B 处，乙还击甲的后场斜线高球到位置 A 处，甲杀斜线球到位置 C 处，乙将甲杀过来的球挑到位置 A 处，甲再回斜线后场高球到位置 B 处。如此重复，直到球落地为止（见图5-21）。

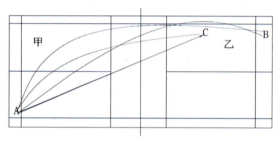

图5-21　斜线高球杀斜线（1）

视频：斜线高球杀斜线（正手）

(2) 乙把球发到甲的左后场位置 A 处，甲在位置 A 处用斜线高球将乙发过来的球打到乙的左后场区位置 B 处，乙还击甲的后场斜线高球到位置 A 处，甲杀斜线球到位置 C 处，乙将甲杀过来的球挑到位置 A 处，甲再回斜线后场高球到位置 B 处。如此重复，直到球落地为止（见图5-22）。

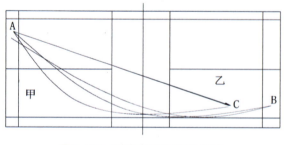

图5-22　斜线高球杀斜线（2）

视频：斜线高球杀斜线（头顶）

## 四、吊杀球路

### （一）吊直线杀直线

(1) 乙把球发到甲的右后场位置 A 处，甲将球吊到乙的左前场位置 C 处，乙把位置C点的球挑到甲的后场位置A处，甲杀直线球到乙的左场区位置B处，乙再把球挑至位置A处。如此重复，直到球落地为止（见图5-23）。

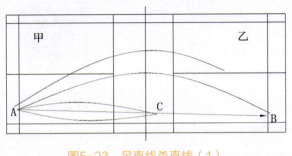

图5-23　吊直线杀直线（1）

视频：吊直线杀直线（正手）

（2）乙把球发到甲的左后场位置A处，甲将球吊到乙的右前场位置C处，乙把位置C处的球挑到甲的后场位置A处，甲杀直线球到乙的右场区位置B处，乙再把球挑至位置A处。如此重复，直到球落地为止（见图5-24）。

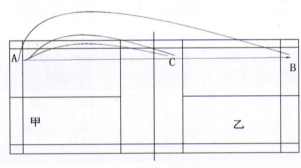

图5-24　吊直线杀直线（2）

视频：吊直线杀直线（头顶）

### （二）吊直线杀斜线

（1）乙把球发到甲的右后场位置A处。甲将球吊到乙的左前场位置C处，乙把位置C处的球挑到甲的后场位置A处，甲杀斜线球到乙的右场区位置B处，乙再把球挑至位置A处。如此重复，直到球落地为止（见图5-25）。

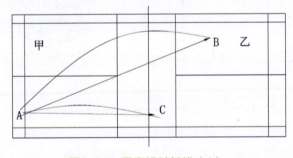

图5-25　吊直线杀斜线（1）

视频：吊直线杀斜线（正手）

（2）乙把球发到甲的左后场位置A处，甲将球吊到乙的右前场位置C处，乙把位置C处的球挑到甲的后场位置A处，甲杀斜线球到乙的左场区位置B处，乙再把球挑至位置A处。如此重复，直到球落地为止（见图5-26）。

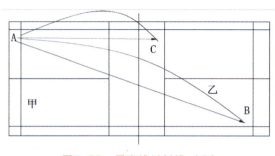

图5-26　吊直线杀斜线（2）

视频：吊直线杀斜线（头顶）

### （三）吊斜线杀直线

（1）乙把球发到甲的右后场位置A处。甲将球吊到乙的右前场位置C处，乙把位置C处的球挑到甲的后场位置A处，甲杀直线球到乙的左场区位置B处，乙再把球挑至位置A处。如此重复，直到球落地为止（见图5-27）。

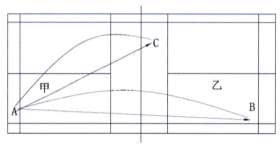

图5-27　吊斜线杀直线（1）

视频：吊斜线杀直线（正手）

（2）乙把球发到甲的左后场位置A处，甲将球吊到乙的左前场位置C处，乙把位置C处的球挑到甲的后场位置A处，甲杀直线球到乙的右场区位置B处，乙再把球挑至位置A处。如此重复，直到球落地为止（见图5-28）。

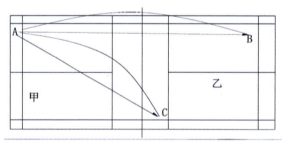

图5-28　吊斜线杀直线（2）

视频：吊斜线杀直线（头顶）

### （四）吊斜线杀斜线

（1）乙把球发到甲的右后场位置A处，甲将球吊到乙的右前场位置C处，乙把位置C处的球挑到甲的后场位置A处，甲杀斜线球到乙的右场区位置B处，乙再把球挑至位置A处。如此重复，直到球落地为止（见图5-29）。

（2）乙把球发到甲的左后场位置A处，甲将球吊到乙的左前场位置C处，乙把位置C处的球挑到甲的后场位置A处，甲杀斜线球到乙的左场区位置B处，乙再把球挑至位置A处。如此重复，直到球落地为止（见图5-30）。

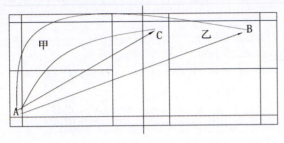

图5-29　吊斜线杀斜线（1）

视频：吊斜线杀斜线（正手）

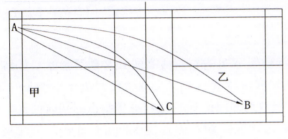

图5-30　吊斜线杀斜线（2）

视频：吊斜线杀斜线（头顶）

## 五、杀上网球路

### （一）固定杀上网练习

**1.直线高球杀直线上网**

（1）甲站在右场区底线与边线附近位置A处，乙从左场区发后场高球到甲的右场区位置A处，甲在位置A处进行直线后场高球B和杀直线球C的练习，乙则将甲的直线后场高球B回击到甲的右后场底线位置A处，将甲杀过来的直线球C还击到甲的网前位置，甲从后场上网到网前位置D处将球搓到乙的左前场网前位置E处，乙在位置E处将来球用直线高球挑回到甲的右后场底线位置A处，让甲再进行还击。如此重复，直到球落地为止（见图5-31）。

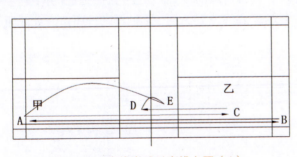

图5-31　直线高球杀直线上网（1）

视频：直线高球杀直线上网（正手）

（2）甲站在左场区底线与边线附近位置A处，乙从右场区发后场高球到甲的左场区位置A处，甲在位置A处进行直线后场高球B和杀直线球C的练习，乙则将甲的直线后场高球B回击到甲的左后场底线位置A处，将甲杀过来的直线球C还击到甲的网前位置 D 处，甲从后场上网到位置 D 处将球搓到位置 E 处，乙在位置 E 处用直线高球挑回到甲的左后场底线位置 A 处，让甲再进行还击。如此重复，直到球落地为止（见图 5-32）。

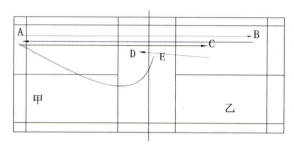

图5-32　直线高球杀直线上网（2）

视频：直线高球杀直线上网（头顶）

2. 直线高球杀斜线上网

（1）甲站在右场区底线与边线附近位置 A 处进行直线高球 B 和斜线杀球 C 的练习，乙从位置 B 处直接将球打到甲的右后场底线位置 A 处，乙在位置 C 处把甲杀来的球用直线球还击到甲的网前位置 D 处，甲上网到网前位置 D 处将球搓到乙的网前位置 E 处，再由乙从位置 E 处将球挑到甲的右场区底线位置 A 处，让甲再进行还击。如此重复，直到球落地为止（见图 5-33）。

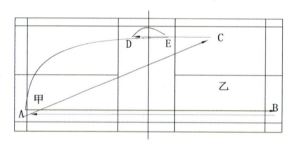

图5-33　直线高球杀斜线上网（1）

视频：直线高球杀斜线上网（正手）

（2）甲站在左场区底线与边线附近位置 A 处进行直线高球 B 和斜线杀球 C 的练习，乙从位置 B 处直接将球打到甲的左后场底线位置 A 处，乙在位置 C 处把甲杀来的斜线球用直线还击到甲的网前位置 D 处，甲上网到网前位置 D 处将球搓到乙的网前位置 E 处，再由乙从位置 E 处将球挑到甲的左场区底线位置 A 处，让甲再进行还击。如此重复，直到球落地为止（见图 5-34）。

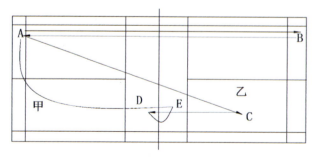

图5-34　直线高球杀斜线上网（2）

视频：直线高球杀斜线上网（头顶）

3. 斜线高球杀直线上网

(1) 甲站在右场区底线与边线附近位置 A 处进行斜线高球 B 和直线杀球 C 的练习，乙将甲打到 B 处的高球还击到 A 处，将甲杀到位置 C 处的球还击到甲的右前场区位置 D 处，甲上网到网前位置 D 处，将球搓或放到乙的左前场位置 E 处，乙在位置 E 用直线高球挑回到甲的后场位置 A 处，让甲再进行还击。如此重复，直到球落地为止（见图 5-35）。

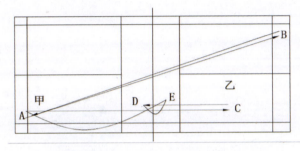

图5-35 斜线高球杀直线上网（1）

视频：斜线高球杀直线上网（正手）

(2) 甲站在左场区底线与边线附近位置 A 处进行斜线高球 B 和直线杀球 C 的练习，乙将甲打到 B 的高球还击到位置 A 处，将甲杀到位置 C 处的球还击到甲的左前场区位置 D 处，甲上网到网前位置 D 处，将球搓或放到乙的右前场位置 E 处，乙在位置 E 处用直线高球挑回到甲的后场位置 A 处，让甲再进行还击。如此重复，直到球落地为止（见图 5-36）。

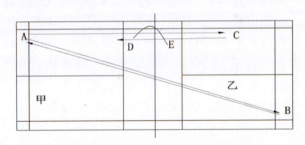

图5-36 斜线高球杀直线上网（2）

视频：斜线高球杀直线上网（头顶）

4. 斜线高球杀斜线上网

(1) 甲站在右场区底线与边线附近位置 A 处进行斜线高球 B 和斜线杀球 C 的练习，乙将甲打到位置 B 处的高球还击到位置 A 处，将甲杀到位置 C 处的球还击到甲的左前场区位置 D 处，甲上网到网前位置 D 处，将球搓或放到乙的右前场位置 E 处，乙在位置 E 处用斜线高球挑回到甲的后场位置 A 处，让甲进行还击。如此重复，直到球落地为止（见图 5-37）。

(2) 甲站在左场区底线与边线附近位置 A 处进行斜线高球 B 和斜线杀球 C 的练习，乙将甲打到位置 B 处的高球还击到位置 A 处，将甲杀到位置 C 处的球还击到甲的右前场区位置 D 处，甲上网到网前位置 D 处，将球搓或放到乙的左前场位置 E 处，乙在位置 E 处用斜线高球挑回到甲的后场位置 A 处，让甲再进行还击。如此重复，直到球落地为止（见图 5-38）。

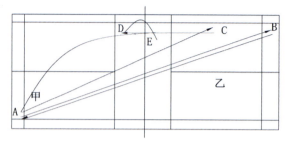

图5-37　斜线高球杀斜线上网（1）

视频：斜线高球杀斜线上网（正手）

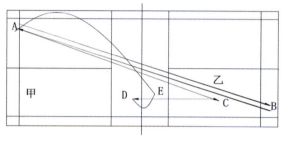

图5-38　斜线高球杀斜线上网（2）

视频：斜线高球杀斜线上网（头顶）

### （二）半固定或不固定杀上网练习

#### 1. 两点移动高、杀上网

甲在后场底线与边线附近位置 A 处或位置 B 处，把球打到乙的左后场区域位置 C 处和杀到乙的右场区边线位置 D 处，乙在位置 C 处将甲打到左后场区的高球任意还击到甲的两个位置，即位置 A 处或位置 B 处，在位置 D 处上接杀勾对角线，将甲杀到位置 D 处的球回击到甲的右前场区位置 E 处，甲上网到网前位置 E 处，将球搓或放到乙的左前场位置 F 处，乙在 F 处任意将球还击到甲的两底角位置 A 处或位置 B 处，让甲在位置 A、位置 B 两处运动并还击。要求甲每击完一次球后须向球场中心位置回动（见图5-39）。

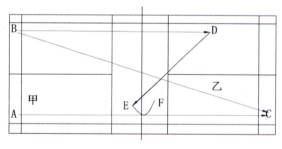

图5-39　两点移动高、杀上网

视频：两点移动高、杀上网

#### 2. 半固定高、杀上网

甲发后场高远球，乙在后场还击斜线后场高球1，甲回直线后场高球2，乙重复直线后场高球3，甲杀斜线4，乙接杀挡网前5，甲上网搓球6，乙在网前挑直线后场高球7，甲还击直线高球8，乙重复直线后场高球9，甲杀斜线球10，乙在右场区重复左场区第

5、6、7拍的球路,将球击回到甲的左后场区底线位置。甲重复第2拍以后的球路,反复练习(见图5-40)。

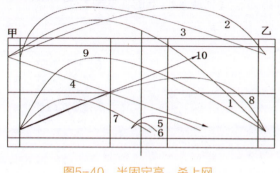

图5-40 半固定高、杀上网

视频:半固定高、杀上网

### 3. 高杀对接高杀

甲为主练,只能使用高球或杀球来进攻,主要练习高杀进攻;乙为陪练,主要练习接高杀的全场防守。主练在后场任意打高球或平高球,但不得连续,超过三拍就得杀球。对陪练来说,如果主练打高球,陪练也得还击高球,如果主练杀球,陪练在接杀球的时候,可选择接杀挡直线网前或接杀勾对角线网前,这时主练应迅速上网,然后将球回击至陪练网前,陪练在网前挑后场高球。如此重复,直到球落地为止。

视频:高杀对接高杀

### 4. 高杀对高杀

全场练习,除后场吊球外的其他技术均可使用。

## 六、吊上网球路

### (一)固定吊上网练习

#### 1. 直线吊上网练习

(1)甲在正手底线位置A处站立,把乙发到位置A处的球吊到乙的左前场区域位置B处,乙在网前将球放到甲的右前场区域位置C处,甲从后场上网,将位置C处的来球搓回到乙的左前场位置B处,乙把甲搓过来的球挑到甲的正手后场底线位置A处。甲继续重复直线吊上网练习,直到球落地为止(见图5-41)。

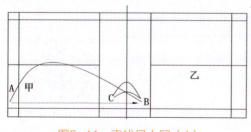

图5-41 直线吊上网(1)

视频:直线吊上网练习(1)

(2)甲在反手底线位置A处站立,把乙发到位置A处的球吊到乙的右前场区域位置 B 处，乙在网前位置 B 处将球放到甲的左前场区域位置 C 处，甲从后场上网，将位置 C 处的来球搓回到乙的右前场位置 B 处，乙把甲搓过来的球挑到甲的反手后场底线位置 A 处。甲继续重复直线吊球上网练习，直到球落地为止（见图 5-42）。

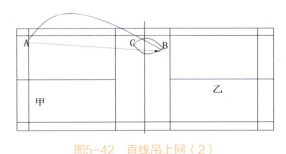

图 5-42　直线吊上网（2）

（3）甲在正手底线位置 A 处站立，把乙发到位置 A 处的球运用击后场高球的技术回击到乙的左后场区域位置 B 处，乙在位置 B 处将球击打到位置 A 处，甲在位置 A 处将来球吊到乙的左前场区域位置 C 处，乙在网前位置 C 处将球放到甲的右前场区域位置 D 处，甲从后场上网，将位置 D 处的来球搓回到乙的左前场位置 C 处，乙把甲搓过来的球挑到甲的正手后场底线位置 A 处。如此重复，直到球落地为止（见图 5-43）。

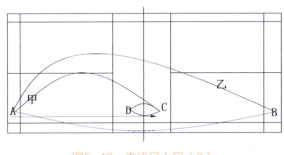

图 5-43　直线吊上网（3）

### 2. 斜线吊上网练习

（1）甲在正手底线位置 A 处，把乙发到位置 A 处的球吊到乙的右前场位置 B 处，乙在位置 B 处将球回放到甲的网前位置 C 处，甲从后场上网，把乙放的网前球搓或放回到乙的前场位置 D 处，乙在网前位置 D 处将球挑回到甲的后场位置 A 处。如此重复，直到球落地为止（见图 5-44）。

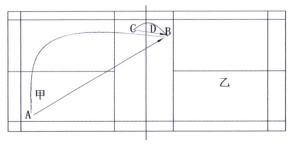

图 5-44　斜线吊上网（1）

（2）甲在反手底线位置 A 处站立，把乙发到位置 A 处的球吊到乙的左前场位置 B 处，乙在位置B处将球回击到甲的网前位置C处，甲从后场上网，把乙打来的网前球搓或击到乙的网前位置D处，乙在网前位置D处将球挑回到甲的后场位置A处。如此重复，直到球落地为止（见图5-45）。

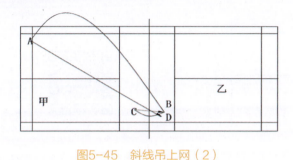

图5-45 斜线吊上网（2）

视频：斜线吊上网练习（2）

（3）甲在正手底线位置A处站立，把乙发到位置A处的球吊到乙的右前场位置B处，乙在位置B处将球回击到甲的网前位置C处，甲从后场上网把乙打来的网前球推到乙的左后场位置D处，乙在D处将球还击到甲的后场位置A处。如此重复，直到球落地为止（见图5-46）。

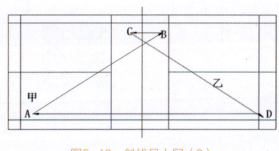

图5-46 斜线吊上网（3）

视频：斜线吊上网练习（3）

（4）甲在反手底线位置A处站立，把乙发到位置A处的球吊到乙的左前场位置B处，乙在位置B处将球回击到甲的网前位置C处，甲从后场上网把乙打来的网前球推到乙的右后场位置D处，乙在位置D处将球还击到甲的后场位置A处。如此重复，直到球落地为止（见图5-47）。

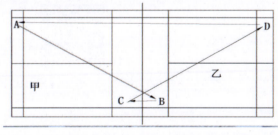

图5-47 斜线吊上网（4）

视频：斜线吊上网练习（4）

### （二）半固定吊上网练习

（1）甲在后场底线位置A处或位置B处把球分别吊到乙的网前两角位置C处或位置D处，乙上网把甲吊过来的球从位置C处或位置D处上任意回击到甲的前场位置E

处或位置F处，甲从后场上网用搓或勾球的手法把球回击到乙的网前位置C处或位置D处，乙再将甲搓或勾过来的球分别从位置C处或位置D处挑到甲的后场位置A处或位置B处，让甲在全场移动中进行吊上网的重复练习（见图5-48）。

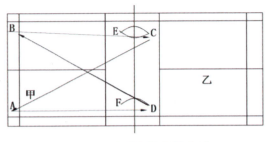

图5-48　半固定吊上网（1）

视频：半固定吊上网练习（1）

（2）甲在位置A将球吊到乙的前场区域位置B处，乙从球场中心位置上网将位置B处的来球回击到位置C处，甲从位置A处上网，在位置C处勾斜线球到位置D处，乙在位置D处挑斜线后场高球到位置A处。如此重复，直到球落地为止（见图5-49）。

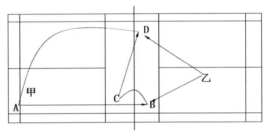

图5-49　半固定吊上网（2）

视频：半固定吊上网练习（2）

（3）甲在后场底线把球吊到乙的前场区的任何位置，乙将甲吊过来的球回击到网前，甲上网后进行搓球或推球，乙把甲搓或推过来的球还击到甲的底线区域，甲再进行吊球。如此重复，直到球落地为止。（见图5-50）。

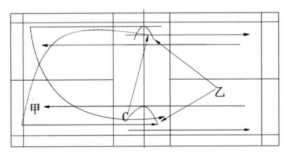

图5-50　半固定吊上网（3）

视频：半固定吊上网练习（3）

（4）甲在后场底线位置A处吊直线球到位置B处，乙在位置B处回击网前球，甲上网到位置C处搓网前球，乙在位置D处回搓网前球到位置C处，甲在位置C处把球挑到乙的后场底线位置E处，乙在后场进行吊网前球，甲回放乙的网前球，乙上网搓球。如此重复，直到球落地为止。甲、乙两人进行同一球路内容的练习（见图5-51）。

（5）乙在球网右侧的左发球区发后场高远球1到甲的左后场区，甲还击直线后场高球2，乙在右侧后场吊直线网前球3，甲从左后场上网击网前球4，乙从右侧后场上网搓网前球5，甲在网前挑斜线后场高球到甲的左后场区6，乙回击直线后场高球7，甲在右侧后场吊直线网前球8，乙从左侧后场上网击网前球9，甲从右侧后场上网搓网前球10，乙在网前挑斜线后场高球到甲的左后场区1，甲在左后场区回直线后场高球2，乙在右侧后场吊直线网前球3。如此重复，直到球落地为止（见图5-52）。

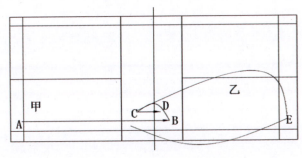

图5-51　半固定吊上网（4）

视频：半固定吊上网练习（4）

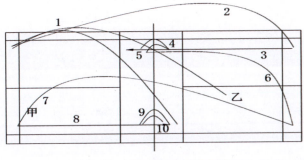

图5-52　半固定吊上网（5）

视频：半固定吊上网练习（5）

（6）乙在球网的左发球区发后场高远球1到甲的左后场区，甲还击直线后场高球2，乙在右侧后场吊斜线网前球3，甲从左后场上网击网前球4，乙从右侧后场上网搓网前球5，甲在网前挑直线后场高球6到乙的左后场区，乙回击直线后场高球7，甲在右侧后场吊斜线网前球8，乙从左侧后场上网击网前球9，甲从右侧后场上网搓直线网前球10，乙在网前挑直线后场高球到甲的左后场区11，甲在左后场区回直线后场高球2，乙在右侧后场吊斜线网前球3。如此重复，直到球落地为止（见图5-53）。

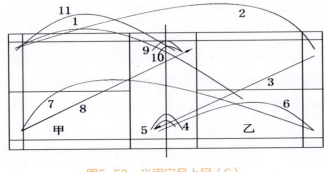

图5-53　半固定吊上网（6）

视频：半固定吊上网练习（6）

## 思 考 题

1. 什么是羽毛球球路训练？
2. 简述高杀球路练习的种类。
3. 简述吊杀球路练习的种类。
4. 结合图示简述斜线高球杀斜线上网球路的练习方法。
5. 结合图示简述斜线吊上网球路的练习方法。

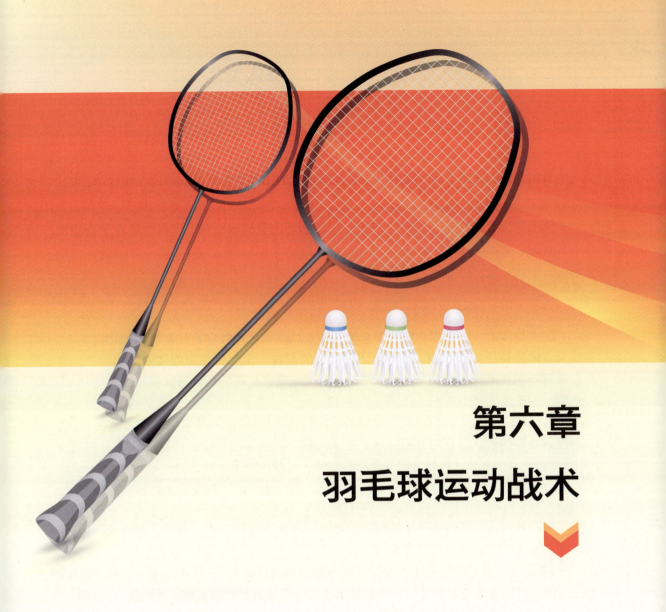

# 第六章

## 羽毛球运动战术

# 第一节 羽毛球战术的概念及发展现状

## 一、基本概念

### （一）战术的概念

战术是指在比赛中为战胜对手或为获取期望的比赛结果而采取的计谋和行动。

### （二）羽毛球战术的概念

羽毛球战术是指运动员在比赛中为表现高超的竞技水平和技术或战胜对手而采取的有目的、合理的计谋和行动。

## 二、羽毛球战术发展现状

### （一）羽毛球战术指导思想

战术与技术、体能、心理素质之间是相互联系、互相依存、互相制约的辩证关系。技术、体能是战术的基础，心理素质是战术的保证。比赛中良好的技术、体能、心理素质只能在具体的战术配合、战术行动中体现出来。先进的战术可以积极地促进技术、体能、心理素质的提高。

选择战术首先不能脱离自己的实际情况，要根据自己的技术水平、打法、体能、心理素质等因素，以及对方的技术、战术水平，在击球的一瞬间选择对自己有利的回击球路。"以己之长，克敌之短"就是最正确、最佳的战术选择。

羽毛球的战术指导思想是全面贯彻"快、狠、准、活"的技术风格和"以我为主、以快为主、以攻为主，积极主动"的打法。

快：判断快、反应快、起动快、回动快、步法移动快、抢位快、击球点高、完成击球动作快、突击进攻快、守中反攻快。

狠：进攻凌厉，球路变化多，落点刁，抓住有利战机突击，连续进攻或一拍解决战斗。

准：在快速多变中抓得准，掌握技术准确并应用自如，落点准。

活：握拍活，站位活，步法活，战术变化活。

"以我为主"即不要脱离自己已有的技术、体能、心理素质、打法特点去选择战术。

"以快为主"即在战术的变化和转换上体现"快"的特点。发现对方技术、战术优缺点以后，改变战术要快、要及时，进攻转防守、防守转进攻、过渡转进攻、进攻转过渡的转换速度都要快，要抓住有利时机迅速转换。

"以攻为主"即在制定战术时要强调进攻的主导思想，在防守时也要强调积极防守。

### （二）羽毛球战术运用原则

**1. 牢固地依靠技术基础**

羽毛球战术以技术为基础，技术越高就越能更好地达到羽毛球战术的要求。只有技术全面，羽毛球战术才能多样化，羽毛球战术的变化和发展又可以促进技术不断地革新和提高。二者既密切相关又互相促进。

2. 目的明确

运用羽毛球战术必须有的放矢，焦点集中，抓住中心，总揽全局。

3. 坚定战术意识

在羽毛球比赛中，战机稍纵即逝，对每一个球的处理都既要快又要有的放矢。如何在快速的来回击球的过程中正确估计形势，进攻凶狠，时间抓得准，防守调整也主动及时，所选用的手段都恰当有效，这就是战术意识。战术意识的基础需要掌握羽毛球的各种技术、战术的一般规律，需要在平时有目的地进行系统的战术训练，在比赛中积累经验，再在实战中运用，这样不断地总结、提高，使自己对场上的情况具有敏锐的观察能力和迅速作出反应的能力。

4. 随机应变

羽毛球战术的运用要配套，战术的套路要娴熟，结合自己打法的特长，运用羽毛球战术时要调整，变化使用，因人而异，因情势而异，但单个战术都应进行扎实的训练。

羽毛球战术的运用必须随机应变，善于根据战局的变化，分析对手情况，及时决定对策，出其不意地组织攻势，真假虚实交替运用，使对手猝不及防。

### (三) 羽毛球战术要求

运用羽毛球战术要达到以下几个目的。

1. 调动对手移动

对手一般站在场区的中心位置，全面地照顾各个角落，要让对手击不到羽毛球是较困难的。如果把对手调离中心位置，其场区就会出现空当，这空当就成了我们进攻的目标。

2. 迫使对手被动

以平高球、劈杀球、劈吊球或网前搓球等技术造成对手还击困难，迫使对手击来的高球不能到达自己场区的底线，这样就增加了自己大力扣杀和网前扑杀的威力，从而给对手以致命的一击。

3. 诱使对手被骗

利用重复球或假动作打乱对手的步法，使对手身体重心失去控制，来不及还击或延误击球时间而回球质量差，造成被动。

4. 消耗对手体能

控制羽毛球的落点，最大限度地利用整个场地把羽毛球击到场区的四个角上或离对手最远的地方，使对手在每一次回球时尽量消耗体力。在争夺一球的得失时，也应以多拍调动对手，让对手多跑动，多做无效杀球。当对手体力不支时，再进攻。同时要节省自己的精力和力量。在单打比赛中，一次"拉锯"，有时要来回击球几十次，有时一局比赛会持续半个多小时。在你使对手满场奔跑的同时，自己也将局限于同对手一样的兴奋状态，所以要尽量使自己的动作放松，步法移动少，保存体力，以求最后一搏。

# 第二节 单打战术

## 一、单打战术的取位

### （一）高球和吊球的取位

如果在后场回击高球或吊球，能够打出弧度很平的直线平高球，说明回球的质量很高，这时向球场中心位置回位的移动就不需要很大，也就是说，不必回到球场的中心位置，而只需要稍微向中心位置跟进一点，把注意力放在对方回直线球的位置上，同时提防对方突然回斜线球就可以了。如果是回击对方斜线后场球，这时向球场中心位置的移动就要大一些，跟着球移动，重点放在对方回击直线的吊球或后场球。总之，如果压直线球，那么向球场中心位置的回位移动可以小一些；若回斜线球，回位移动的位置要大一点，跟着回球的方向移动，主要是保护后场直线或网前直线。

### （二）杀球的取位

当在中场附近将对方来球扣杀过去并且质量较高时，可以直接往前移动，注意封网前。也就是说，半场球扣杀时，在主动的情况下，把握性很大时，可以往前多压一些，杀完就往前跑，准备在网前回击对方来球。若在后场位置杀球，杀过去的球质量和位置都不太好时，且对手又有接杀挑后场的能力，这时不要急于往前冲上去等在前场，应先向前垫一小步，判断对方出球方向，然后再移动。

### （三）网前球的取位

当搓球或网前小球击球点较高，回球质量很高时，不一定要马上向后退，因为对方的回球只有两种情况：一是将球反搓过网，二是将球向上挑起，如果是向上挑起，则有时间向后退。因此，取位的重点就是防止对方的反搓。搓完球后，可以不往后退，仅稍微向后垫一步，准备封对方回球。如果搓球质量不高，打过去的球很高，这时站位又在左、右前场区域时，对方就很可能要平推后场，这时就要迅速后退，重点防后场球。总之，当回击的网前球质量很高时，就不必急于后退，取位重点在前场，争取下一拍进攻；若出球质量不高，位置又不好时，就要稍向后退一点，重心放在后面，但仍需照顾前场区。

### （四）接杀球的取位

接杀球的整个位置移动，要跟着出球的路线走。如果回直线球，身体应面对直线这边，侧重防对方回直线的半区；如果从右、左半场回对角线球，身体就要向左、右半场区移动。也就是人要跟着球走，向哪个方向回击球，就应向着回击球的方向移动。

## 二、单打进攻战术

### （一）发球抢攻战术

发球抢攻是比赛的重要得分手段。发球可根据对手的站位、回击球的习惯球路、反击能力、打法特点、精神和心理状态等情况，运用不同的发球方法，以取得前几拍的主动权。通过这一战术的运用，打乱对方的整个战略部署，让对方措手不及。特别是在关键时刻，运用发球的抢攻战术能够取得不同的效果，如相持时可以用它来打破僵持的局面，力争主动；领先时可以用它来乘胜追击，一鼓作气战胜对手；落后时可以用它来作为最后的拼搏，力挽狂澜，反败为胜。

（1）发前场区抢攻战术：发前场区球有发1号区球，发2号区球，发5号区球，发追身球等，如图6-1所示。

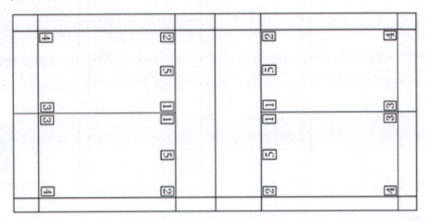

图6-1　场地接发球点位

发前场区球的一个目的是使对方不能马上进行攻击，另一个目的是准确、有意识地判断对方的回击球路，从而组织和发动快速强有力的抢攻，如果抢攻质量好，可直接得分或获得第二次攻击的机会。在一般情况下，要以发5号区球和追身球为主，这样比较稳妥，不至于出现失误。如果己方发出一个高质量的前场区球，紧接着应迅速而准确地判断对方的回击习惯球路及其意图，然后调整好自己的站位，以利于抓住有利战机，发动进攻。如图6-2所示，己方从右场区发一个5号区球，对方回击一直线网前球，己方已判断出对方的球路，即快速反搓直线球（见图6-2中的1），或假动作平推直线底线球（见图6-2中的2），或勾对角网前球（见图6-2中的3）。如第一次抢攻质量好，可立即得分或创造第二次攻击机会。发前场区球抢攻战术的其他例图如图6-3～图6-5所示。

（2）发平高球抢攻战术：发平高球有发3号区球，发4号区球，发3、4号区之间球三种平高球。

发平高球抢攻战术和发前场区抢攻战术的不同点在于，发前场区球可直接抓住战机进行抢攻，而发平高球抢攻则要通过守中反攻的手段才能获得抢攻的机会。

发平高球的目的：一是配合发前场区球抢攻；二是让对手进行盲目进攻或在己方判断的范围之内进攻，使发球方能从防守快速转入进攻；三是迫使对方由于失去控制而直接出现失误。如图6-6所示，当对方从右后场区杀一直线球时，己方已判断出对方的球路，即迅速转体，选择三条守中反攻球路，即挡一直线网前球（见图6-6中的1），或勾一对角网前球（见图6-6中的2），或反抽一底线球（见图6-6中的3）。如以上击球质量好，可立即得分或能创造第二次进攻的机会。

发平高球抢攻战术的其他示例如图6-7～图6-14所示。

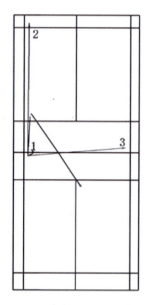

图6-2 发前场区抢攻(1)

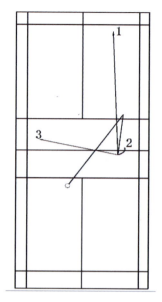

图6-3 发前场区抢攻(2)

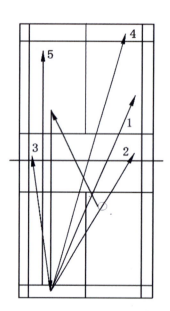

图6-4 发前场区抢攻(3)

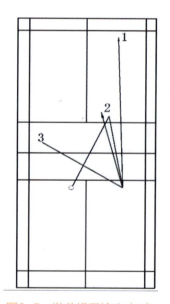

图6-5 发前场区抢攻(4)

视频：发前场区抢攻(1)

视频：发前场区抢攻(2)

视频：发前场区抢攻(3)

视频：发前场区抢攻(4)

视频：发前场区抢攻(5)

视频：发前场区抢攻(6)

视频：发前场区抢攻(7)

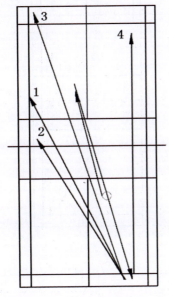

图6-6 发平高球抢攻(1)

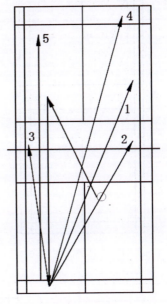

图6-7 发平高球抢攻(2)

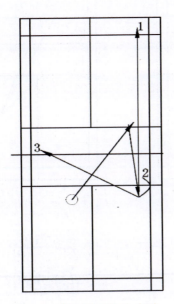

图6-8 发平高球抢攻(3)

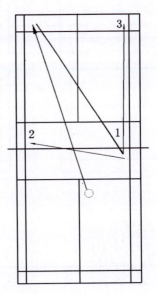

图6-9 发平高球抢攻(4)

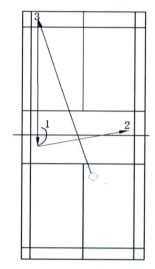
图6-10 发平高球抢攻（5）

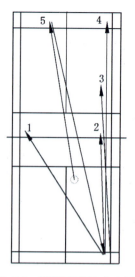
图6-11 发平高球抢攻（6）

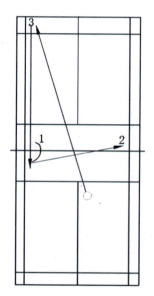
图6-12 发平高球抢攻（7）

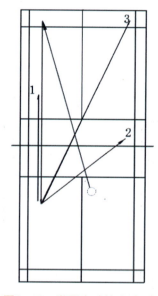
图6-13 发平高球抢攻（8）

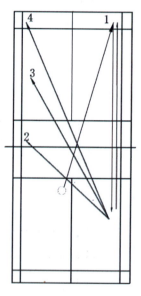
图6-14 发平高球抢攻（9）

视频：发平高球抢攻（1）

视频：发平高球抢攻（2）

视频：发平高球抢攻（3）

视频：发平高球抢攻（4）

视频：发平高球抢攻（5）

视频：发平高球抢攻（6）

（3）发平射球抢攻战术：发平射球主要是发3号区平射球（见图6-15）。发平射球战术的目的：一是为了偷袭，如对方反应慢，或站位偏边线，3号区空隙大时，偷袭3号区的成功率较高；二是为了逼对方采用平抽快打的打法；三是为了把对方逼至后场区而出现网前区的空隙。当对方从右后3号区杀己方正手追身球时，如己方已判断出他的击球路线，则可迅速反击以下四条球路，即勾对角网前球（见图6-16中的1），或挡直线网前球（见图6-16中的2），或反抽直线球进行对攻（见图6-16中的3），或反拉左后场平高球（见图6-16中的4），若抢攻的击球质量好，可立即得分或获得第二次进攻的机会。

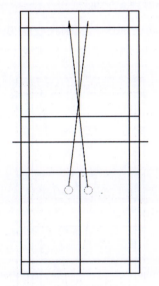

图6-15　发平射球抢攻（1）

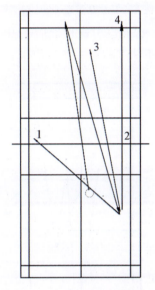

图6-16　发平射球抢攻（2）

视频：发平射球抢攻（1）

视频：发平射球抢攻（2）

视频：发平射球

### （二）接发球抢攻战术

接发球抢攻战术是接发球战术中最有威胁性的一种战术，但是，前提是对方发球的质量欠佳。如发高球时落点不到位；发前场区球过网时过高；发平射球时速度不快，角度不佳；发平高球时节奏、落点、弧度不佳等，这些失误都会给接发球抢攻提供机会。离开了这一前提条件而盲目地进行抢攻，效果就差，成功率就低。除此以外，还要有积极的、大胆的抢攻意识。要获得抢攻战术的成功（得分），还必须根据自己的技术特点和身体条件，同时结合对方的技术特点、身体条件和心理素质。例如，当对方从右场区发一平高球落点欠佳时，已提供己方发动抢攻的极好时机，这时就要运用自己最擅长的技术，抓住对方的弱点，果断大胆地抢攻。

抢攻战术的完成大都要有两三拍抢攻球路的组织才能奏效。因此一旦发动抢攻就要加快速度，扩大控制面，抓住对方的弱点或习惯路线一攻到底，一气呵成地完成整个组合的抢攻战术。

如图6-17所示，发球方从右场区发一平高球，由于控制不好，使接发球方有了抢攻的机会，而且发球方防守中路球的能力较差，故接发球方可大胆快速地攻击对方的中路弱点，然后快速上网击球。第一次攻击如果能得分最好，不能得分就要靠后场进攻后快速上网击球进行第二次攻击，即上网扑球，以达到这个回合的抢攻目的。

### （三）单个技术的进攻战术

（1）重复平高球进攻战术：这种战术的特点是以重复平高球进攻对方的同一个后场区，甚至可连续重复数拍，如图6-18所示，置对方于"死"地，或迫使对方击出一个半场高球，以利己方进行最后一击。这种战术对付回动上网快、控制底线能力差，以及侧身后退步法差的对手很有效果。图6-18～图6-25所示属于重复平高球战术的例子。

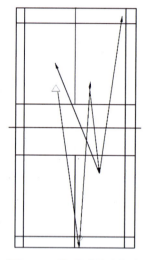

图6-17　发球后抢攻中路

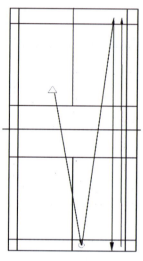

图6-18　重复平高球（1）

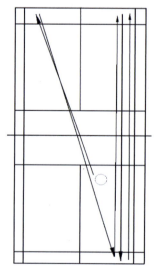

图6-19　重复平高球（2）

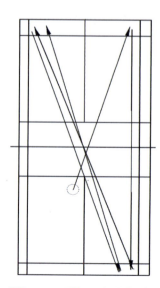

图6-20　重复平高球（3）

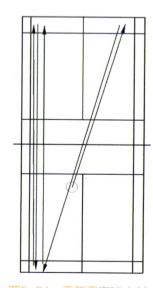

图6-21　重复平高球（4）

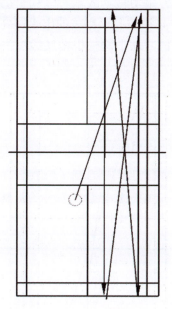
图6-22 重复平高球（5）

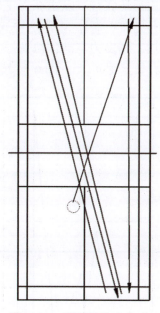
图6-23 重复平高球（6）

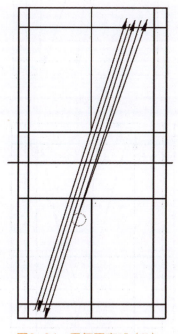
图6-24 重复平高球（7）

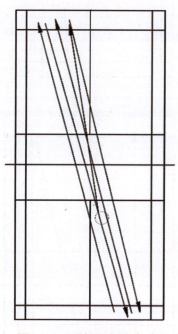
图6-25 重复平高球（8）

视频：重复平高球（1）

视频：重复平高球（2）

（2）拉开两边平高球进攻战术：这种战术的特点是使用平高球或挑平高球连续攻

击对方两边后场底线，以求获得主动权，或迫使对方采用被动战术，以利于己方进行最后一击（见图6-26）。采用这种战术，要求击球方必须控制平高球的出手速度，使击球的准确性、爆发力与动作协调一致。这种战术对付回动上网快但两底线攻击能力差的对手很有效。图6-27～图6-33所示均属于拉开两边平高球战术。

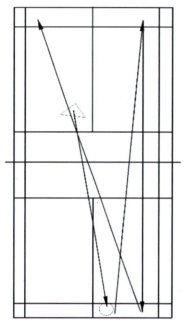

图6-26 两边平高球（1）

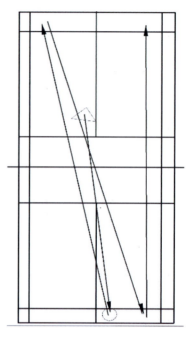

图6-27 两边平高球（2）

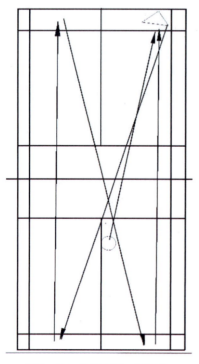

图6-28 两边平高球（3）

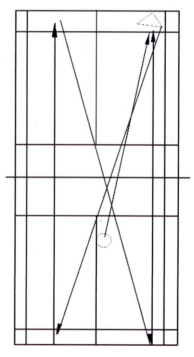

图6-29 两边平高球（4）

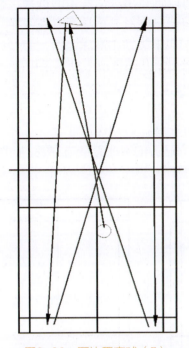

图6-30 两边平高球（5）

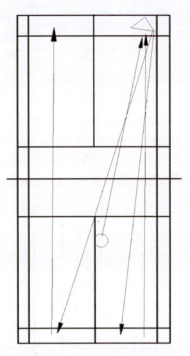

图6-31 两边平高球（6）

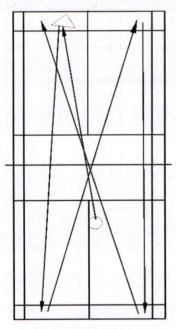

图6-32 两边平高球（7）

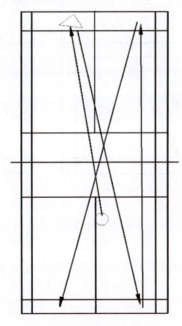

图6-33 两边平高球（8）

视频：两边平高球（左边发球）

视频：两边平高球（右边发球）

以上例图只以两拍为例，但在实战中，有时可以创造出最后一击的机会，有时也需要经过反复数拍才能完成。这种战术，重点是将球击到对方后场两点底线处，迫使其回击出有利于己方进攻的球。另外，这种战术也只以对方回击高球为例，当对方以吊、杀、劈球回击时，运用此战术也可将球压至对方底线处，从而争取主动再采用吊、杀劈、战术。

（3）重复吊球进攻战术：这种战术的特点是重复进行吊两边或吊一边，以求获得攻击的主动权。这种战术对于己方吊球技术较好并能掌握假动作吊球者，对付对方上网步法差，或对方底线球不到位，而急于后退去防守己方的杀球者最为有效，如图6-34所示，其他球路如图6-35～图6-41所示。

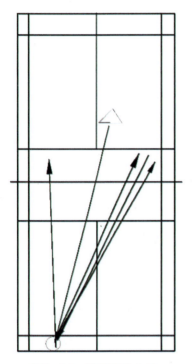 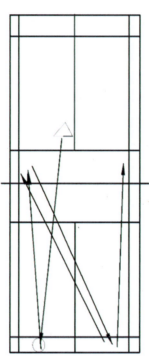 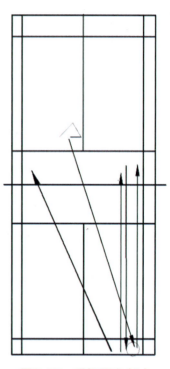

图6-34　重复吊球（1）　　图6-35　重复吊球（2）　　图6-36　重复吊球（3）

（4）慢吊（软吊）结合快吊（劈吊）战术：所谓慢吊（软吊），是指球从后场吊球至网前的速度较慢，且弧度较大，落点离网较近，采用这种技术结合高球是为了达到拉开对方站位的目的，有时也可得分。所谓快吊（劈吊），是指球从后场吊球至网前的速度较快，出球基本成一直线，落点离网较远。这是当对方站位被拉开，而身体重心失去控制的一瞬间，所采用的一种战术。

（5）重复杀球进攻战术：当遇上一位防守时经常习惯反拉后场球的对手时，就可采用重复杀球的进攻战术（见图6-42、图6-43）。采用这种战术首先要了解对手的这一情况，然后先运用轻杀或短杀，此时，己方不能急于上网，而要调整好自己的位置，以利于采用重复杀球战术。

视频：重复吊球（1）

视频：重复吊球（2）

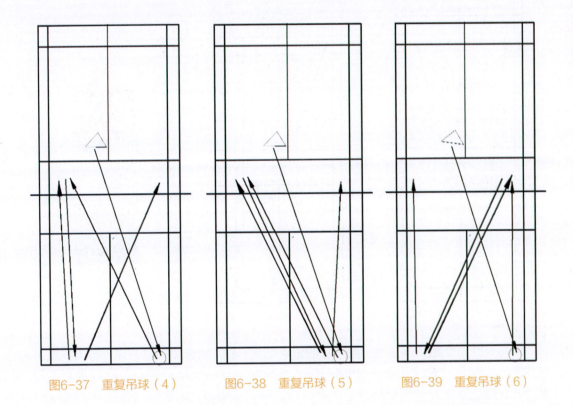

图6-37　重复吊球（4）　　　图6-38　重复吊球（5）　　　图6-39　重复吊球（6）

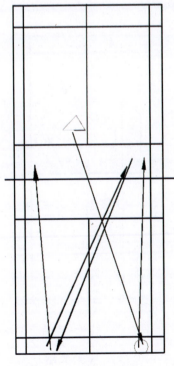 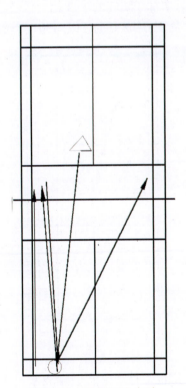

图6-40　重复吊球（7）　　　图6-41　重复吊球（8）

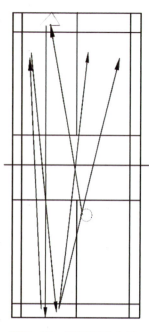

视频：重复杀球（1）

视频：重复杀球（2）

图6-42　重复杀球（1）　　　图6-43　重复杀球（2）

（6）长杀结合短杀（点杀、劈杀）的进攻战术：长杀结合短杀（点杀、劈杀）战术，概括地说，就是"直线长杀，对角短杀"。它比起直线短杀结合对角长杀效果会更好。因为"直线长杀结合对角短杀"造成对方接杀时，需要移动的距离（见图6-44中的1）比较远，增加了防守的难度，而直线短杀结合对角长杀所需移动的距离（见图6-44中的2）较短，从图6-45中也可以清楚地看到这两种方法的对比。

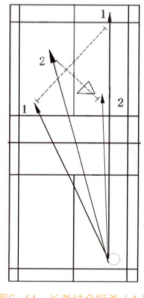

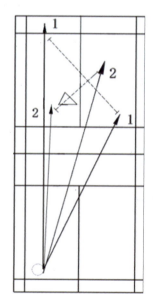

图6-44　长杀结合短杀（1）　　　图6-45　长杀结合短杀（2）

（7）重杀与轻杀的进攻战术：半场重杀，后场轻杀是这一战术的概括。当己方通过拉吊创造出半场球的机会时，应该采用重杀战术；反之，球在后场己方还想采用杀球时，一般多采用轻杀。因为半场球用重杀，哪怕是失去身体重心，也不至于造成控制不了网前的局面；但是，如果在后场采用重杀，万一失去身体重心，上网慢了就控制不住网前。而轻杀可以保持较好的身体重心位置，以利于下一步控制网前。

（8）重复搓球进攻战术：当碰到对方上网搓球之后习惯很快退后的对手时，己方就可采用重复搓球的战术（见图6-46），以获得主动的机会及达到破坏对方后退进攻意图的目的，其他情况如图 6-47～图 6-49 所示。

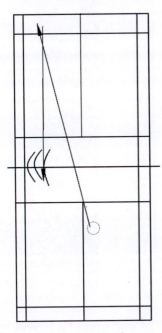

视频：重复搓球（1）

视频：重复搓球（2）

图6-46 重复搓球（1）　　　图6-47 重复搓球（2）

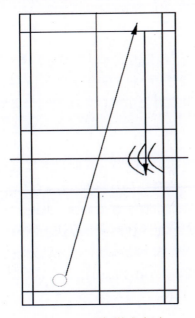
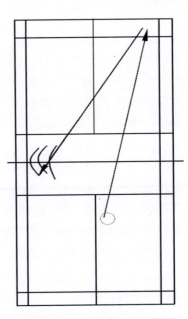

图6-48 重复搓球（3）　　　图6-49 重复搓球（4）

重复推球进攻战术：当碰到对方从后场拦网前球之后迅速回动至中心的对手时，己方就可采用重复推球的战术，特别是反手网前推直线球对对方威胁更大（见图6-50）。

两边勾球进攻战术：当己方从网前勾对角网前球，对方回搓一直线网前球并退后想进攻时，己方可以再勾一对角线球。运用这一战术来对付转体差的对手时更有效果（见图6-51）。

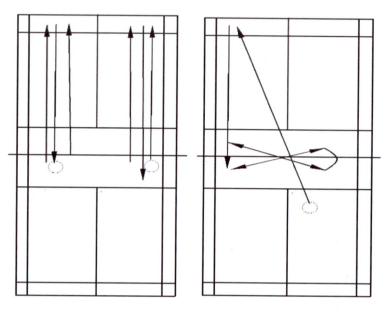

视频：重复推球（1）

视频：重复推球（2）

视频：两边勾球

图6-50　重复推球　　　图6-51　两边勾球

以上所介绍的进攻战术主要是指各种技术的重复战术。要想运用好，首先要练好该技术的基本功，然后根据比赛场上对手的实际情况采取某一种单一重复的战术，从而发挥更大的威力。

### （四）组合技术的进攻战术

(1) 以平高球开始组织的进攻战术：包括平高结合突击战术（见图6-52）、平高结合劈吊战术（见图6-53）和平高结合杀吊战术（见图6-54），实际上就是所谓快拉快吊结合突击的打法。单打比赛中，一个球的争夺一般有三个阶段，即控制与反控制阶段、主动一击阶段以及最后致命一击阶段。

例如，己方从正手后场区以直线平高球攻击对方头顶区，对方想摆脱被动局面反打一对角平高球，企图让己方回击直线高球，恢复其主动地位。此时己方反压对方头顶区（采用重复平高球战术），迫使对方回击一直线高球，而且移开了中心位置，己方获得了主动一击的战机，然后采用吊劈对角球，从而控制了整个局面。此时，对方很被动地接回一个直线网前球，己方事先判断出对方只能这样回击，很快上网做了个搓球假动作后迅速地推一直线，造成对方被动回击一直线半场高球，形成己方最后一击的形势。己方大力杀中路追身球，对方只能应付挡一网前球，而且回击球质量不好，己方迅速上网扑球，终结了这一回合的争夺。

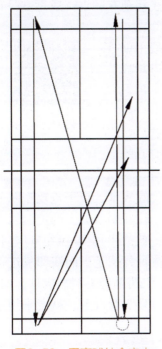 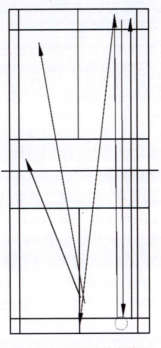 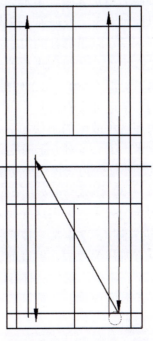

图6-52 平高球结合突击　　图6-53 平高球结合劈吊　　图6-54 平高球结合杀吊

视频：平高球结合突击（1）　　视频：平高球结合突击（2）

如图 6-55 所示，第 1—2 拍属控制反控制阶段，第 3—4 拍属主动一击阶段，第 5—6 拍属致命一击阶段。在进行控制反控制争夺主动权时要稳、准、活，一旦获得主动一击的战机时要快、准，在最后一击时要快、狠。在处理每个球时，要清醒地判断自己所处的位置，不应混淆三个阶段来处理球。如还未获得主动一击的机会，就不应采用主动一击的行动，更不应采用最后一击的行动。总之，在每一个回合的争夺战中，要清醒地处理每个阶段的球。前面说的是不能超越阶段处理，可是，如已处在主动一击时而不用主动一击的行动，或是已处在最后一击的情况下而不采用最后一击的行动，都是不对的，都会造成被动或失去主动权。

采用以平高球开始组织进攻的战术，必须考虑以下几个条件：首先是己方具备较好的平高球控制能力，并且有一定的防守对方进攻的能力；其次，对方的后场进

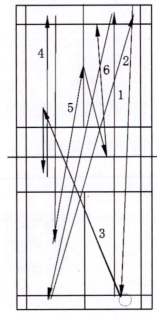

图6-55 控制反控制阶段

攻能力不是太强,不是一个抢攻型队员;最后,对方的步法移动有弱点,通过高吊可以控制对方,否则难以取得比较满意的效果。

(2) 以吊劈开始组织进攻的战术:吊杀控制网前进攻战术就是以吊劈开始组织进攻的战术,其中有吊上网搓创造突击进攻战术(见图6-56)、吊上网推创造突击进攻战术(见图6-57)、吊上网勾创造进攻的战术(见图6-58)、吊杀进攻战术(见图6-59)等。采用这种战术的条件如下:第一是己方要有较好的吊球或劈吊球技术;第二是对方上网能力较弱;第三是对方后场进攻威力很强,为了不让对方发挥优势而采用这种战术。

视频:控制反控制阶段

(3) 以杀劈开始组织进攻的战术:以杀劈开始组织进攻的战术,属于抢攻型队员的典型战术。采用这种战术打法必须具备良好的速度耐力,较好的杀劈上网控制网前的技术和步法,是一种威胁性很大的战术,如图6-60所示。此战术在20世纪60年代以方凯祥为代表,但目前已很难看到我国优秀选手中采用这种打法了。而在印尼选手中却有不少人采用这种打法,以阿尔比为代表,其特点是以快速杀劈上网搓或推、勾、扑控制网前球,创造第二次杀劈机会。采用这种打法的队员只要有机会,就会采用杀劈技术。

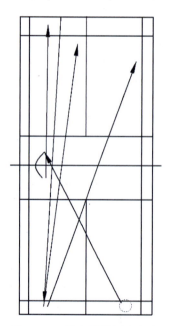 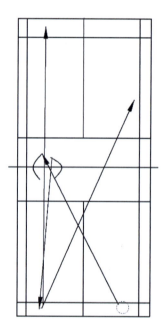 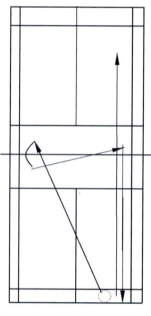

图6-56 吊上网搓创造突击　　图6-57 吊上网推创造突击　　图6-58 吊上网勾创造进攻

视频:吊上网勾创造进攻(1)　　　　视频:吊上网推创造进攻(2)

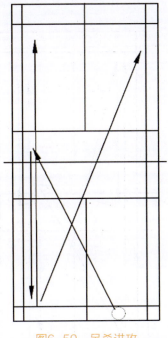
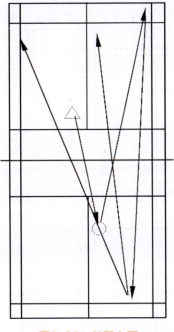

图6-59 吊杀进攻　　　视频：吊杀进攻　　　图6-60 杀劈上网

（4）以控制网前球开始组织进攻战术：当对方常发网前球时，己方想组织进攻就必须从控制网前球开始，首先必须具有较快的上网步法，同时还需具有较好的搓、推、勾、扑一致性较强的技术，才能有效地组织这一进攻战术，如搓扑进攻战术（见图6-61）、推杀进攻战术（见图6-62）、勾扑进攻战术（见图6-63）、扑杀进攻战术（见图6-64）等。图6-65表明，在这几个回合击球中，采用了三个网前的主动技术搓、推、勾来创造最后一击的扑杀机会。

（5）以路线和区域组成进攻战术的应变。

① 对角路线的进攻战术。无论采用什么战术，都应以回击对角路线来组织进攻。特别是当对方打直线球时，己方以对角路线回击，对转体差或慢的对手是很有效的一种进攻战术（见图6-66）。当然，采用这种战术不能太死板，一旦被对方发现规律，容易产生不利于自己的局面。

② 三角路线的进攻战术。采用这种战术的原则就是当对方回击直线球时，己方就打对角球；反之，对方回击对角球时，己方就打直线球。这种战术的特点是可以使对方移动的距离最远，难度较大，只要能准确地判断对方回球的路线，采用"三角路线"是一种较有效的进攻战术（见图6-67）。

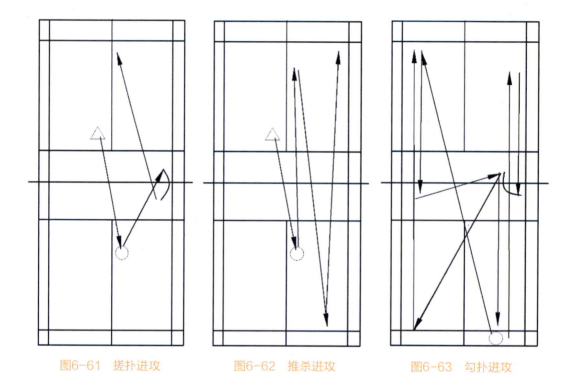

图6-61 搓扑进攻　　图6-62 推杀进攻　　图6-63 勾扑进攻

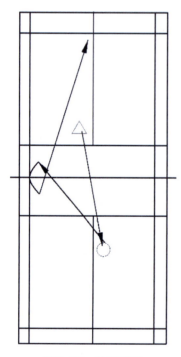 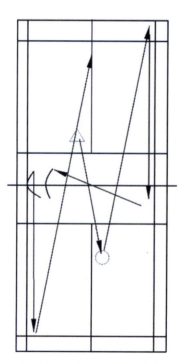

图6-64 扑杀进攻　　图6-65 搓、推、勾进攻

视频：搓扑进攻

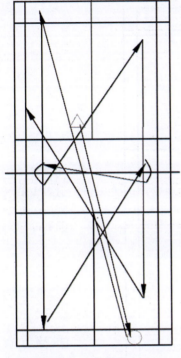
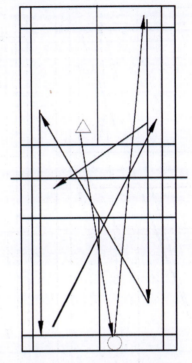

图6-66 对角路线的进攻　　　　　图6-67 三角路线的进攻

视频：对角路线的进攻　　　视频：三角路线的进攻　　　视频：杀劈上网

视频：长杀结合短杀（1）　　视频：搓扑进攻　　　视频：推杀进攻　　　视频：长杀结合短杀（2）

③ 攻后场反手区进攻战术。针对对方反手区有较大的弱点，如侧身步法差，回击头顶球之后位置易被拉开，反拍技术较差，头顶区球路死板等，对己方构不成太大的威胁，采用攻后场反手区进攻战术的成功率就会较高（见图6-68）。

④ 攻后场正手区进攻战术。针对对方后场正手区有较大的弱点，如正手侧身步法差，回击正手区球后位置容易被拉开，正手区的球路对己方构不成太大的威胁，采用此战术效果较好（见图6-69）。

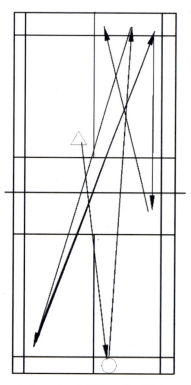 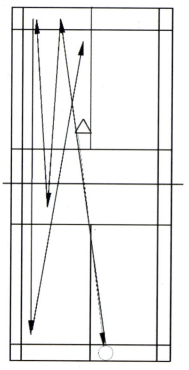

视频：攻后场反手区进攻

视频：攻后场正手区进攻

图6-68　攻后场反手区进攻　　图6-69　攻后场正手区进攻

⑤ 攻后场两边的进攻战术。针对对方后场两边有较大的弱点，如后退步法慢，后场手法差，进攻能力和防守能力都较弱等，采用重复压对方两底线的战术效果较好（见图6-70）。

⑥ 攻前场区进攻战术。针对对方前场区较弱，如上网速度慢，步法有缺陷，前场手法差，从前场击出的球路及质量对己方威胁不大，采用这一战术效果较好。

以上介绍的单打进攻战术是分解各个技术的简述，其实在比赛中单独使用某一种战术而得分的技术并不多，高水平的运动员双方都是经过多拍的控制和反控制才能获得主动进攻的机会，直至采用致命一击，所以应该组合使用多种战术，抓住对手的主要弱点进行组合攻击才会奏效，也不易很快被对方识破所用的战术。如图6-71所示，开始的第1—2拍是使用重复平高球攻击对方头顶区，造成对方被动后第3拍采用杀对角战术，第4—5拍采用重复推战术，迫使对方陷入更被动的局面，第6拍采用对角杀劈得分。如果在控制中由于发球质量不好，或对方早已判断出己方击球的目的，其就有可能由被控制方变为控制方。因此，获得主动权时，要以熟练而准确的基本技术和较强的思维能力，根据对方的站位、技术和战术优缺点与心理情况等，综合考虑一个击球的路线，组成灵活多变的进攻战术，从而牢牢地控制主动权，取得最后的胜利。

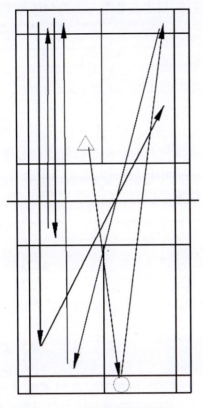
图6-70 攻后场两边的进攻

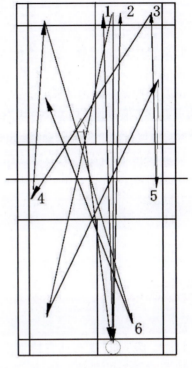
图6-71 控制和反控制主动进攻

### 三、单打防守战术

防守战术的原则是"积极防守""守中反攻",而不是"消极防守"。因此要达到"积极防守""守中反攻"的目的,就要在自己处于防守的被动局面下,通过调整战术来化解对方的攻势,夺回失去的主动权。这就必须具备较好的防守能力(包法手法、步法),如较好的回击后场高远球的能力、起动反应快、步法到位、有较好的反挡底线的能力、勾对角球的能力、挡及反抽的能力等。

#### (一) 打两底线高远球的防守战术

打两底线平高球属于进攻战术,而打两底线高远球属于防守战术。平高球与高远球分别作为进攻与防守时使用的战术,在使用上一定不能混淆。防守时只能使用高远球,如用平高球去防守,不仅不能达到很好的防守目的,反而会增加防守的难度;反之,不能使用高远球作为进攻战术。

#### (二) 采用勾对角网前结合挡直线网前或半场球的防守战术

在防守中采用勾对角网前球战术是很有效果的,如再结合挡直线,就可使防守战术更加灵活多变。当然,这需要能准确判断对方进攻的落点,反应到位,并具有灵活多变的手法,才能打出挡直线结合勾对角的球,达到"守中反攻"的目的。

以上介绍的是羽毛球单打的进攻与防守战术,都是谈及原则上以及基本的应变方法,必须注意,战术、球路是千变万化的,不可能一成不变,应根据己方的具体情况、对手的情况，以及临场的具体情况采用更切合实际的战术与球路，不能生搬硬套，最关键的是要能灵活运用。

### 四、过渡战术

我们首要应明确的是，过渡球是为了摆脱被动局面，为下一拍的反攻积极创造条件。怎样才能变被动为主动是比赛中的重要一环。被动时要做到：第一，争取时间调整好自己的位置和控制住身体的重心。从网前或后场底线击出高远球是被动时常用的手段，当运动员处于不停的跑动追球的状态或身体重心失去控制时，都可以打出高远球，以赢得时间，恢复身体重心，调整自己的处境。第二，利用球路变化打乱对手的进攻步骤。在接杀球或接吊球时要把羽毛球还击到远离对手位置的地方，以破坏对方吊、杀上网的连续快速进攻。当对方吊、杀球后盲目上网，而自己位置较好时，则可把羽毛球还击到对方底线。

## 第三节 双打战术

### 一、双打进攻战术

#### （一）发球战术

双打时，发球的战术具有特别重要的意义。发球质量的好坏，从战术意义上讲，可以直接影响场上的局势。因此，运用好发球战术，有利于控制整场局势，对获胜具有重要意义。

1. 以我为主的发球战术

首先必须清楚地了解自己发球有什么优势，第三拍有什么优点，不应过多地考虑对方接发球的能力，应根据己方发球与第三拍的能力运用发球技术。

2. 根据对方站位、站法来决定发球战术

目前接发球的站法有四种，即一般站位法、抢攻站位法、稳妥站位法和特殊站位法。

（1）一般站位法：特点是站在离中线和短发球线适当的距离，主导思想是以稳为主，保护后场，对前场以推、搓、放半场为主。发球时要以发近网1、2号位为主，多点配合，使对方不能集中精力，这样对方就不可能打出较凶狠的球（除了己方发球偏高之外），这时的主动权取决于第三拍的回击质量。

（2）抢攻站位法：特点是站位离发球线很近，身体倾斜度较大，目的是进行抢攻，以扑球、跳杀为主来处理接发球。发球时首先洞察对方站位的目的是要进行抢攻还是怕自己接发球不好陷入困境而想冒险，还是想要以此来威胁恐吓己方，判断准确了才能以恰当的发球手段来对付对手。己方发球应以质量为主，结合时间或假动作，达到破坏对方想抢攻或冒险恐吓的目的。

（3）稳妥站位法：特点是站在离发球线较远的位置，身体倾斜度较小。这是只求把球打过去而进攻意识较差的一种过渡站位法。发球时不要发高远球，应该以发网前球为主，因为对方站位消极，必然起动慢，己方发近网球有利于第三拍的反攻。

（4）特殊站位法：一般站位都是左脚在前、右脚在后，但特殊站位法改变为右脚在前、左脚在后，这种站位法一般以右脚跳击球，不论是上网还是后蹬，均以一步蹬跳击球为主。发球时，在还不了解对方改变站位法的目的及其优缺点的情况下，还是要以己为主发球，但要尽快掌握对方的目的及其优缺点，从而制定有效的发球战术。

3. 根据对方打法弱点制定的战术

（1）调动队形的发球战术。

对方情况：甲后场进攻能力较强，网前封网一般。其队形安排为甲在后场，乙在前场。

发球战术：向甲发球时，多发前场区球；反之，向乙发球时多，发后场区球。这样一开始就会把对方的队形调动为甲在前、乙在后，限制了对方发挥其队形优势。

（2）避开特长、抓住弱点的发球战术。

对方状况：在接发后场区 1 号区时扑球较好，接 2 号区一般，接 3 号区较差，接 4 号区一般。而在接发左场区 1 号区时较好，接 2 号区时较差，接 3 号区时球路死板且失误多，接 4 号区时攻击能力差。

发球战术：根据对方上述的发球特点，己方就应该在右场区更多发 3 号区并结合发 4 号区，而在左场区则应该更多发 2 号区和 3 号区，以避其长而攻其短。

4. 发球时间变化战术

发球时间变化要做到快慢结合自如，使对方摸不到准确的击球时间。要掌握好这种快慢结合的发球战术，就一定要有熟练的手法及合理的用腕技术。否则，即使在时间上起到了破坏对方起动的作用，但因发球质量太差也达不到目的。

以上介绍的有关发球的战术，如果离开了最基本的发球质量，那么发球的战术意义就不大了。

由于双打的后发球线比单打短，在双打中若发高远球，接发球方可以大力扣杀，直接争取主动，同时又有较少的后顾之忧。因此站位往往压在靠近前发球线处，对发球者造成很大的心理和技术上的威胁。发球质量、路线的配合、弧线的制造、落点的变化对整个双打比赛的胜负意义极其重大。可以毫不夸张地说，比赛的双方若水平差不多，则胜负取决于发球质量。

### （二）发球站位

发球的站位不同，对发球的飞行路线、弧线、落点和第三拍的击球都有影响。

（1）发球者紧靠前发球线和中线。这种站位始于反手发网前内角球，球过网后球托向下，不易被对方扑击。由于站位靠前，也便于第三拍封网。但站位靠前不利于发平快球，一般是发网前内角位球与发双打后发球线的外角位的平高球。

（2）发球者站位离前发球线半米，靠中线。这种站位发球的选择面较广，正、反手都可发网前球、平快球、平高球，并且各种路线都可以发。其缺点是球的飞行时间较长，对方有较长时间判断处理，发球后如果抢网较慢，也容易失去网前主动权。

（3）发球者站在离中线较远处。这种站位主要用于在右场区以正手和左场区以反手发平快球攻击对方双打后发球线的内角位，配合发网前外角位球。值得一提的是，这种发球方式只能作为一种变换手段。因为这种发球方式只对反应慢、攻击力差的对手有一定的威胁性，但若对方有了准备作用就不大了，而且还会使自己陷入被动局面。

### （三）发球路线

发球路线和落点的选择需注意如下三点。

（1）调动对方站位，破坏对方打法。如对方甲、乙两名队员站成甲在后、乙在前的进攻队形，在发球给乙时可以后场为主结合网前，而发球给甲时却要以发网前为主结合后场，这样，从发球起就可以阻挠对方调整站位。

（2）避实就虚，抓住对方弱点发球抢攻。首先要看接发球者的站位，如果对方紧压网前站在网前内角位，可利用发网前与后场动作的一致性发球到对方后场外角位；如对方离中线较远，则可发平快球突袭后场内角位；对接发球路线呆板、变化少的，可针对这种情况发球后抢封突击。

（3）发球要有变化。发球时，网前要和后场配合，如果网前的内角、外角，底线的内角、外角位紧密配合，可使对方首尾难以兼顾，多点设防，疲于应付；在发球的弧线上也要有变化。这样，接球方就难以摸到发球方的规律了。

### （四）发球时间的变化

接发球方在准备接发球时，思想虽然高度集中，但因受到发球方的牵制，要等球发出后才能判断、起动、还击。因此，发球动作的快慢也应在规则允许的范围内有所变化，不给接球方掌握规律的机会。

### （五）发球时心理的影响

在双打比赛中，有时会出现发球失常。其原因一个是发球技术不过硬，另一个是受接发球者的影响。由于接球者站位逼前，扑、杀凶狠且命中率较高，加上比分正处于关键时刻，心情紧张，造成手软，从而影响了发球质量。遇到这种情况，首先要沉住气，观察接发球者的动向，分析其心理意图、接发球的路线和规律，提高发球质量，增强还击第三板的信心。另外，发球的路线要多变且无规律，真真假假、虚虚实实，这样就会减少不必要的顾虑，发球质量也会稳定下来。

## 二、羽毛球双打接发球战术

接发球虽然受发球方的牵制，属于被动等待，但由于规则对发球做了击球点不能过腰，球拍上沿须明显低于手，动作必须连续向前挥动（不许做假动作），不能迟迟不发等诸多限制，所以使发球者发出的球不具有太大的威胁性。接发球方如果判断准确，起动快，还击及时，就能在对方发球质量稍差时杀、扑得手或取得主动；反之，也会接发球失误或还击不利使自己陷入被动局面。

### （一）接发内角位网前球

这种战术是以扑或轻压对方两边中场及发球者身体为主要攻击点，配合网前搓、勾等其他战术。

### （二）接发外角位网前球

除了接发内角位网前球的打点以外，还可以平推对方底线两角以调动对方一名队员至边角，扩大对方另一队员的防守范围。

### （三）接发内角、外角位后场球

这种战术以发球者为攻击点，力争扣杀追身球。若起动慢了，可用平高球打到对方底线两角。一般发球者在后场球发出后，后退准备接杀的情况居多，这时可用拦截吊球，落点可选择发球者的对角。

## 三、羽毛球双打第三拍回击战术

第三拍在双打技术中既是重要技术，也是重要战术。第三拍和发球有紧密联系，如果己方发球目的性强，发球质量又较好，那么，第三拍就能形成进攻态势。如果虽然目的性强，但发球质量不高，而对方也打出了意料之中的路线，这时，第三拍就应考虑如何组织反攻。如果发球目的性不强，质量又差，那么第三拍就应考虑如何摆脱被动局面。因此，第三拍是保持主动、组织反攻、摆脱被动局面的关键环节。第三拍要做到起动反应快，主动跟得上，被动救得起，手法出手快，能攻又能守，球路变化多，使对方封不住，从而掌握更多的主动权。

第三拍回击的战术主要有以下几种。

（1）主动时，第三拍保持进攻的战术。当己方发球质量较好时，就会出现第三拍的主动情况，这时要求在前场的发球者迅速举拍封住对方的习惯球路，形成两边压网的进攻队形。

（2）一般情况下，第三拍进行反攻的战术。所谓一般情况，即对方接发过来的球对己方威胁不大，这时，第三拍处理得好就可控制主动权；反之，就变成被动局面了。因此，此时的出手技术要有一定的质量，具体要求做到高打、快打，但过网质量要高，球路要出乎意料，做到以速度压住对方，然后以分边压网之势，争得前半场的优势，迫使对方打出高球，创造己方进攻的机会。在这种情况下，分边逼网、大胆而快速地两边跟进与对方展开短兵相接的对攻战，是争取主动的关键，因此，第三拍、第五拍的配合是重要环节。

（3）被动时，第三拍采用摆脱被动局面的战术。这是第三拍经常碰到的问题，可以分两种情况处理：一是对方接发球之后两边压网的打法较凶，对前半场的球封得较狠，碰到这样的对手，第三拍被动时一般要求己方反应较快，手腕爆发力也较强，迅速把来球快挡至前、中场或发力以高球形式顶到后场两点底线处，过渡一下，让对方从后场进攻，以免被对方在前半场封住而攻死；二是对方接发球之后，两边压网的打法不凶，而且平抽快挡的打法不突出，第三拍处于主动局面，己方迅速把来球下压形成主动进攻局面。

## 四、羽毛球双打第四拍封网分工战术

第四拍封网战术，实际上就是两人如何分工封网跑位的问题，分工明确、严密，两人跑位配合默契，就有利于控制主动权；反之，就有可能陷入被动局面。

（1）如对方发球至1号区，己方从右场区回击中路或右后场区，这时前场接发者封网位置略偏左场区，后场同伴应注意头顶后场高球和正手网前球。

（2）如对方发球至1号区，己方从右场区回击直线半场球时，封网须封直线球。但如遇到对方第三拍习惯以勾对角线为主时，封网者应有意识地改变自己封直线的原则，而改变为封对角，如有漏封则后场同伴要迅速补上。如补得快还可获主动攻击机会，补得慢就会陷入被动局面，补不上则会出现失误。

当对方从右场区发至2、3、4号区及从左场区发至1、2、3、4号区时的封网规律和以上基本相似。

通过以上分析，我们可以得出第四拍接发球方封网分工的一个普遍规律：一般是球到对方右场区，就封住自己的左场区；球到对方左场区，就封住自己的右场区，即所谓的封住对方的直线球路，而这一规律的特定条件是己方接发球时获得主动。当接发球尚未处于主动时还按此规律去执行，往往会在第三拍时被对方较好的反击破坏掉。当然，第三拍时对方的习惯球路是我方封网分工的依据。因此，接发球质量和路线配合优劣，都会直接影响全场的主动与否。

如果接发球质量好，紧接着就是第四拍如何封得紧、封得快、封得狠，以便把进攻保持下去，即所谓连得上。若第四拍意识和技术跟不上（即封不紧、封不快、封不狠），则会破坏已形成的进攻局面，甚至会陷入被动局面。因此，除了发球、接发球、第三拍外，第四拍的训练也是极其重要的，切不可放弃训练，最好是采用二打二的前五拍训练方法。

### 五、羽毛球双打的几种常用战术

羽毛球的单打和双打在战术方面还是有差别的，前面给大家介绍了单打的各项战术，下面来给大家说说羽毛球双打过程中常用的几种战术。

#### （一）攻人

这是双打中常用的一种战术，就是以人为攻击目标。对付两名技术水平高低不一的对手时，一般采用这种战术，对付两名实力相当的队员也可采用这一战术。集中进攻对方一名队员，常能起到"集中优势兵力打歼灭战"的作用；在另一队员过来协助时，又会暴露出空当，可在其仓促接应、立足不稳时进行偷袭。

#### （二）攻中路

1. 守方左右站位时把球打在两人的中间

这种战术可以造成守方两人抢接一球或同时让球，彼此难以协调；限制对手在接杀球时挑大角度高球调动攻方；有利于攻方封网，由于打对方中路，对方回球的角度也小，网前队员封网的难度就小了。

2. 守方前后站位时把球下压或轻推在边线半场处

这种战术多半是在接发网前球和守中反攻抢网时运用。这种球守方前场队员拦截不到，后场队员又只能以下手击球放网或挑高球，后场两角便会露出很大空当，因而有机可乘，可攻击他的空当或身体位。

#### （三）攻后场

这种战术常用来对付后场扣杀能力较差的对手，把对方弱者调动到后场后也可以使用。此战术多采用平高球、平推球、挑底线把对方一人紧逼在底线，使其在底线两角移动击球，在其还击出半场高球或网前高球时即可大力扣杀，取得该球的胜利或主动。

如在逼底线两角时对方同伴要后退支援，则可攻击网前空当或打后退者的追身球。

### （四）后攻前封

后场队员积极大力扣杀创造机会，在对方接杀放网、挑高球或企图反击抽球时，前场队员以扑、搓、勾、推控制网前，或拦截吊、点封住前半场，使整个进攻连贯而又有节奏地发生变化，使对方防不胜防。

### （五）防守

1. 调整站位

为了摆脱被动局面，伺机转入反攻，首先要调整好防守时的站位。如果是网前挑高球，那么击球者应该直线后退，切忌对角后退。直线后退路线短、站位快，对角后退路线长，也容易被对方打追身球。另一名队员应根据同伴移动后的情况补到空当位。双打防守时的站位调整，都是一名队员在跑动击球时，另一名队员根据同伴的移动情况填补空当。

2. 防守球路

（1）攻方杀球者和封网队员在半边场前后一条直线上，接杀球应打到另半边前场或后场。

（2）攻方杀球者和封网者在前后对角位上，接杀球可还击到杀球者的网前或封网者的后场。

（3）攻方杀球者杀对角后，另一名队员想要退到后场去助攻时，接杀球时可以还击到网前中路或直线网前。

（4）把攻方杀来的直线球挑对角，杀来的对角球挑直线以调动杀球者。

关于防守的方法还有许多，但都是为了破坏攻方的进攻节奏和进攻的势头，在攻方进攻势头减弱时即可平抽或蹲挡，当攻方站位混乱出现空当时，守方即可抓住战机，转守为攻取得主动。

### （六）过渡球

当今比赛中经常看到双方队员使用过渡球技术，可见羽毛球双打比赛中过渡球起着重要的作用，是运动员必须掌握的一种技术，应高度重视，并在训练中加强技术的训练，掌握使用过渡球的各种技巧。

在现代羽毛球运动中，高水平双打运动员的水平相差不多，防守能力越来越强，很难通过几拍进攻就完成得分，这样就会导致比赛中的每个回合频繁出现连续多拍的情况，运动员出现体力透支等不利于比赛的状态，所以要学会合理地运用过渡球技术。进攻中过渡球的运用主要是通过击球时对出球速度、角度弧线、落点的灵活变化，根据场上情况不断调整，例如运用点杀中半场球、轻挡网前球等技术不断调动对方，为下一拍创造进攻机会。但也应注意，进攻中不能合理使用过渡球则会给对方造成反攻的机会，使己方陷入被动局面。防守中娴熟运用过渡球技术并配合积极的战术意识，通过积极的防守，合理使用如接杀、接吊球的放、勾、推、挑等过渡球技术，往往会带来出奇的效果，转守为攻，逆转被动局面，瓦解对方的进攻，消耗对方的体力，从而提高对方的失误率，为己方创造得分机会。

## 六、根据对手情况制定的双打战术

### （一）对一强一弱的配对

所谓强，就是技术、思想、心理、体能等主要因素均较好，反之则是弱；或者有等级差别的选手，如有一名是运动健将或国家队队员，另一名是省队队员；或者是同级别，但是在防守上一好一差。遇到这样的配对，必须坚决采用攻人战术，采取集中优势兵力二打一，可取得较好的战果。

### （二）对单打技术好，而双打技术和能力差的配对

遇到这样的配对，首先在发球、接发球上争取主动，战术上采用猛抽快打的方法，在前半场要采用并排对攻快打、硬推、硬压的战术；如仍占不了优势，也不能着急，要把球拉到底线，然后从防守中找机会，进行平抽两边封网再对攻。总之，要快、要硬、要狠，如果慢了、软了，对方就可以发挥优势，对己方很不利。

### （三）对一左一右的配对

和这种配对的对手比赛，一定要冷静沉着地分析这一左一右是如何站位的，从接发球开始就要分清谁在前、谁在后，要根据对手的站位来决定己方采用的战术路线。如果没有弄清楚，可以采用打中路球攻中路的战术。

### （四）对善于使用半蹲防守的对手

遇到这种对手千万不要长杀，以免正中其下怀，而应采用半杀战术与半杀左下方的战术与其周旋，伺机得分。

### （五）对拉两边线较好的防守型配对

遇到这种配对，思想上要做好艰苦作战的准备。因为对方防守好，又以拉两边底线为主，来回次数必然较多。此时要有耐心，不要想一杀就得分；要重视相互配合，采用杀吊结合的战术，不要盲目乱杀，以免消耗体力过多却收效甚微；应该稳扎稳打，遇到不利的情况要先吊后杀，吊一吊再杀，以保持体力，坚持到最后，这样胜利的希望就很大。

## 七、双打配合中的几个主要问题

关于防守的方法还有许多，但都是为了破坏攻方的进攻节奏和进攻的势头，在攻方进攻势头减弱时即可平抽或蹲挡，当攻方站位混乱出现空当时，守方即可抓住战机，转守为攻取得主动。

### （一）共同的目标是双打配合的思想基础

首先要增强为国争光的事业心，明确大家都是为了一个共同的目标来攀登羽毛球技术高峰的。有了这个思想基础，思想上的配合问题就能迎刃而解。反之，只考虑个人私利、骄傲自大，只看到自己的长处，看不到自己的短处，队员之间就会不协调、闹矛盾。如果为了满足个人主义的要求而拆对又配新同伴，过一段时间新的问题又会出现，配合问题总是得不到解决。因此，只有从根本上克服个人主义思想，提高对打球的目的性的认识和树立事业心，才可能解决双打配合中的其他更细致、更复杂的问题。

### （二）要做到互相信任

比赛中如果双方互相不信任，必然会在球场上表现失常。例如，发球队员对同伴第三拍的技术不放心，总担心他守不住，这样就必然会影响自己的发球质量；反之，在后面的同伴对发球同伴不信任，怕他发球太高，导致自己处理不好第三拍，结果由于思想不集中或过度紧张造成第三拍失误。这都是由于互相不信任造成的。我们提倡在思想上互相信任，如发现同伴某一项技术或战术比较差，就应该帮助他迅速提高，帮助同伴提高的同时也提高了自己。而存在问题的一方也要考虑到如不迅速提高将会对配合产生不利影响，因此，应该更刻苦地训练，尽快掌握、改进技术和战术，以适应各种比赛的需要。

### （三）要互相鼓励、互相补缺

若同伴由于种种原因未发挥出应有的水平，就会出现两种态度：一种态度是热情鼓励，并以很大的努力来弥补同伴的弱点，使其能在鼓励和帮助之下提高技术水平而发挥得比较正常；另一种态度是当同伴发挥不正常时，就埋怨，并且态度很生硬、很冷淡，总认为球打不好都是同伴的原因，这样，不只是同伴技术水平难以提高，埋怨者本人也会因此而泄气，所以往往是以埋怨开始而以泄气告终，因此，碰到这种情况无一不是失败的。

弥补同伴弱点的办法有两种：一是加强攻势，以减轻防守压力；二是在不得不防守时，尽量把球送到和同伴成对角的落点上，以减少对方进攻同伴的机会和降低威胁，使同伴也能守得住，从而增加信心。若同伴的体力较差，又常被对方逼到底线，造成很大困难，这时体力较好的一方应主动要求同伴进攻对角线，后上网，自己退后进行左右移动进攻，让同伴回到网前以调整和恢复体力。

以上类似的情况有时会在一场比赛中都出现，也可能只出现某一种情况，这时若不能很好地处理，势必导致失败的结果。因此，提倡在碰到困难时要做到互相鼓励，互相弥补缺点，不埋怨，不泄气。

### （四）在战术上要做到互相了解

在一场比赛中，两个人要配合默契，除了以上三点之外，在战术上应该互相了解，特别是在前场封网者一定要了解后场同伴这时会打出什么路线的球，是扣杀还是打吊球，是攻直线还是攻对角，打完球之后是否能够左右移动，后场是否要网前的人去补，如此等等都要在一瞬间作出准确的判断。如果这种判断正确的话，那么，配合就算默契。总之，要两人的想法一致才能打好双打，才能解决好双打的配合问题。

## 第四节　混合双打战术

### 一、混合双打之发球战术

混双发球是一项战术意识很强的技术，发球质量的好坏，是直接影响主动和被动、得分与失误的关键因素，特别是混双，由于是由一男一女两个队员组成，在发球问题上和男双与女双有着共同点，但也存在很大差别。当一方女队员发球给另一方女队员接时，就比进行女双比赛时的发球要有信心，因后场有一男队员在接第三拍。可是，当对方是男队员接发球时，就比进行女双比赛时的发球困难多了。首先，要排除恐惧心理，加上男队员上网接发能力和第四拍封网能力都比女队员强，所以就给发球的女队员增加了发球难度。反之，当男队员发球时，由于他不能像男双一样，发球后立即上网封网，而是要兼顾控制后场，因此，站位比较靠后，发球过网的飞行时间较长，有利于对方接发球者回击来球。总之，男队员的发球，比男双要困难得多，如没有专门训练发球，一般是很难过关的。

在发球战术中，混双发球战术可以使用双打发球战术中的如下几项：如"以我为主"的发球战术，"发球时间的变化战术"和"发球路线的配合战术"，而软硬结合、长短结合、直线对角结合，都属于同一道理，均可使用，这里不再重复。在此要着重谈发球中如何根据男女队员交替这一特定条件来考虑站位与战术。

## 二、混合双打之接发球战术

### （一）混双接发球战术与双打接发球战术的共同点

混双接发球战术与双打接发球战术一样，要根据对方发球质量的好坏来处理，也要根据对方的站位，并处理"以我为主"的接发球战术。

### （二）混双接发球战术与双打接发球战术的不同之处

混双接发球战术在球路上与双打接发球战术的不同之处在于不论男、女队员接球，都以拨对角半场、直线半场、勾对角前场以及放网为主。推、扑后场球只有在对方发球质量很差时才使用。而接发球时采用拨半场球及勾放前场球的技术，其目的是通过利用女队员较男队员相对弱的特点，而制定的接发球战术。

如果发球方发3、4号区，当发球方女队员发球后分边防守，己方应集中攻击发球方女队员所处的防守区；当男队员发球且女队员只防守一角时，应吊对方右前场，杀向对方的第二边线。因对方男队员发球时，基本上分前后站位，对边线防守难度加大。反之，如对方是从左场区发球，那么，道理一样，应吊对方左前场，杀向对方的第二边线。

接发球后男队员应保持在后场，女队员则在前场，因为男队员接发球后还需迅速退到后场控制底线区。这就是造成男队员接发球不能太凶的缘故。

当然，也有的男队员接发球后就到网前封网，但为数不多，只有当对方发球质量差，前三拍无法挑到己方后场的情况下，才可以到网前封网。

## 三、混合双打之第三拍的回击战术

混双的第三拍和双打同样有着重要的地位，它在主动时，可以保持进攻；一般来说，可以积极反攻；被动时，可以摆脱被动局面。在这三种情况下使用的战术，其意义和双打是同样重要的。

### （一）主动时第三拍是保持进攻的战术

当己方发球质量较好时，可以出现两种情况。一是女队员发球，那么，女队员可以直接封住前半场区，因为发球好，迫使对方回球有些向上，所以只要能举拍封住前半场对己方就有利。当女队员封左边时，右边网前的防守要由男队员负责。而当女队员封右边时，左边网前的防守要由男队员负责。可以说，女队员以封住对方的直线球为主，如能判断出对方打对角网前，也可封网，特别是在对方手法不好、出球质量较差时，可由女队员直接封网。一般情况下，女队员封对方的直线来球最理想。二是当男队员发球时，由女队员负责封网，但由于发球时女队员的站位形成了右边和左边发球不同的防守区：从右场区发球时，由于女队员的站位是在左前场区，因此，当男队员发1、2号位时，女队员就必须专心地封好左前场区和中路网前，此时，对方如回击右前场区的弱区，则由男队员去补救。从左场区发球时，情况就不一样了，因女队员的站位靠近中线，当发1号区时，女队员可封整个前场区；当发2号区时，女队员重点封住右边线。当然，由于发球与站位对各种配对有不同的站法，可按自己的特点进行封网分工。

### （二）在一般情况下第三拍进行反攻的战术

在一般情况下，对方回过来的球，对己方形成一种不主动也不被动的形势。己方只要处理好，便可获得主动权，处理不好就会造成被动。因此，出手和球路问题成了关键性技术。首先根据对方接发球后的站位及分工情况，考虑己方应打怎样的球路才有利于获得主动权。在获得主动时，不要打太靠后的球给男队员。

### （三）被动时如何摆脱被动局面的战术

当处于被动时，可分两种情况处理。例如，对方接发球后两人的站位均偏前，如男队员接发后的位置偏前或者女队员接发占据主动后，男队员也向前逼网了，此时，网前两边都很难打，因此，最好的办法是把球挑到后场两底线，过渡一下，让对方从底线进攻，己方再开始组织反攻。此时，最忌挑球高度不够，打不到底线，就易被对方拦击造成被动局面。其方法就是当对方控制网前较紧时，就得想尽办法先把球打到底线，打守中反攻战术。再如，对方接发后，网前区有一个漏洞区，如男队员接发后急于回动照顾后场，于是在网前出现了漏洞，此时，己方可迅速回击漏洞，就有可能转被动为主动。在这种情况下，前提是要有较好的回击质量，不然是摆脱不了被动局面的。

总之，在被动时，一定要冷静地分析对方的弱区在哪里，就把球打到哪个点或哪个区去。当然，这里包括对方技术上的弱点。如果己方女队员防守能力差，抵挡不住对方的攻击，情况就更困难了。

## 四、混合双打之第四拍封网战术

第四拍封网的分工战术，主要是指两人如何分工封网的问题。

有一个基本规律，即女队员接发1、2号区球，能主动回击时，女队员就封住对方的直线球路，而男队员则看守其他的区域；如接3、4号区球，能主动回击时，女队员可回动封直线前场区，而男队员则看守其他三个方向的球。如不能主动回击则无法回动，女队员则只能防守在后场一个区过渡一下，此时，男队员则要看守前场两边和后场另一区。

但是，当男队员接发1、2号区球时，如能主动回击，应由女队员封住对方的直线球路。女方除要控制网前球之外，还要和男队员保持一个错位，以封住对方反抽对角平球，使男队员能调整一下，此时，女队员站位和男队员成对角，有利于封住对方抽对角的平球。这点也是混双不同于男双的另一个特点。特别是进行中场抽、推球时，女队员能否封紧对角平球，至关重要，而男队员则看守其他的中后场区球。如不能主动回击，情况就比较复杂了，此时由于男队员的站位已被引到前场，因此另半边的后场底线成为漏洞，如对方回击高球至底线，女队员可后退，代替男队员进攻一两个回合。当接发 3、4 号区球时，如能主动回击，女队员除负责前场区外，还得负责封对方抽对角的平球，以使男队员的位置更主动；如不能主动回击，就得根据己方男队员的位置是否无法回动来决定，由于无规律可循，因此情况就比较复杂。

### 五、混合双打之攻女队员战术

这是混双战术的核心战术，当一方获得主动进攻或在寻求进攻机会的过程中，如何熟练地使用攻女队员战术是很重要的。

#### （一）获主动进攻的机会时，运用攻女队员的战术

当获得主动进攻的机会，对方已形成男女两边防守的阵势时，己方就得抓住这一有利时机运用攻女队员的战术，如攻女队员右肩战术、杀吊女队员的结合战术、杀女队员小交叉的战术、杀中路至女队员一边的战术。总之，应该集中力量运用攻女队员的战术。当然，这一般是就女队员的防守能力比男队员差的情况而言的。如果在比赛过程中己方发现男队员防守能力下降，也不一定坚持打这一战术。

#### （二）两边中场控球时，运用攻女队员的战术

所谓中场控球，就是对方打过来的球，己方不很主动也不被动的情况，处于控制的阶段。此时如何运用攻女队员的战术呢？首先，要明确此时是处于控制阶段，不要把球打到对方男队员手中，而应该把球打到女队员的防守区域，以便从中获得主动权。

例如，己方女队员发 1 号区，对方女队员接发推半场球，己方男队员处于控制阶段。此时，要分析对方女队员的位置及封网特点，如女队员封直线的意识较差，而且位置较靠近中线，此时，己方可回击一直线半场球，球的落点要使女队员跑动回击，由于她判断封网差，又站位靠中线，必然不能主动回击，就有可能回击出高球，以利己方主动进攻。假设对方女队员站在偏边线的位置准备封己方的直线半场，此时，己方可回击对角网前，造成对方被动起高球。又如，对方接发放网，己方也可回击两条路线，但一定要注意己方是要实行攻女队员的战术，因此，球一定要打到女队员的防区，让她去处理球，不要太用力，防止把球打到中场让男队员去处理。然后，己方女队员封紧网前，让对方女队员打出高球，这种战术就属成功的，反之，被对方女队员封住就被动了。

在处理这种球时要注意的是"巧打"，而不是"硬打"，特别要注意判断对方女队员的封网意图，最要紧的是有高质量的回击球路：一是球要出乎对方女队员的判断，二是要有高质量的过网弧度，弧度要平，不容易被对方女队员扑死，只能推，这样就有利于己方控制，从中找到迫使对方回击出高球的可能性。

#### （三）接发球时，运用攻女队员的战术

当己方接发球时，可直接运用攻女队员的战术，总的要求就是把球回击到前场，如放网、放对角网前、轻推直线半场或轻拨对角网前，这些球都会促使对方女队员跑

动回击，如攻击质量好一些，己方就可获主动进攻权，如质量差则易陷于被动局面。

当己方遇到对方男队员水平较高，而女队员相对差一些时，运用这种战术是很有效的。反之，男队员水平一般，特别是后场攻击水平一般，而女队员网前封网水平很高时，己方就不一定要坚持运用这种战术。例如，女队员封网意识很强，而男队员在后场进攻对己方威胁不是很大时，应先过渡到后场区，再伺机反攻。

## 六、混合双打之攻中路战术

比赛中有这样的情况：对方男队员在进行两边中场控制时，能力很强，威胁很大，他将直线结合对角球处理得很好，使己队防守的区域扩大，特别是女队员不容易封住对方回击的平球。此时，改用攻中路战术，会使对方的优点无法发挥，由于对方在处理两边线球时的手腕控制能力较强，如打中路，对方这一优点无法发挥，如对方还是用以前的角度击球，就有可能造成角度太大而出界，再则因为球在中路，对方易回击直线，己方女队员也容易封网。总之，进行这一战术的作用，一是让对方优点无从发挥，二是使己方男队员的防守范围缩小，特别是对于封直线区，角度小得多。

## 七、混合双打之杀对角男队员边线的战术

当己方获得主动进攻的机会时，在一般情况下，均是采用攻对方女队员的战术，此时，对方男队员会尽量站在靠近女队员的一边，特别是在和女队员成直线进攻时，一般男队员应靠近女队员一边，造成男队员另一侧空当的局面，在这种情况下，就可使用杀对角攻男队员边线的战术。男队员之所以会靠女队员一侧，是因为他总感到女队员防守较弱，目的是保护女队员。当然，使用这种战术的条件是女队员和进攻者成直线，而这种条件也较少见，因为一般被对方逼挑高球后，女队员均退到与进攻者成对角的一区，如遇到这种情况，就不易实行这种战术了。

## 八、混合双打之杀吊结合战术

在对方男队员要防守三个区域，女队员只防守一个区域的情况下，也可以考虑进行杀吊结合攻对方男队员网前的战术，以打乱对方的防守阵地。又如，女队员挑出不太靠后的球，她必然迅速后退，在这种情况下，采用杀吊结合战术也是很有实用价值的。

## 九、混合双打之半杀结合长杀、重杀结合轻杀的战术

这些都是在主动进攻中应该训练及掌握的技巧和战术。一味地重杀一个角度，当对方适应了就没效果了，一味地使用长杀易被对方采用半蹲防守对付。因此在进攻中除了要结合高吊之外，还得注意角度的变化，如落点长短的变化，以及击球力量的变化，即轻杀和重杀的结合。

## 十、混合双打之进攻中封网分工方法

若己方获得主动进攻的机会，由于封网分工不明确，可能会导致失去主动权。因此，封网明确分工能使己方主动进攻达到置对方于死地的目的。

### （一）右后场区进攻的封网分工

当己方男队员获得右后场区主动进攻权时，如对方女队员和己方男队员成直线，己方杀直线，己方女队员要着重注意封住右前场区域的平球，但是，左前场区处是弱点和漏洞。如对方女队员退到对角区，此时己方女队员要封住左场区的平球，因为右前场区是弱点和漏洞。

### （二）从左场区进攻的封网分工

当己方男队员获得左后场区主动进攻权时，由于对方女队员和己方男队员成直线，己方杀直线，己方女队员则要封住左前场区的平球，特别要注意对方平抽对角线平球时，一定要能封住，以便减轻男队员的压力。此时对角网前是弱点和漏洞。对方女队员和己方男队员成对角线，己方杀对角，女队员则要封住右场区，此时，对角左前场区是弱点和漏洞。

## 十一、混合双打之防守战术

### （一）混合双打之挑两底线平高球

挑两底线平高球战术，这种战术即所谓的对方杀直线，己方挑平高对角；对方杀对角，己方挑平高直线，以达到调动对方左右移动的目的。若对方移动慢，就无法保持进攻，或其盲目进攻也有利于己方反攻。

### （二）混合双打之反抽直线勾对角战术

当对方男队员从两底线进攻站在对角线的己方女队员时，己方女队员可采用反抽直线结合勾对角战术，能以最大角度调动对方，并抓住其漏洞，但要注意反抽必须越过对方女队员的封网高度。

### （三）混合双打之反抽对角挡直线战术

当对角男队员从两底线进攻站在直线的己方女队员时，己方女队员可采用反抽对角结合挡直线的战术来抓住其漏洞，但同样也要注意反抽必须越过对方女队员的封网高度。

### （四）混合双打之挡直线、勾对角网前战术

当对方男队员从两底线攻己方女队员时，己方可采用挡直线结合勾对角网前的战术，可以避开后场强有力的攻击。只要挡和勾的质量有保证，一般还是容易变被动为主动的。当然，当己方把球打到某一个点时，女队员要逼近封住其直线区，迫使对方打出高球。

### （五）混合双打中的规律性问题

（1）从发球路线看，主要是以发1号区为主，其次是2号区和4号区，很少发3号区球。

（2）从接发球的球路看，主要是以接发对角球（小对角）为主，特别是从1号区接发两边中场球较多，而且落点均在两边中场区，其次是后场球，放网前球极少。

（3）从行进间球路的规律看，是以直线球路为主。

根据以上规律我们应该注意以下几个问题：①注意处理好1号区的接发球。②第

三拍要注意处理好两边中场球，控制好两边中场球。③在行进间，女队员要特别注意封直线球，兼顾对角球。

## （六）混合双打之技术上的注意事项

（1）在手法上要注意掌握变线能力及控制能力，盲目地用力击球往往会造成控制不住球，变线能力也不行。

（2）击球点上要注意高点击球，这样有利于平推、抽和下压球。

（3）在击球时间上不要一味快打而缺少快慢结合，要注意利用假动作、时间差击球。

（4）女队员在封网击球的用力问题上，要注意能向下扑的球才用力扑压，如只能推的球，不要太用力，以免让对方后场的男队员较易控制，轻推半场球往往更有效。

（5）女队员的网前站位不要太靠近网前，这样有利于增强封网能力。

（6）封网时，拍子要举得高一些，以便直接向前或向下封压。应减少向后引拍的时间，提高封网的威胁性。

（7）在封网的步法上要注意封到球之后不要急于向中场回动，就是所谓封直线、封一点的步法特点。

（8）当双方男队员在进行直接控制的过程中，女队员若没有把握，不要随意抢球。应注意对方万一变线抽对角，女队员能封得住，减少男队员的压力，也利于男队员调整到有利位置。

（9）当己方获得主动进攻的机会，对方女队员已退至较好的对角防守位置时，不要勉强去攻击对方女队员，而应采用过渡进攻的办法，使自己获得更有利的进攻位置，再进行第二次进攻。

# 第五节 三 打 战 术

## 一、一前两后

一前两后通常是指一个运动员站在前面，两个运动员站在后面。

1）两后一中一左

两后一中一左通常是指站在后面的两个运动员一个人站的选位靠中，另一个人站的选位靠左。

2）两后一中一右

两后一中一右通常是指站在后面的两个运动员一个人站的选位靠中，另一个人站的选位靠右。

3）两后一左一右

两后一左一右通常是指站在后面的两个运动员一个人站的选位靠左，另一个人站的选位靠右。

4）一前居中

一前居中通常是指站在前面的运动员选位靠中。

5）一前偏左

一前偏左通常是指站在前面的运动员选位靠左。

6）一前偏右

一前偏右通常是指站在前面的运动员选位靠右。

7）混合站位

混合站位通常是指根据对手的具体情况及比赛中的具体变化所采用的应急的、制胜的、有利的选位变化。

## 二、两前一后

两前一后通常是指一个运动员站在两个运动员后面。

1）两前一中一左

两前一中一左是指站在前面的两个运动员一个人站的选位靠中，另一个人站的选位靠左。

2）两前一中一右

两前一中一右是指站在前面的运动员一个人站的选位靠中，另一个人站的选位靠右。

3）两前一左一右

两前一左一右是指站在前面的两个运动员一个人站的选位靠右，另一个人站的选位靠左。

4）一后居中

一后居中是指站在后面的运动员选位靠中。

5）一后偏左

一后偏左是指站在后面的运动员选位靠左。

6）一后偏右

一后偏右是指站在后面的运动员选位靠右。

7）混合站位

混合站位是指根据对手的具体情况及比赛中的具体变化所采用的应急的、制胜的、有利的选位变化。

综上所述，目前的羽毛球战术种类只有以上罗列的这些，尤其是三打战术，目前由于赛事还是游戏及试验阶段，因此其战术还不算成熟，不像单打战术、双打战术经过了一百多年的发展积淀，已经形成了较成熟的战术类型、战术打法。随着羽毛球运动技术不断向前发展，今后还将涌现出更多的战术类型、战术打法，我们也将不断地补充内容，以飨读者。

单打、双打、三打战术之间的关系是：单打是基础之基础，双打是单打的组合与发展，三打是单打的排列组合及双打的发展。

## 第六节　羽毛球战术与技术、体能、心理之间的关系

### 一、羽毛球战术与基本技术的关系

在羽毛球的竞技实战中，运动员的技能、智能、体能、心理等，都是通过羽手球的基本技术表现出来的。衡量一个运动员掌握和运用各种技术动作的能力，主要看他

在完成各种技术动作时，是否具有准确性和实效性；在各种困难和复杂条件下，完成动作时是否具有相当的稳定性；在激烈的对抗过程中，是否具有良好的控制能力和应变能力。

虽然羽毛球技术多种多样，方法也各有不同，但在动作结构上有共同的规律。其实就体育运动中以技战能为主导的隔网对抗性项群（《运动训练学》项群训练理论）中的各个项目而言，它们的技术动作规律是一致的，即动作技术多种多样，但在动作结构上具有相同的规律。尤其是在乒乓球、羽毛球、网球三个项目中，这一规律显得更加相似。它们的动作结构都是由选位、准备—判断、起动—移动、引拍—到位、击球五个环节组成的。所以在平时的训练、实践中，必须对任何一个环节都予以高度重视，否则必然会对该技术在实践中运用的质量产生十分不利的影响。

羽毛球战术的目的都是更好地发挥自己的技术特长，制约对方特长的发挥，控制和掌握比赛的主动权，从而争取比赛的胜利。战术一般是由战术观念、战术指导思想、战术意识、战术知识、战术形式和战术行动所组成的。

一场比赛的胜负，在很大程度上取决于正确的战略与战术。羽毛球战略研究羽毛球比赛全局规律性的问题。羽毛球战术研究羽毛球比赛中具体的攻守方法的问题。从全局来看，战略占主导地位，战术应该服从战略的目的。而战略目的的实现，又直接取决于战术任务的成功完成。所以，它们之间既是从属关系，又是依存关系，必须相互适应、相辅相成。组成羽毛球战术行动的基本要素是技术、战术方法和战术形式这三个方面。

技术是运动员进行比赛的手段。一个运动员掌握的技术越全面、熟练、准确和实效，那么他的战术的运用和实现就越有保证。因此，战术必须建立在熟练和准确地掌握一定数量和质量的技术动作的前提下，通过运动员在比赛中，在一定的时间和空间的条件下，合理地、灵活地组合运用才能实现。所以，就它们二者的关系而言，技术是战术的基础，是组成战术必不可少的基本要素。先进的技术必然促进战术的发展与变化；而战术的不断发展与变化，同样又反过来促进原有技术的更新与发展。它们之间同样也存在着相互联系、互为影响、共同发展的辩证关系。

战术方法是战术行动的核心部分，是战术的具体内容。因为技术虽然是战术的基础，但并不等于将技术简单、杂乱无章、毫无目的地凑合在一起使用就能形成战术。恰恰相反，在比赛实践中，只有将各种技术有意识地按一定的程序有机地、合理地组合在一起进行运用，才能真正地发挥技术的战术作用，从而达到战术的目的。因此，战术方法是运动员在比赛中，为了完成具体的攻守任务而制定的行动程序，包括运动员在比赛中对技术动作的选择与组合、动作的时间、攻击或防守的地区和范围等具体内容。实质上战术方法就是进攻或防守的准备、组织和完成的过程。它既依赖运动员的技术运用能力，又需要有一定的形式来保证它的实现。战术形式是战术方法的外部表现。任何战术方法都有它自己的外部表现形式，战术形式也必然反映一定的战术内容，例如，羽毛球打法中的"下压控制网前"就有"杀上网""吊上网""发球抢攻"等不同的打法形式。

技术、战术和战术运用，这三者之间存在着密切联系，都是形成战术行动不可缺少的基本要素。一个运动员只有掌握了各种基本技术以及它们之间的有机的组合运用方法，在比赛中选择不同打法的可能性才会增大，技术的运用能力才能得到发挥，战术的灵活性也才会增强。同样，一个运动员对战术方法和战术形式的选择和运用，也必须考虑和符合自己的实际技术水平。

## 二、羽毛球战术与体能（身体素质）之间的关系

羽毛球运动实践证明，运动员取得的成绩与其身体素质有着不可分割的联系，越来越多的比赛实例已经说明了这一点，当前许多运动项目技术水平的日益提高在很大程度上反映了人类健康水平及身体素质水平的提高。

身体素质是人完成运动动作时人体所表现出的各种能力。这些能力通常表现在力量素质、速度素质、耐力素质、灵敏素质和柔韧素质上。因此，力量的大小，速度的快慢，耐力的好坏，灵敏、柔韧素质的好与差，对于运动员的运动成绩、技术的掌握、战术的运用方面都起到了至关重要的作用。尤其是战术组合的应用，更集中地体现在身体素质的好坏上，身体素质好，技术发挥就有保障，技术能发挥出来，战术就能体现。

运动员身体素质好，不仅技术、战术掌握提高、运用得快，达到的水平高，而且到达高水平之后，维持高水平的时间也长；相反，运动员身体素质差，特别是专项素质差，不仅不容易达到高水平，即使达到高水平也很难维持下去。通常"昙花一现"指的就是后一类运动员。

身体素质的好坏包括两个部分：专项身体素质和全面身体素质。专项身体素质是指某一专项所要求的特定的素质；全面身体素质是指我们前面所提到的力量、速度、耐力、灵敏、柔韧五大素质。

专项身体素质与全面身体素质既有联系又有区别。专项身体素质是在全面身体素质基础上建立起来的，而全面身体素质是专项身体素质的基础。

因此，羽毛球运动项目依赖身体素质的存在而存在，它不像网球、乒乓球等项目，旋转更重要一些，羽毛球项目因为没有旋转，战术变得相对简单，所以，战术的变化依赖技术的组合，而技术的完成则依赖体能的保障。

## 三、羽毛球战术与心理之间的关系

现在世界许多国家，优秀运动员都采用现代化的手段和方法，并在心理学家的指导下进行训练。其目的显而易见，就是力求运动员的训练建立在科学的基础上。应用心理实验与测验对运动员的心理现象及其规律进行研究，借此保证其训练和比赛任务得以顺利完成。

现代运动是伴随着实验心理发展起来的。心理测验的产生与发展是同研究人的个别差异密切联系的。心理测验在中国有着悠久的历史。我国古代许多思想家在实践中发现，人不仅在外貌上存在着差别，而且在心理活动上也存在着差别。早在春秋战国时期，《论语》中就提出过："性相近也，习相远也。"在现代体育运动中，身体素质与心理能力、技术、战术等有机地结合和运用是取得比赛胜利的基础，因此，多学科应用于体育运动是我国体育事业迅速发展的必由之路。

大量运动实践证明，通过心理测验与评定可以为选拔优秀运动苗子、辨别具有哪些心理特点的人可以从事哪些运动项目具有更大的成功概率。这样就大大提高了运动

人才的选拔效率，减少淘汰率，大大节省了人力、物力、财力。而就单个运动项目（如羽毛球运动项目）而言，通过心理演示也可以知道哪些心理特点的人适合从事该项目的哪些类型打法。例如，通过心理测试知道，不同神经类型的羽毛球运动员的打法类型也有很大的不同。多血质运动员的打法类型主要是攻击型打法，突击型打法次之。这是因为多血质运动员聪明活泼、接受能力强、灵活、应变能力强，所以比较适合进行以快为主的攻击型、突击型打法类型的训练。黏液质运动员的情绪稳定，注意力集中，学习动作较快并能持久，所以比较适合以稳为主的综合类及拉吊打法类型的训练。胆汁质运动员主要适合突击型的打法类型。

综上所述，打法类型和神经类型有着密切的关系。运动员具备了某种神经类型，与此相适应的技术得到更大程度发展的可能性就更大。因此在安排教学与训练中，羽毛球教师及教练应考虑这个因素。根据运动员的神经类型帮助其确定大体的打法类型，做到利用心理特征来指导教学与训练，并真正做到区别对待，因材施教。

## 思 考 题

1. 简述单打战术的取位方法。
2. 简述单打防守战术。
3. 简述双打发球站位方法。
4. 简述混双接发球战术与双打接发球战术的异同点。
5. 试述羽毛球单、双打的基本战术。

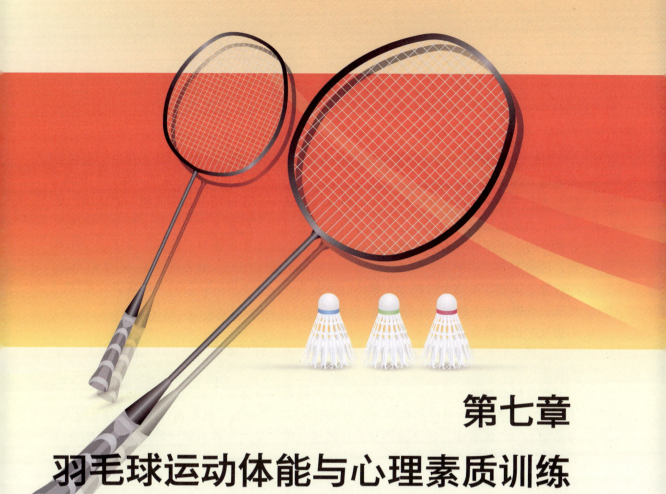

# 第七章

## 羽毛球运动体能与心理素质训练

# 第一节 羽毛球运动员体能训练

## 一、体能与体能训练的概念

### （一）体能的概念

"体能"一词最初形成于第一次世界大战时期的美国，20世纪80年代中后期被引入我国竞技运动训练领域。各竞技运动项目在训练中都陆续开始强调"体能"训练，但经过近三十年的探索与发展，人们对体能的认识和理解还没有形成统一的认识，从另一个角度也反映出"体能"的概念还存在学说和实践意义上的争议。目前，国内学者徐本力、董国珍、王兴、李之文等都从不同的角度和层面对"体能"做了定义和界定，说法不一。其中，李之文教授整合了前人有关"体能"的各种论述，指出了体能与技能是紧密联系的平行概念，将体能定义为：经身体训练获得的人体各器官系统的机能在肌肉活动中表现出来的能力，它包括身体形态的适应性变化和力量、速度、灵敏、耐力及柔韧等素质。

根据不同群体在体能训练实践中的需求特点，将"体能"分为广义的体能和狭义的体能。

广义的体能是人体为适应运动的需要所储存的身体能力要素，是人体活动基本能力的表现，是人体各器官系统的功能在运动中的综合反映，具体指运动员的身体健康、身体形态、身体机能、运动素质及动作技能（动作模式）等不同维度表现出来的身体状态。

狭义的体能又称专项体能，是指完成高水平竞技比赛所需要的专项力量体系及其相关运动素质的综合。

### （二）体能训练的概念

体能训练是指为提高运动员身体运动能力，结合专项需要并通过合理负荷的动作练习改善身体形态，提高身体机能，发展运动素质，对其身体结构和功能进行有目的的改造，从而促进竞技水平提高的训练过程。训练内容主要包括对运动员的身体健康、身体形态、身体机能、运动素质及动作技能的训练，它是运动员获取胜利的最佳途径。

## 二、体能训练对羽毛球运动的作用

随着竞技运动水平的不断提高和比赛激烈程度的日益增加，体能训练的作用越来越受到人们的重视，对于羽毛球运动员来说，体能训练是十分重要的一项内容，而对于一般的羽毛球爱好者来说，掌握了具体的体能训练方法对提高身体素质也有着积极意义。

### （一）有利于掌握先进的技术动作和提高专项运动表现能力

运动员技术动作的完成和运动成绩的提高是以竞技能力的发展为前提的，体能是提高、发挥和保持竞技能力的先决条件。当前，高水平运动员的竞争极其激烈，新的技术动作不断涌现，运动成绩获得大幅度提高，所有这些均离不开科学的体能训练。

可以说，体能训练已经成为众多运动项目成绩取得突破的关键点，是运动技术和运动成绩提高的最有力保障。但值得注意的是，体能训练的关键在于要针对具体的运动项目选取有效的运动素质指标和测评手段来进行专项体能训练，例如，发展羽毛球运动员的专项移动速度，可结合羽毛球运动场地的规格和运动员移动的空间特点，采用低重心四角跑、左右两侧移动等方式进行训练。

### （二）有利于承受大负荷量训练和高强度比赛

羽毛球运动的快速、灵活、对抗激烈、变化多端等特点，决定了选手良好的体能素质是承担大负荷训练和激烈比赛的基础。运动项目特点不同，对选手体能的要求也不同。羽毛球运动速度快，竞争激烈，选手控制场地面积大，训练和比赛的负荷也很大。单打场地长13.4米、宽5.18米，由后场至前场的直线距离有6米多，由左边线至右边线的距离为5米多，一名选手实际控制的区域为30多平方米。据统计，在一场历时两个小时的高水平羽毛球比赛中，选手必须在攻与守、控制与反控制对抗中，忽左忽右、忽前忽后地完成各种急停、起动、移动、跨跳、挥臂击球等快速动作千余次。选手在运动中速度的快慢、力量的大小、耐力和灵敏等素质的好坏，都直接影响着运动成绩。双方选手长时间内快速、多变、大负荷的对抗，对体能要求极高。随着比赛激烈程度的不断加剧，选手体力消耗加大，尤其是到比赛争夺最激烈的时刻，通常因体力不支而表现出技术动作变形、主动失误增多、速度明显减慢、受制于对方等现象，从而导致比赛失利。因此，现代高水平运动训练要求运动员既要承受大负荷量，同时也要具备高强度的比赛能力，体能训练尤为重要。

### （三）有利于预防伤病，延长运动寿命

随着运动竞技水平的极限化发展，运动训练和竞赛的负荷刺激向运动员的身体和心理极限逼近，决定了选手机体在训练和比赛中要承担极大的运动负荷，训练中的伤病不可避免会发生，运动员身体不同部位均存在不同程度的运动损伤，羽毛球运动也是如此，而体能训练的一个重要功能是运动损伤的预防和康复，帮助运动员延长运动寿命。从这个角度看，康复即训练，训练即康复。通过有针对性的体能训练，如核心力量训练，加强人体核心区肌群的力量，尤其是核心区深层稳定肌群的力量，不仅可以有效地预防腰部伤病的发生，更为重要的是可以大大提高运动员的技术水平和运动成绩，并延长运动寿命。

### （四）有利于培养良好心理素质和健康人格

高水平的羽毛球选手在技术、战术上几乎没有明显的弱点，比赛中仅靠一两拍就轻易击破对手防线的情形几乎不存在，每一分球的争夺都非常艰苦，这就需要有良好的心理素质。体能训练能够使大脑和整个身体条件反射系统的机能得到良好改善，从而有效调节机体疲劳和紧张情绪，缓解精神压力，提高心理的稳定程度，培养良好的心理品质。

羽毛球运动的体能训练也是向极限挑战的艰苦过程，这个过程可以培养选手在训练和比赛场上不怕苦、不怕累、勇猛顽强的意志品质，以及对创造优异成绩顽强追求、迎难而上的精神品格。

## 三、羽毛球运动体能训练的内容

羽毛球运动体能训练的内容主要包括身体形态、身体机能和运动素质三方面内容，每一个方面都有相对独立的作用，但又彼此密切联系，相互制约、相互影响。

### （一）身体形态

1. 身体形态的概念

身体形态是指训练者的外部和内部形态特征。人体外部形态特征指标有高度、长度、围度、宽度、充实度等。高度指标包括身高、坐高、足弓高等；长度指标包括腿长、足长、臂长、手长、颈长等；围度指标包括胸围、腰围、腿围、臀围等；宽度指标包括头宽、肩宽、髋宽等；充实度指标包括体重、皮脂厚度等。人体内部形态指标有心脏纵横径、肌肉的形状与横断面等。

2. 身体形态训练的意义

身体形态的变化在一定程度上影响着运动素质，对成绩有直接的影响。运动员的身体形态和身体机能构成了体能的基础结构，身体形态的训练可以改善运动员动作的力学条件，塑造适合羽毛球运动项目特点的身体形态，以使运动员满足创造优异专项成绩的要求。

### （二）身体机能

1. 身体机能的概念

身体机能是指机体各器官系统的功能，包括神经肌肉系统、免疫系统及骨骼韧带系统等，它是运动素质的生理基础。在运动训练中，经常使用的身体机能指标主要有心血管系统中的心率、血压、血红蛋白、心电图、血睾酮；肌肉结构中的肌纤维数量、长度、类型；呼吸系统中的肺活量、呼吸频率、最大摄氧量；感官功能中的视觉听觉、平衡机能等。一方面，身体机能对运动素质起基础作用。某种运动素质的高低，往往由多个器官系统的机能水平决定，如心肺机能相对于耐力素质、快肌纤维相对于快速力量等。另一方面，身体机能也受运动素质的影响。

机体各器官系统的发育状况决定了相应器官系统的机能，身体机能绝大多数指标主要由遗传决定，血型、血红蛋白、红白肌纤维比例等具有明显的遗传特征；其他如最大心率和最大摄氧量的遗传度分别在85%和93%以上，但也有一定的变异。

2. 身体机能训练的意义

某一身体机能水平可直接影响羽毛球运动时所需要的某一方面的能力，训练的意义就是通过各种手段去改善和适应。一方面，身体机能的多项指标具有明显的遗传特征；另一方面，身体机能的某些指标也是可以通过后天训练而改变的，所以身体机能可以通过遗传和后天的训练相结合全面培养，以使其适应高水平运动训练的需要。

### （三）运动素质

运动素质主要是指机体在活动时所表现出来的各种基本运动能力，是运动员体能的外在表现形式，包括肌肉收缩产生的力量、速度、耐力、柔韧、协调、灵敏等素质。在运动实践中，体能训练不是单一意义的身体素质训练，竞技表现依赖对各因素的协调整合能力，应考虑体能的构成要素和项目特点，从而设计专项体能的训练内容。如林丹的暴力杀球所涉及的因素主要有技术水平、战术决策能力、爆发力量、柔韧性、代谢能力、速度能力、平衡能力和感知能力等。

1. 力量素质

力量素质是指训练者身体的某部分肌肉获得在工作时克服阻力的能力。在体能训练中，力量素质是指机体完成动作时肌肉收缩对抗阻力的能力。力量素质可分为单纯性力量、速度力量和力量耐力。单纯性力量是指人的身体某一部分克服阻力的能力，最大力量是指肌肉通过最大随意收缩克服阻力时所表现出来的最高力值；速度力量是以速度和加速度为表现形式，是指神经肌肉系统通过肌肉快速收缩来克服阻力的能力；力量耐力是指机体遇到一定阻力时，有机体耐受疲劳的能力。

2. 速度素质

速度素质是指训练者快速运动的能力，即在单位时间内迅速完成某一动作或移动某一段距离的能力，速度素质根据运动中的形式可分为反应速度、动作速度和移动速度。其中，反应速度是指训练者对声音、光、触等各种信号刺激的快速应答能力；动作速度是指训练者或训练者的某一部分完成单个动作或成套动作的快慢以及单位时间内重复动作次数多少的能力；移动速度是指在周期性运动中，单位时间内训练者快速位移的能力。

3. 耐力素质

耐力素质是指训练者在长时间工作或运动中克服疲劳的能力，它在体能素质中发挥着极重要的作用。在训练中经常从能量供应方式和运动训练的角度对耐力素质进行分类。按照能量供应方式，可将耐力素质分为无氧耐力和有氧耐力；以运动训练的角度，可将耐力素质分为一般耐力和专项耐力。无氧耐力是指机体在氧供应不充足的情况下，继续坚持长时间运动的能力；有氧耐力是指机体在氧气供应充足的情况下，保持长时间运动的能力；一般耐力是指机体多肌群、多系统长时间工作的能力；专项耐力是指机体为了专项的目的和任务，最大限度地动员机能能力，克服专项负荷所产生的疲劳的能力。

4. 灵敏素质

灵敏素质指的是训练者在各种突然变换的条件下，快速、协调、敏捷、准确地完成动作的能力。按照体能训练的目的和项目类型，可将灵敏素质分为一般灵敏素质和专项灵敏素质。一般灵敏素质是指在完成各种复杂动作时，表现出来的适应变化着的外部环境的能力；专项灵敏素质是指根据各专项所需要的与专项技术息息相关以及适应变化着的外部环境的能力。

5. 柔韧素质

柔韧素质是指训练者的关节在不同方向上的运动能力，以及肌肉韧带等软组织的伸展能力。根据训练的需要，可将柔韧素质分为一般柔韧素质和专项柔韧素质。一般柔韧素质是指适应于身体、技术、战术等训练所需要的柔韧素质；专项柔韧素质是指在专项运动中所需要的特殊柔韧素质，它是掌握与提高专项运动技术中必需的柔韧素质。

### （四）动作技能

动作技能是已经掌握的动作技术在神经—肌肉系统共同作用下，所表现出来的程序化的合理有效的动作过程。这里主要是指关节的灵活性及其稳定性、运动姿态、动力链、专项技术动作结构与用力顺序等，这些是其生理机能和运动素质表现的载体和有效性的基础。良好的动作技能能够使身体最优化完成既定的动作，相反，则会降低动作完成的效率。

### （五）健康水平

身体健康主要是指有没有疾病和运动损伤等医学指标的身体状况，是身体能力（运动表现体能）的一般表现。随着运动竞技水平的不断提高，训练的负荷与比赛的强度都在不断地增大，优秀运动员的急慢性运动损伤也随之呈现上升趋势，运动损伤的发生与各运动项目的专项特点密切相关。一方面，专项技术的特定要求和过度的专项训练是导致运动员发生慢性运动损伤的外部因素；另一方面，受伤部位的解剖结构薄弱（如腰、髋、膝、踝及肩关节等）是导致运动损伤发生的内在因素；再者，运动损伤的发生还与运动员的心理应激水平的降低有关，高度紧张和放松都可能会发生损伤。

## 四、羽毛球运动体能训练的原则

### （一）科学性原则

羽毛球运动的科学训练基于对项目规律的认识和把握，对培养选手至关重要。训练方法科学，运动竞技能力就能迅速提高，成才率就高。科学地安排体能训练，要处理好两方面的关系。一是身体与体能发展敏感期的关系。例如少年儿童的体能训练，重点是发展柔韧、协调、灵敏和速度素质，应避免大力量和高强度的耐力素质训练。青年时期的体能训练，可重点发展力量和耐力。二是身体训练与负荷关系。科学合理地安排运动负荷，是提高运动水平的重要因素。

### （二）自律与他律相结合原则

运动员是体能训练的主体，应有明确的体能训练目的和认知，只有激发内在动力，有提高运动成绩的强烈愿望，提高训练的自觉性，才会专心致志、坚持不懈地接受长期艰苦的体能训练。同时，教练员在训练中要善于鼓舞和激励，启发和诱导运动员树立自觉训练的态度和动机，在训练中加强引导和监督，确保体能训练的任务得到落实。

### （三）持续性与渐进性相结合原则

有机体的结构和功能的变化是一个逐步改变、逐渐积累的过程，体能训练是长期性和经常性的持续性行为，需要持之以恒，保持常态化。在持续的训练过程中又要遵循体能训练中的认知规律、动作技能形成规律、有机体机能活动能力变化规律和机能适应性规律，有步骤、有秩序、循序渐进地组织运动训练，不可盲目追求训练效果和训练成绩，同时还要做好科学监测。羽毛球运动训练越来越重视体能训练的计划性、系统性和连续性，运动员只有长时间、持续地进行体能训练，才能取得好的训练效果。

### (四)全面性与差异性相结合原则

全面发展的运动素质和全面提高的身体机能是达到高水平专项运动技术水平的基本前提和基础。因此,在体能训练中必须正确运用各种身体练习的方法和手段,使选手身体各器官的机能得到普遍提高,身体形态得到全面改善,体能得到全面发展,为日后提高羽毛球专项运动技能打下坚实基础。由于年龄、性别、身体条件、训练水平、文化水平遗传、身体功能、基本活动能力、个体特征和心理等方面都存在着个体差异,个体的可塑性和对于体能训练的认知也不相同。因此,在体能训练时要从运动员的个人特点、比赛要求、专项要求以及训练条件等实际情况出发,有针对性地安排体能训练,做到全面与差异相结合。

### (五)"适宜负荷"与"超量恢复"相结合原则

适宜负荷要求根据运动员的现实可能和人体机能的训练适应规律,并结合运动员竞技能力提高的需要,在训练中对运动员施加相应量度的负荷,以取得理想的体能训练效果。在体能训练实践中,遵循"加大—适应—再加大—再适应"的规律安排运动负荷,运动负荷量的递增也控制在一定的生理变化范围之内,并控制好负荷强度,通过人体适应过程的规律而达成。

在同一运动训练过程中,客观存在着负荷和恢复这两类不同的相互联系、相互制约的同步过程,体能训练过程是一个反复进行的身体结构与身体机能的破坏与重建过程,持续的运动可使身体产生一定的疲劳,人体能够承受适度的疲劳,并能通过积极恢复产生"超量恢复"现象,在一定范围内,运动负荷越大,消耗越剧烈,恢复过程就越长,超量恢复就越明显。可以说,正是由于运动训练能够引起超量恢复反应,使得运动员竞技能力的提高成为可能,超量恢复提供了运动员提高竞技能力的物质基础。

认识和把握竞技状态的形成、保持和消失三个阶段,准确地判断机体的疲劳程度是适时恢复的重要前提,科学准确地判断和把握机体疲劳的出现和程度,对合理安排运动训练负荷具有重要意义。

### (六)大运动量与人文关怀相结合原则

自20世纪60年代起,我国运动训练工作提出并贯彻"从严从难从实战出发,大运动量训练"的"三从一大"训练原则。其价值首先在于准确地阐述了训练与比赛的关系,对正确地把握训练方向有重要的指导意义。在羽毛球体能训练中要结合专项进行大运动负荷(包括训练负荷量和强度)训练,增加比赛性练习,提高运动员的实际比赛能力。要正确认识"从严从难从实战出发"的内涵,以人为本,不能将运动员变为竞技的工具,要在训练中体现人文关怀。体能训练中的人文关怀体现在对运动员的尊严与主体性的关注,对运动员思想情感与道德品质的关注,对运动员文化教育和素质培养的关注,对运动员权利的关注,对运动员生存状况与前途命运的关注等方面。

## 五、羽毛球运动专项身体训练的方法

本节前述已论及羽毛球体能训练的内容包括身体形态、身体机能、运动素质、动作技能和健康水平等,这里我们重点介绍羽毛球专项身体素质的训练方法。

## (一) 力量素质

### 1. 力量素质的分类及最佳发展期

根据力量素质与运动专项的关系，可分为一般力量和专项力量。对于少年儿童来说，适当的力量训练可以对少年儿童的肌肉及其骨骼发育，维持身体姿态产生积极的影响，但应抓住力量发展的敏感期。

一般力量发展的敏感期在 12～15 周岁。在此阶段，应着重发展全身肌肉组织，强度不宜过大，以快速力量为主。主要采用动力性训练。在敏感期后期，可适当地根据专项的特点，加入专项力量训练，但是要注意负荷不宜过大。

专项力量发展的敏感期在 15～17 周岁。在此阶段，专项力量训练的比重相比之前逐步增加，应逐步发展与提高专项竞技能力相关的肌肉力量。以增大肌肉横截面积，提高关节肌肉之间的协调能力为主。初始阶段运动员的力量训练重点以全面性的一般力量素质训练为主，以便为全面体能的提高创造条件。随着身体发育和运动水平的提高，力量素质训练重点突出专项性，加强羽毛球运动专门性力量的训练。下面分别从上肢力量、下肢力量和核心力量三大部分介绍专项力量素质训练的内容与方法。

### 2. 专项力量素质训练的内容与方法

选手在具有一定绝对力量的基础上，要根据羽毛球运动的特点对力量素质的要求，进行专项力量素质训练，并应以发展速度力量和耐力力量素质为主，以保证在长时间的比赛中能够完成各种技术动作。在进行专项力量素质训练时，可采用减重量、加次数的练习方法，着重进行一些负荷强度小、速度快、重复次数多的速度力量和耐力力量训练，由基础性大力量训练转为逐步加强专项所需的小负荷的爆发速度力量和耐久性力量训练。

专项力量素质的训练应以动力性练习为主，训练中注意掌握好练习密度和重量的关系。一般情况下，负荷重量大，单位时间内练习次数少，速度频率慢，休息时间间隔短；负荷重量小，单位时间内练习次数多，速度频率快，练习强度大，休息时间间隔长。例如，练习重点是以发展爆发速度力量为主，总次数不可太多，强调单位时间内动作速度要快，一旦出现单位时间内速度下降，应立刻停止或是转换其他内容的练习。再如，练习重点是以发展耐力力量为主，则要求选手尽力保持一定的动作速度，坚持一定的重复数量。另外，在进行专项力量素质练习时，还应该适当地穿插一些跑跳、灵敏性、柔韧性和协调性的训练，以保证获得最佳的专项力量素质训练效果。一般情况下，少年儿童、初始阶段选手的力量训练重点以全面性的基础力量素质训练为主，以便为全面体能的提高创造条件。随着身体发育和运动水平的提高，力量素质训练的重点应突出专项性，加强羽毛球运动专门性力量的训练。

1) 上肢基础力量训练

用哑铃进行上肢力量训练，是初学者发展力量素质的一种有效方法。根据不同的年龄，可使用不同重量的哑铃，选择不同的练习负荷。重量大，负荷次数少，完成动作速度稍慢；重量小，负荷练习次数可以增加，完成动作速度相对加快。哑铃的重量通常有 3 公斤、5 公斤、7 公斤、10 公斤不等，负荷次数可以安排 10×3 组、15×3 组、20×3 组和 30×3 组不等。

上肢 6 项哑铃操练习。
(1) 哑铃头上推举（见图 7-1、图 7-2）。
(2) 哑铃胸前推举。
(3) 哑铃体侧平举（见图 7-3）。

图 7-1　哑铃头上推举（右）　　图 7-2　哑铃头上推举（左）　　图 7-3　哑铃体侧平举

(4) 哑铃体前平举（见图 7-4）。
(5) 哑铃扩胸（见图 7-5）。
(6) 哑铃体侧提收（见图 7-6）。

图 7-4　哑铃体前平举　　　　图 7-5　哑铃扩胸　　　　图 7-6　哑铃体侧提收

上肢哑铃操可采用两种负荷方法完成训练：一种负荷是采用重量较大的哑铃，以上 6 项练习内容各做一组，连续完成全部 6 项内容为一组，每大组间间歇 2～3 分钟，共练习 3～6 组；另一种负荷是选用重量较小的哑铃，6 项练习内容各做 3 组，每小组间休息一定时间，逐步完成6项内容。

2）上肢专项力量训练

（1）哑铃练习。

① 颈后臂屈伸。

② 两臂上下"8"字绕肩。

③ 前臂屈伸。

④ 手腕屈伸。

⑤ 体前手腕绕"8"字。

⑥ 体前臂挥动"8"字。

以上动作可以根据不同的训练目的采用多种不同的训练方法来进行训练。以循环训练法举例，将6个动作按照事先安排的顺序依次完成，完成一次为一组，每次练习4～6组或根据训练目的而制定。

（2）弹力带专项力量训练：将弹力带的一头拴牢在固定物上，另一头用持拍手以握拍方式握住，以与羽毛球各种击球技术相似的动作进行拉弹力带练习。

① 将上前臂屈伸（类似高远球击球动作）。

② 体侧肩上前臂前后摆动（类似封网击球动作）。

③ 体前前臂屈伸（类似挑球动作）。

④ 体前上臂展屈类似杀球下压动作。

⑤ 手腕屈伸（类似击球发力动作）。

⑥ 正、反手前臂快速挥摆（类似中场抽击球动作）。

⑦ 反手挥臂（类似反手击高远球和杀球）。

（3）沙瓶或网球拍练习：用装满沙子的饮料瓶或网球拍，交替做以下与羽毛球击球动作相似的练习，发展上肢击球力量。注意，握持方式应与实战击球握拍方式相同。

① 手腕屈伸。持拍手持握沙瓶或网球拍，直臂举至肩上方，前臂和手肘均不移动，仅以手腕快速做前后屈伸练习。注意：练习时，如果肘部弯曲或移动，则效果不佳。

② 前臂屈伸。持拍手持握沙瓶或网球拍，屈臂举至肩上方，上臂固定不动，以肘为轴心，靠前臂、手腕前后快速屈伸练习。注意：当手臂伸至肩上方最高点时，手腕要配合做内旋的击球动作。

③ 后场击高球或杀球动作挥拍。持拍手持握沙瓶或网球拍做高球或杀球击球动作的挥拍练习。此项练习可做原地击球挥拍动作练习，也可以结合后场转体起跳击球做挥拍动作的练习。要求：有一定数量并保持一定的挥拍速度。

④ 体侧正、反手抽球动作挥拍。持拍手持握沙瓶或网球拍，在体侧做正、反手抽球击球挥拍动作练习。

⑤ 前臂前后快速挥摆。持拍手持握沙瓶或网球拍，置于体侧肩以上部位，以肩为轴心，快速做前臂前后摆的练习。

⑥ 手腕环绕。持拍手持握沙瓶或网球拍，于体前固定位置，分别以腕或以肘为轴心，用手指或手腕交替做环绕挥动练习。

⑦ 反手高手击球动作挥拍。持拍手持握沙瓶或网球拍，置于体侧右肩上方，做反

手高手击球动作挥拍练习。

(4) 实心球投掷专项力量训练：面对墙壁或两人相距 8～10 米对面站立，持拍手持小实心球，以与羽毛球后场击球相似的动作投出，以发展手指、手腕的爆发力量。注意投掷时，发力的顺序是上肢通过上臂带动前臂，最后运用手腕、手指的力量将球投出，爆发力越强、距离越远、力量越大的投球效果越好。

3) 下肢专项力量训练

(1) 沙衣或沙袋负重下肢跳跃训练：穿沙衣或沙袋，给予下肢一定的负荷，模仿羽毛球中的动作进行专项力量练习。相较于其他器械的力量训练，沙衣和沙袋练习较为灵活，可以很好地模仿实战中的技术动作。

① 全蹲向上起跳。两脚开立同肩宽，向上跳起，落地时全蹲，再立即以全力向上跳起为一次，持续进行多次为一组。下蹲和跳起时腰背挺直，在双手的协助下，靠双腿的力量起跳并支撑全蹲。发展大腿、小腿及踝关节的力量。

② 双腿收腹跳。两脚开立同肩宽，在摆臂带动下向上高高跳起，在空中屈膝以大腿部位贴近胸部，下落时腿伸直，再跳起再以大腿触胸，反复进行练习。必须尽量高跳，腿贴近胸部时不能弯腰。

③ 单、双脚向前、后、左、右跳跃。两脚开立同肩宽，右脚比左脚前半步（右手握拍者），以此点为中心位置，做单脚或双脚持续向左前、右前、左后、右后跳出又跳回的练习，跳跃的路线似"米"字形。蹬跳距离应尽量远一些。

④ 单、双脚全力向上纵跳。半蹲，用单脚或双脚持续地全力向上跳起，落地时以前脚掌着地，避免脚跟触地。

⑤ 弓箭步前后交叉跳。两脚开立同肩宽，在摆臂的带动下跳起，做双腿前后交叉弓箭步跳练习。要利用小腿向前踢以保证弓箭步大步幅，身体重心要保持稳定。

⑥ 弓箭步左右两侧并腿转体跳。两脚开立同肩宽，向上跳起，同时以髋带动身体向左、右转体，落地时呈弓箭步。持续反复练习，弓箭步落地时，应随转髋方向而指向左侧或右侧。

⑦ 单、双脚蹬台阶跳跃。选择一定高度的台阶，以单脚或双脚向上蹬跳。依靠腿部力量完成练习，上体直立，两臂适当地给予助力。

⑧ 左右体前交叉跳跃转髋。两脚开立与肩同宽，跳起后高抬右腿，以转髋带动向左转体，右脚落地再跳起，并高抬左腿，以转髋带动向右转体，如此完成一组动作。反复持续地进行，腿要抬得高，髋要转到位，摆动两臂以保持身体平衡。

(2) 下肢杠铃负重练习。利用杠铃发展下肢肌肉的绝对力量和爆发力。负一定重量的杠铃，围绕一些专项动作进行练习，发展下肢肌肉力量和爆发力。下肢的负重因人而异，一般为 10～15 公斤，不宜太重。练习时要保持一定的速度和频率，每组 20 次左右，持续 3～5 组。

① 半蹲起跳：负重杠铃半蹲，足跟提起，利用踝关节力量持续向上蹬跳。发展脚弓的爆发力，如图 7-7 所示。

② 全蹲起：此练习比半蹲起跳的动作幅度大，负重杠铃全蹲，以大、小腿和踝关节的力量持续向上蹬跳，并尽量保持直立姿势，如图 7-8 所示。

图7-7 半蹲起跳

图7-8 全蹲起

③ 提踵：负重杠铃站立，以踝关节和小腿力量持续向上提踵，主要由小腿和踝关节发力，如图7-9所示。

④ 静力半蹲：负重半蹲，上体正直，屈膝并控制在接近90°角，持续一定的时间，发展大腿肌肉，提高膝关节的承受能力。

⑤ 弓箭步跨步：负重杠铃站立，上体正直，向规定的方向做弓箭步跨步。可以左右腿分开练习，也可以左右腿交叉跨步练习。发展羽毛球运动需要的腿部专项力量。

⑥ 双脚或单脚前、后、左、右蹬跳：负重杠铃站立，双脚或单脚向前、后、左、右做1米蹬跳练习。屈膝蹬地时，由前脚掌发力，并保持一定的动作频率（见图7-10、图7-11）。

图7-9 提踵　　图7-10 双脚前、后、左、右蹬跳（1）　　图7-11 双脚前、后、左、右蹬跳（2）

（3）跳绳专项力量训练。

① 单、双脚跳绳。依据个人的实际情况，练习时间可以是 15 分钟、20 分钟、30 分钟或 1 小时不等。练习中可适当地增加负荷，如利用沙衣或沙袋负重做跳绳练习，以发展踝关节的力量。

② 双摇双脚跳。较长时间的双摇双脚跳练习，可以发展上肢和下肢的速度力量和耐力。练习负荷可采用每组 80 次、100 次或 120 次不等完成 6 组，或连续完成总数 600～800 次。

（4）杠铃专项力量训练：按照规定的动作，负荷一定重量的杠铃进行下肢力量练习。

① 前脚掌蹬跳。两脚开立同肩宽，两脚前脚掌触地，充分利用前脚掌的力量蹬跳，并保持一定频率，要用爆发力。

② 左右脚蹬高。选择一定高度的台阶，以单脚或双脚向上蹬跳。依靠腿部力量完成练习，上体直立，两臂适当地给予助力。

③ 交叉弓箭步跳跃。两脚开立同肩宽，做双腿前后交叉弓箭步跳练习。要向上跳起以保证空中交叉换步，身体重心要保持稳定。

④ 原地左右蹬跨弓箭步。两脚开立同肩宽，以髋带动向左或向右转动。向左转时，左脚后跟部位和右脚尖触地；向右转时，右脚后跟部位和左脚尖触地。用手扶住杠铃注意安全。

4）核心专项力量训练

（1）实心球双人训练。

① 躯干前后屈仰。两人一组，相互间隔 1.5 米左右，背对背站立。持实心球以前屈后仰动作从头上和裆下完成一人传一人接的传递练习。

② 左右转体。两人一组，相互间隔 1 米左右，背对背站立。两人持实心球做相反方向，即一人向左、一人向右的转体传接球练习。要求转体时双脚不动，仅以上身快速左右转动完成，速度越快越好。

③ 抛掷实心球。两人一组，相距 10 米左右，面对面站立。做双手或单手肩上抛掷球练习。要求运用类似鞭打的动作将球抛出，抛掷距离越远越好。接住实心球时立即抛回，如未接住则拾起来立即抛回。

（2）发展腰部肌肉练习：负荷沙袋做踢腿练习，以发展腰肌力量。

① 左右腿正踢：侧立，一手扶同侧的支撑物，一腿全力向上踢起。左右脚交替进行，双腿均应绷直。踢腿时要用快速爆发力，另一支撑腿要配合踢腿提踵。

② 左右腿侧踢：直立，手扶面前的支撑物，一腿全力向外侧踢起，左右腿交替进行。向侧上踢的同时髋部要配合做侧转，另一支撑腿配合侧踢腿做提踵动作。两腿都要伸直（见图 7-12 和图 7-13）。

③ 左右腿前后踢：直立，手扶面前的支撑物，一腿全力向前或后上方踢起，左右腿交替进行（见图 7-14 和图 7-15）。向后踢的同时，上体做后仰动作，两腿都要绷直。

④ 腰部前俯后仰：可在长椅、健身椅或平坦的地面上进行，两腿与肩同宽，保持身体重心平衡，做前俯后仰练习（见图 7-16 和图 7-17）。后仰时，双手尽量去摸足跟。

前俯时，双手向前向上，双腿伸直向上抬起，核心收紧，带动腰部，双手尽量触摸到抬起的双脚，加强腹部的核心力量及腰背部位的韧性。

图7-12　左右腿侧踢（1）

图7-13　左右腿侧踢（2）

图7-14　左腿前后踢（1）

图7-15　左腿前后踢（2）

图7-16　腰部前俯后仰（1）

图7-17　腰部前俯后仰（2）

### (二) 速度素质

1. 速度素质的分类及最佳发展期

速度素质是指选手在运动中所表现出来的快速运动能力，通常表现为反应速度、动作速度和位移速度等不同形式。速度素质的好坏取决于中枢神经系统节律转换调节能力和肌肉力量的强弱。

青少年反应速度的敏感期在 9～12 岁。可通过各种反应训练刺激中枢神经系统，提高反应的速度。位移速度的敏感期在 7～14 岁。在 7～11 岁，主要发展动作速度和频率。在 12～14 岁，在巩固已有的动作速度和频率的基础上，可通过发展肌肉力量来提高速度素质。练习时间不宜过长。

羽毛球选手速度素质发展的敏感期较早，少儿时期是发展速度素质的重要时期。此时的速度素质训练以基础速度素质为主，结合专项特点，注重发展快速反应、快速起动变向移动以及快速完成各种击球技术动作等能力。在训练课中，速度素质训练应安排在课的开始阶段，这时身体尚未产生疲劳现象，速度训练会取得良好的效果。如果把速度训练安排在课的最后进行，由于经受了训练负荷后身体产生了一定程度的疲劳，速度下降，形成慢的速度定型会影响速度训练的效果。速度素质训练可分为反应速度、动作速度和位移速度训练等。

2. 专项速度素质训练的内容与方法

速度素质是羽毛球专项身体素质训练的核心。从某种意义上说，羽毛球竞赛就是以不同形式的速度竞赛决定胜负。技、战术风格中描述的"快"字，就是通过不同形式的速度来体现的。因此，专项速度素质训练，主要围绕提高羽毛球运动所需要的反应速度、起动加速度、变向移动速度、挥臂速度和前后场配合的连贯速度等方面进行。

(1) 专项视听反应速度。

① 场地步法。听或看信号、手势进行快速全场移动步法练习，以及前场、中场和后场各种分解和连贯步法练习。

② 并步、垫步等步法。看手势，向前后左右进行并步、垫步等步法练习，以提高反应速度。

③ 击球挥拍动作。听到 1、2、3、4 的口令后，按照预先规定的对应击球姿势做击球挥拍动作练习。

④ 起动步法。听或看信号做起动步法练习，提高判断反应速度。

(2) 专项动作速度训练。

① 多球练习。

a. 快速封网练习。练习者在前发球线附近准备，陪练者在场地另一侧快速持续发平射球，练习者在快速移动中反复做网前封网。

b. 接近身杀球练习。练习者在场地中部，陪练者在场地另一侧前场，快速向练习者近身位置击球，练习者用正、反手姿势快速进行防守反击练习。

c. 平抽快挡练习。练习者在中场位置以防守反攻站位准备，陪练者在场地另一侧从中场快速持续地向练习者扣杀球，然后双方连续地平抽快挡，失误后，迅速发下一个球，不间断地反复练习。

d. 前场接吊、杀球练习。练习者在中场位置以防守站位准备，陪练者在同侧场地前场位置用杀球和吊球线路向练习者抛球，练习者连续做被动接吊、杀球练习。

e. 扑球、推球练习。练习者在网前位置准备，陪练者在场地另一侧用多球快速向练习者抛近网小球，练习者做正、反手姿势快速扑球或推球练习。

f. 全场快速击球。练习者在单打场地中心准备，陪练者在场地另一侧运用多球向练习者发各种位置的球（适当缩小移动距离），练习者跟上发球速度，连续快速地回击。

② 快速跳绳练习。

a. 单足快速变速跳。采用1分钟快、1分钟慢的小密步频，高抬腿，前后大小步等专项步法，做快速变速的原地或行进间跳绳练习。

b. 1分钟快速双摇跳。1分钟内以最快速度完成双足双摇跳，要求突出速度，以单位时间内完成的次数来调控。

③ 击墙壁球练习。

a. 以封网动作快速击球。面对平整墙壁1米左右站立，在头前上方以封网动作用前臂和手腕发力向墙壁连续快速击球。

b. 接杀球击球。面对墙壁站立，用接杀挑球或平抽球动作快速向墙壁连续击打体前腰部上下位置的球。

④ 快速挥臂练习。

a. 肩上手腕前屈后伸快速持续挥拍。持拍手臂贴耳置于肩上、上臂和前臂伸直不动，仅靠手指控制握拍，手腕以前屈后伸动作做快速持续挥拍的练习。

b. 前臂屈伸快速挥拍。持拍手臂贴耳置于肩上，上臂不动，以肘为轴，仅以前臂用后倒前伸击球的动作做快速持续挥拍练习。

c. 前臂体侧前后摆动挥拍。持拍手置于与肩齐平的高度，手肘微屈而前后摆动用类似抽打陀螺的动作做快速摆臂练习。

d. 快速抽球动作挥拍。按信号或节拍做各种正、反手快速持续抽球挥拍动作练习。

e. 快速连续杀球动作挥拍。上下肢协调配合，用完整杀球动作快速持续做挥拍练习。

f. 手腕快速绕"8"字挥拍。持拍手在体前，以肘为轴固定不动，手指放松握拍，仅用手腕沿"8"字形快速持续地做挥拍练习。

⑤ 下肢快速步频练习：下肢快速步频练习可按照慢—快—最快，再由最快—快—慢的动作速度节奏反复练习，时间可以控制在20秒慢转为30秒或者1分钟快，再接30秒最快的速度交替进行练习。可采用以下方法练习。

a. 原地高频率小密步踏步练习。

b. 原地高抬腿练习。

c. 原地前、后跳步练习。

d. 原地转髋练习。

e. 原地向前左右交叉跳练习。

f. 原地向前小垫步接向后蹬转练习。

⑥ 跨越障碍物练习：将小栏架、球桶等障碍物摆放成直线、蛇行、三角形、菱形

等各种形状，练习者用最快速度穿越或跳越这些障碍物，可单独练习，也可成队比赛。

(3) 专项移动速度训练。

① 四角移动：地上摆放四个相距 5~10 米的标志物，成四边形，以各种步伐在四角线上进行变速、变向移动，可以起到提高移动速度和灵敏性的双重效果。

② 不等距往返跑：摆放四个标志物成一条直线，相距 2~3 米不等，从第一个标志物起依次触碰第二个、第三个、第四个标志物，并回到起点，进行往返练习。

③ 穿插跑：学生成一路纵队行进间慢跑，两人间距 2 米左右，听到信号之后排尾的运动员迅速冲刺到排头位置，后面依次训练。要注意快速冲刺的过程中不要触碰到其他人。

④ 杀球上网步法：快速连续完成后场左右移动跳跃步杀球击球动作，然后再迅速接做上网步法。20~30 次为一组，做 4~8 组。组间按照心率来进行休息（运动员休息至心率为 120 次每分钟，青少年运动员休息至心率为 110 次每分钟）。

⑤ 听哨音后退转身跑：学生倒退跑听到哨音后迅速转身加速冲过终点。转身后可采用直线、直线+折线等方式进行。

⑥ 快速前并步或侧身并步绕障碍物移动练习：在场地中设置若干个障碍物来阻碍练习者快速前进，练习者需要通过快速的转换并步绕过障碍通过终点。

⑦ 横向急起急停：从基本站立姿势开始，向右边加速移动 3~5 米后减速急停。略停顿后向左边加速 3~5 米急停。羽毛球比赛中充斥了大量的急起急停，该方法可以发展横向加减速能力。

### (三) 耐力素质

**1. 耐力素质的分类及最佳发展期**

羽毛球选手的耐力素质是指选手长时间持续进行运动的能力，也称抗疲劳及疲劳后快速复原的能力，或坚持激烈活动的能力。

耐力根据专项运动来分类分为一般耐力和专项耐力，根据器官系统的机能分为有氧耐力和无氧耐力。根据长时间持续强度和能量供应的特点，羽毛球运动要求选手在一定时间内保持快速运动，以无氧代谢为主要供能形式，一般耐力素质是运动员的基本素质。根据专项运动特点，耐力素质训练中，在提高一般耐力素质的同时，应注意发展专项耐力，保证在比赛中持续快速工作的能力。

一般耐力的敏感期在 12~14 岁，以有氧耐力练习为主，使心肺功能产生良性适应。专项耐力的敏感期在 15~16 岁，在此阶段可逐渐进行无氧耐力训练。在少年儿童时期，由于心血管系统和呼吸系统尚未发育完善，宜采用有氧耐力训练，可以刺激相关系统更好地发育，但负荷不宜过大。

**2. 专项耐力素质训练的内容与方法**

羽毛球运动所需要的专项耐力不同于体能类长跑运动项目所需的那种长时间的有氧耐力，而是一种快速运动状态下间隔时间长短不一的速度耐力。对抗中多次的反复快速起动、位移、击球动作，持续的快速运动贯穿整场比赛，速度耐力素质在羽毛球运动中起着极其重要的作用。因此，专项耐力素质的训练，应以强度高、间歇短的速度耐力为主。

(1) 冲刺跑+移动步法。

200米、300米或400米全力冲跑后，立刻进行45秒或1分钟全场移动步法练习，完成两项内容为一组，中途无间歇，组与组之间可间歇3分钟左右，或根据实际情况对训练距离、训练时长及组间间歇进行适当调整。依据运动员的具体情况，可采用2组、3组、5组不等的练习负荷。

(2) 长时间综合跑跳。

内容可参见专项灵敏素质练习，但要延长练习时间，加大负荷量。

(3) 长时间的单、双脚跳绳。

采用专项速度素质训练中的跳绳内容，但要延长练习时间，加大负荷量。

(4) 多球速度耐力。

运用多球，进行全场各种位置的连续击球练习。以下多球练习的次数可视个人情况灵活掌握，但每次练习均应在快速动作的前提下有一定的基础数量，以达到速度耐力训练的目的。练习时，组与组之间应有间歇放松，休息后再练习。

① 后场定点连续击高吊杀。

陪练者用多球持续向练习者的后场发高球，练习者连续不停地进行高吊和杀球练习，在熟练技术的同时，增强手臂的击球耐力。

② 连续被动接吊杀。

陪练者用多球定点或不定点地向练习者的前场左右两点和中场左右两点抛球，练习者做全力接抛来的类似吊球或杀球练习。陪练者抛球时应适当地增加练习者的接球难度，以让练习者"接被动球"为主。

③ 连续全场杀球上网。

陪练者持续地用多球向练习者场区一前一后固定的路线发球，练习者进行杀球后快速上网练习搓球。陪练者应控制好发球的速度，以锻炼和发展练习者场上移动的速度耐力。

④ 双打后场左右连续杀球。

陪练者用多球持续地向练习者后场左右区发高球，练习者连续不停地快速左右移动起跳杀球。这项练习是为了提高双打后场选手连续进攻的能力，因此，陪练者需要控制好发球的速度和范围，以保证练习者快速、持续地移动杀球。

⑤ 全场封杀球。

陪练者用多球以右后场—右中场—右前场—左前场—左中场—左后场的顺序向练习者发球，练习者从右后场起跳后，迅速向前跟进至右中场持续杀球，再向前压到右前场封网，再连续向左前场移动封网，再后退一步至左中场起跳杀球，再后退至左后场做起跳头顶杀球，至此，完成了一轮封杀练习。可持续完成几轮的练习，以提高双打的速度耐力。

⑥ 全场跑动。

陪练者用多球不间断、不固定地向练习者场区前后左右几个点发球，迫使练习者持续不断地做全场奔跑救球，以发展专项移动的速度耐力。

(5) 单打持续全场攻防。

用5~6个球，一人专门负责捡球，失误出现时，不间断地立即再次发球，使练习者没有间歇，在规定时间内保持较高速度反复移动击球。

① 二一式20或30分钟不间断持续全场进攻。

这是单打进攻的加强式练习，目的是在熟悉各项技术的同时，提高练习者场上的速度耐力。其方法是：练习者在场地一侧全力快速地组织球路向对方发起进攻，陪练者两人采用分边站位立于场地一侧，各负其责地守住自己一侧的来球。通常情况下，当练习者以平高球进攻时，陪练一方再回后场高球。如果练习者采用吊球或是杀球进攻，陪练者即可回挡网前小球。练习时，双方可持续进行多拍，以减少捡球时间，提高练习的强度。

② 三一式30分钟不间断持续全场接四角球和接吊杀球。

这是单打防守的加强式练习。方法是陪练者的一方为3人，1人站网前，2人分站后场两点，以加强进攻的威力。练习者站在场地的另一侧，全力快速地防守对方的来球。通常情况下，陪练者以平高球进攻后场，练习者一般回高球；陪练者吊球或是杀球下压进攻，练习者可任意回球。同二一式一样，练习时，双方可持续进行多拍，尽量减少捡球时间，提高练习的强度。

③ 三一式、四一式单打全场或是双打半场、全场防守。

这是一种双打防守的加强式练习。练习时由3人或4人陪练，目的是加强攻击力，加大对抗的难度，全面提高练习者的防守能力。方法是陪练者分别站位于场地一侧的前场和后场的几个位置，以后压前封的形式全力进攻。练习者可以是1人或2人。如为1人，则守住半块场地的来球；如为2人，则分边站位，各负责防守半场的来球。

### （四）灵敏素质

**1. 灵敏素质的分类及最佳发展期**

灵敏素质是指人体在各种突然变化的条件下，能够迅速、准确、协调、灵活地完成动作的能力，是人各种运动技能和身体素质在运动中的综合表现。

灵敏素质分为一般灵敏素质和专项灵敏素质。前者指适应一般活动的灵敏素质，后者指符合专项需求的特殊灵敏素质。因此，灵敏素质是一种综合素质，与力量、速度、协调等素质有密切的关系，尤其是反应速度、动作速度、爆发力和协调性等对灵敏素质影响最大，因此，发展灵敏素质应从这些基本因素着手，可结合羽毛球的运动特点，设计切合自己实际的锻炼内容。

灵敏素质的敏感期在7～12岁，6～11岁的少年儿童节奏感较好，7～11岁具有良好的空间定向能力。灵敏素质的训练一般安排在训练课的开始阶段，此时运动员精力充沛，动作更加轻松协调，因此，不断提高自己的耐力水平，对保持灵敏性有积极的作用。羽毛球运动击球速度快，对身体灵敏性要求很高，特别是下肢步法。选手在近40平方米的场地上要进行各种急起、急停、曲线、直线、前后左右移动、上下位置的转向与跳跃等快速挥臂击球，灵敏性对技术、战术的运用和提高有至关重要的作用。

**2. 专项灵敏素质训练的内容与方法**

专项灵敏素质是运动技能和各种素质在运动中的综合表现，是一种身体与球和谐统一的特殊素质。羽毛球击球最大飞行时速可达300公里，要让球在空中飞行速度快，方向变化多，对身体的灵敏性提出了很高的要求，特别体现了瞬间的方向距离感和突变能力。下面介绍一些提高羽毛球专项灵敏素质的常用练习方法。

(1) 标志桶灵敏素质专项训练。

标志桶是常见的一种训练器材，主要通过运动员变向跑向不同方向的标志桶，使得运动员的灵敏素质得到改善和提升。

① "8"字形跑。

平行放置两个间距为 4.5～9 米的标志桶。运动员呈起跑姿势，在听到口令后迅速出发在两个标志桶之间做"8"字跑，在变向的过程中要用手掌触碰标志桶。可以根据不同的训练目的或者训练者的水平来调整标志桶之间的间距、变向距离，以及调整运动员的起动姿势来进行进阶练习。该练习可以提高运动员的身体变向能力以及灵敏反应能力。

② "Z"字形跑。

在两条相距 4 米的直线上分别放置 3 个间距为 9 米的标志桶，即在第一条直线上的 3 个标志桶分别放置于 0、9 米和 18 米的位置，在第二条直线上的 3 个标志桶分别放置于 4.5 米、13.5 米和 22.5 米的位置。运动员呈起跑姿势，听到出发口令后，从第一个标志桶开始向对角线跑到最近的标志桶并绕过此标志桶，继续向对角线方向呈"Z"字形依次跑过每个标志桶。可以根据不同的训练目的来调整在变向时手掌触碰的位置，改变长度标志桶之间的距离来进行进阶练习。该练习可以提高运动员的脚步转换能力以及变向能力。

③ 方形跑。

将四个标志桶按照 A、B、C、D 放置成边长为 4.5 米的正方形。运动员从 A 点呈起动姿势，听到口令后迅速出发快速跑向 B 标志桶，然后快速右切，向右侧滑步到 C 标志桶，后退跑至 D 标志桶，最后向左侧滑步回到 A 标志桶。可以改变不同的步法来进行进阶训练。该练习可以提高运动员的变向能力以及脚步转换能力。

④ 三角形跑。

将 3 个标志桶放置成边长为 4.5 米的等边三角形。运动员呈起动姿势，听到口令后迅速从一标志桶开始向前跑 4.5 米到另一标志桶，然后围绕该标志桶做向右急转弯，再跑到对角线的标志桶处，并围绕该标志桶做向左急转弯，最后跑回起点位置。该练习可以提高羽毛球运动员的髋部灵敏性以及变向能力。

(2) 跳绳灵敏素质专项训练。

跳绳是发展羽毛球专项素质能力的一种行之有效的手段，它不仅可以加强大腿、小腿、踝关节、手腕和前臂的力量，而且对发展上下肢协调配合的灵敏素质有很大帮助。另外，跳绳练习比较简单，效果好，也不受场地限制，只要有一根尼龙绳即可进行练习，是各国羽毛球选手首选的专项身体素质训练方法之一。

① 前后小交叉步、大跨步交叉跳绳。练习时要以前脚掌着地，完成交叉和跨步动作。

② 高抬腿跳绳。以原地高抬腿动作完成跳绳练习。

③ 双脚前后左右跳绳。选择一个中心点，双脚以"米"字形做跳跃练习。

④ 起动步法跳绳。依据步法移动方向，运用起动步法的第一步进行跳绳练习。

⑤ 左右脚花样跳绳。两脚分别依据不同的花式变换进行跳绳练习，以提高两脚的灵活性。

⑥ 向右、向左转髋跳绳。先屈膝跳跃并向右转髋 90°，然后恢复原位，再屈膝跳

跃向左转髋90°，快速交替进行练习。

采用以上练习时，可以根据训练者，选择20、30分钟或1小时的持续时间，反复交替进行。

(3) 针对性灵敏素质专项训练。

① 手腕前臂专项灵敏素质训练。

a. 快速、变向用手接各种前半场小球。练习者站于中心位置，陪练者向其前场两点和左右两角抛球。练习者以低重心配合跨步做双手接球，然后立即抛给陪练者，同时迅速退回中心位置，准备接第二次来球。如此反复练习。

b. 快速左右前后一步腾空接球。练习者站在中心位置，陪练者向其左右两侧的高空抛球，练习者判断来球后侧身跃起，用类似足球守门员的动作在空中接球，再抛给陪练者，同时迅速回位中心位置，准备接第二次来球。如此反复练习。

c. 快速用手接前后左右上下位置的来球。练习者站在中心位置，陪练者向其前、后、左、右、上、下6个点抛球，练习者向来球方向移动，并用双手接球，再立即抛回给练习者，然后迅速退回中心位置准备接第二次来球。如此反复练习。

② 手指专项灵敏性训练。

a. 捻动拍柄。手持拍柄，用手指捻动拍柄，做左右上下转换拍柄位置的练习。

b. 抛接球拍。将手持的球拍向前后左右和上方抛起，再用手迅速接住，如此反复练习。

c. 持拍绕环。两手各持一拍，在各自的同侧前方位置顺时针或逆时针方向做手腕大绕环练习；或是两手做不同方向的大绕环；或是两臂交叉，即在异侧做大绕环练习。也可用相同方法以肘为轴做前臂绕环练习。

③ 下肢专项灵敏素质训练。

A. 绳梯

能提高快速脚步移动能力，能提高身体的综合灵敏素质，非常适合羽毛球这项运动。

a. 前进小碎步。前脚掌着地，每步落在小方格内，要求轻快、节奏感强，脚踝有弹性。培养节奏感，增强脚踝小肌肉群力量。

b. 横向小滑步。身体横向站立，两脚平行滑动，依次落入小方格内。要求轻盈快速，保持前脚掌着地。提高脚频和速度。

c. 前前后后。身体横向站立，两脚依次踏入小方格内，再依次踏出小方格外。发展脚步控制力及身体平衡能力。

d. 进进出出。一脚先进，另一脚再进。接着，一脚先出，另一脚再出。要求轻快、流畅。发展步频和节奏感。

e. 两进两出。一脚先进，另一脚再进，同时横向滑动一格。接着，一脚先出，另一脚再出，同时横向活动一格。要求轻快、流畅。发展脚步控制力及身体平衡能力。

f. 并步小跳接小碎步。先连续五个并步小跳，再接小碎步跑。发展膝关节、脚踝小肌肉的控制能力。

g. 方格外内外移动。双脚从绳梯外开始，两脚从左向右横向依次进方格内，再依次出方格。反向同理。培养不同方向的脚步步频。

h. 前后交叉步。侧对绳梯，左脚先踏入第一个方格，右脚紧接着踏入第二个方格，要求步法准确，身体稳定。发展步法灵敏能力和快速起动能力。

B. 小栏架

小栏架作为一种常见的教学器材被广泛地用于各种教学与训练中。小栏架对发展弹跳力、下肢肌肉的爆发力，以及身体的协调性、灵敏性、稳定性和控制能力有着很好的效果。

小栏架训练应遵循循序渐进的原则，从低强度到高强度，练习的形式从简单到复杂，由单一到多样，由单方向到多维度、多方向，从稳定状态到不稳定状态，训练应具有针对性。

a. 双脚向前连续跳跃。按照预先摆放好的栏架双脚起跳依次越过每一个小栏架，要做到触地即走，不要有明显的停顿动作。

b. 单脚向前连续跳跃。按照预先摆放好的栏架单脚起跳依次越过每一个小栏架，要做到触地即走，不要有明显的停顿动作。

c. 双脚侧向连续跳跃。侧对栏架，按照预先摆放好的栏架双脚起跳依次越过每一个小栏架。跳跃过程中身体依然保持侧对栏架。要做到触地即走，不要有明显的停顿动作。

d. 单脚侧向连续跳跃。侧对栏架，按照预先摆放好的栏架单脚起跳依次越过每一个小栏架。跳跃过程中身体依然保持侧对栏架。要做到触地即走，不要有明显的停顿动作。

e. 高抬腿向前连续跨越。按照预先摆放好的栏架以高抬腿两步跨一栏的形式进行训练。

f. 高抬腿侧向交替连续跨越。侧对栏架，按照预先摆放好的栏架以高抬腿的形式两步跨一栏进行训练。行进过程中身体依然保持侧对栏架。动作要迅速，避免碰到栏架。

g. 双脚左右连续跳跃。摆放一个小栏架，侧对小栏架进行左右跳跃练习。

h. 双脚前后连续跳跃。摆放一个小栏架，进行前后跳跃练习。

i. 单脚左右连续跳跃。摆放一个小栏架，侧对小栏架进行左右单脚跳跃练习。

j. 单脚前后连续跳跃。摆放一个小栏架，进行单脚前后跳跃练习。

④ 髋部专项灵敏素质训练。

a. 快速转体。以左脚为轴，右脚向前、向后做蹬步转体练习。

b. 前后交叉起跳转体。即连续的后场起跳击球动作练习。

c. 原地转髋跳。髋部向左、右连续转动。髋部向右转时，右腿向外旋，左腿向内旋，两脚尖方向保持一致向右，身体向前，上体保持平衡，仅下肢转动。髋部向左转时，左腿向外旋，右腿向内旋，两脚尖方向保持一致向左。

d. 高抬腿交叉转髋。高抬腿姿势，当腿抬至体前最高点后迅速向左或向右转体。左右腿交替持续做。

e. 收腹跳。双脚全力向上纵跳的同时，双腿向胸前屈收，完成屈腿收腹动作，连续跳跃一定次数，如此反复进行。

f. 小密步垫步前后蹬转。右脚向前移动半步，左脚紧跟其后迅速垫一小步靠向右脚，此时以左脚为轴心，右脚向后蹬地转体，左脚随即后退小半步，右脚再次向前移动半步（开始重复第二次），如此反复进行。

g. 半蹲向前后左右转体垫步移动。练习时，在短距离内视信号快速变换方向。

### （五）柔韧素质

1. 柔韧素质的分类及最佳发展期

从其与专项的关系看，柔韧素质可分为一般柔韧性与专项柔韧性。

从身体不同部位的表现看，柔韧素质可分为上肢柔韧性、下肢柔韧性、腰部柔韧性、肩部柔韧性等。

从动静表现上看，柔韧素质可分为动力性柔韧性和静力性柔韧性。

从用力主体上看，柔韧素质可分为主动柔韧性和被动柔韧性。

柔韧素质的敏感期在5~12岁，在此期间少儿关节的灵活性好，柔韧素质会随着合理的训练得到较快的提高，应加强整个身体的柔韧性练习。柔韧性越好，羽毛球的动作越协调、舒展。柔韧素质的早期练习尤为重要，对于将来羽毛球运动水平的提高具有不可估量的作用，可以减少运动损伤的产生，同时注意要与力量训练相结合。

柔韧素质指人体活动时各关节肌肉和韧带的弹性和伸展度。柔韧素质与速度素质密切相关，关节肌肉的柔韧性能好，上下肢和躯干动作协调能力更强，完成运动技术动作更合理，运动速度更快。热身活动后进行柔韧素质训练，既能防止拉伤韧带，又能循序渐进地使身体各部位韧带的韧性得到发展。柔韧素质训练也可与力量素质训练配合进行。运动负荷后，肌肉疲劳、僵硬而缺乏弹性，此时系统地进行柔韧素质训练，将肌肉韧带最大限度地拉长，能改善肌肉状况，有利于身体各部位肌肉、关节和韧带的恢复与发展。可见，柔韧素质对各项运动技术的掌握和发挥具有重要的作用，其具体作用如下。

（1）加大运动幅度，有利于肌力和速度的发挥。

（2）提高关节的灵活性，增加动作的协调优美感，可获得最佳的机能水平。

（3）加速动作掌握进程，有利于技术水平的提高。使技术动作显得轻巧灵活，更加协调和准确。

（4）防止、减少伤害事故的发生，延长运动寿命。

2. 专项柔韧素质训练的内容与方法

关节活动幅度大，肌肉和韧带的伸展度好，有助于高质量地完成各种位置的击球动作。柔韧素质的优劣，关系到上下肢和躯干的协调性，直接影响运动中完成各种技术动作的质量。常用的专项柔韧素质练习方法有以下几种。

（1）手指、手腕柔韧性练习。

① 握拳、伸展反复练习。

② 两手五指相触用力内压，使指根与手掌背向成直角或小直角。

③ 两手五指交叉直臂头上翻腕，掌心朝上。

④ 手腕伸屈、绕环。

⑤ 手指俯卧撑。

⑥ 反握杠铃提至胸前，用手指托住杠铃杆。

⑦ 用左手掌心压右手四指，连续推压。

⑧ 面对墙站立，连续做手指推撑。
⑨ 左、右手指交替抓下落的棒球（或小铅球）。
⑩ 靠墙倒立。
(2) 肩关节柔韧性练习。
① 压肩。
a. 手扶一定高度体前屈压肩。
b. 双人手扶对方肩，体前屈直臂压肩。
c. 面对墙一脚距离站立，手、大小臂、胸触墙压肩（逐渐加大脚与墙的距离）。
d. 两人互相以手搭肩，身体前倾，有节奏地向下压肩。
② 拉肩。
a. 双人背向两手头上拉住，同时做弓箭步前拉。
b. 练习者站立，两手头上握住，帮助者一手拉练习者头上手，一手顶其背助力拉伸。
c. 练习者俯卧，两手相握头上举或两手握木棍，帮助者坐在练习者身上，一手拉木棍，一手顶其背助力拉伸。
d. 背对肋木坐，双手头上握肋木，以脚为支点，挺胸腹前拉起呈反弓形。
e. 背向肋木站，双手反握肋木，下蹲下拉肩。
f. 背向肋木屈膝站肋木上，双手头上握肋木，然后向前蹬直双腿胸腹用力前挺。
g. 侧向肋木，一手上握一手下握肋木向侧拉。
h. 垫上体前屈，双手后举，帮助者握其两手向前上推助力拉。
③ 吊肩。
a. 单杠各种握法（正、反、正反、交叉等握法）的悬垂摆动。
b. 单杠负重静力悬垂。
c. 单杠悬垂或加转体。
d. 后吊。单杠悬垂，两腿从两手间穿过下翻呈后吊。
e. 转肩。用木棍、绳或橡皮筋作直臂向前、向后的转肩（握距逐渐缩小）。
(3) 腰腹部柔韧性练习。
① 弓箭步转腰压腿。
② 两脚前后开立，向左后转，向右后转，来回转腰。
③ 体前屈手握脚脚踝，尽量使头、胸、腹与腿相贴。
④ 站在一定高度上做体前屈，手触地面。
⑤ 分腿体前屈，双手从腿中间后伸。
⑥ 分腿坐，脚高位体前屈，帮助者可适当地发力按住其背部帮助练习者下压。
⑦ 后桥练习，逐渐缩小手与脚距。
⑧ 向后甩腰练习。
⑨ 俯卧撑交替举后腿，上体尽量后抬呈反弓形。
⑩ 双人背向，双手头上握或互挽臂互相背。
⑪ 肩肘倒立下落成屈体肩肘撑。
(4) 胸部柔韧性练习。
① 俯卧背屈伸。练习者腿部不动，积极抬上身，挺胸。

② 虎伸腰。练习者跪立，手臂前放于地下，胸向下压。要求主动伸臂，挺胸下压。

③ 练习者面对墙站立，两臂上举扶墙，抬头挺胸压胸。要求让胸尽量贴墙，幅度由小到大。

④ 练习者并腿坐在垫子上，臂上举，同伴在背后一边向后拉其双手，一边用脚蹬练习者肩背部，向后拉肩振胸。

（5）下肢柔软性练习。

① 前后劈腿：可独立前后振压，也可以将腿部垫高，由同伴帮助下压。

② 左右劈腿：练习者仰卧在垫子上，屈腿或直腿都可以，由同伴扶腿部不断下压。

③ 压腿：将脚放在一定高度上，另一条腿站立脚尖朝前，然后正压（勾脚）、侧压、后压。

④ 踢腿：原地扶把杆或行进，正踢（勾脚）、侧踢、后踢。

⑤ 摆腿：向内、向外摆腿。

⑥ 控腿：手扶支撑物体，前控、侧控、后控。

⑦ 弓箭步压腿。

⑧ 跪坐压脚面。

⑨ 在不同形状的特制练习器（如小栏架、平衡球、肋木等）上练习脚腕不同方位的柔韧度。

⑩ 用脚内侧、外侧、脚跟、脚尖走。

⑪ 负重深蹲，脚跟不离地，使脚尽量弯曲。

⑫ 双刀腿坐，双脚互相顶位，双手相拉，一人前俯，一人后仰。

⑬ 背对背坐，双手头上拉，一人前俯，一人后仰。

（6）踝关节和足背部柔韧性练习。

① 练习者手扶腰部高度肋木，用前脚掌站在最下边的肋木杠上，利用体重上下压动，然后在踝关节弯曲角度最大时，停留片刻以拉长肌肉和韧带。

② 练习者跪在垫子上，利用体重前后移动压足背，也可将足尖部垫高，使足背悬空做下压动作，增加练习时的难度。

③ 练习者坐在垫子上，在足尖部上面放置重物，压足背。

④ 做脚掌着地的各种跳绳练习。

⑤ 做脚前掌着地的各种方向、各种速度的行走练习。

## 六、羽毛球运动体能训练应注意的事项

### （一）要结合羽毛球运动的项目特征设计方法

在进行体能训练时，除了一般基础体能的常规训练外，应该充分认识和研究羽毛球运动专项的项目特征，包括技术特征、战术特征、主要技术的力学特征、节奏、动作结构、能量代谢特点、心理特征以及伤病特征、竞赛规则等。只有在此基础上才能有针对性地设计出适合羽毛球项目体能结构和侧重点的有效训练方法。

### （二）要与技战术紧密结合

体能训练不能游离于羽毛球运动的技、战术之外，训练过程中要结合技、战术的

训练目标，使体能训练的效果与专项技、战术充分联系在一起，从而使其能够在比赛中以技、战术的形式充分展现出来。合理有效的技、战术能使运动员更有效地发挥体能训练的水平，战术的形成需要以体能为基础，不同的战术需要的体能也不尽相同。体能训练手段的选择和运用是使体能训练与技、战术训练紧密结合的关键，专项体能训练的内容安排和训练手段的选用，不仅要突出专项特征，在表现形式上要尽量与专项技术动作或战术动作相一致，同时还应该充分考虑身体练习的生物力学等特征，从而有利于比赛时的临场发挥。

### （三）要从运动员的个体特点入手

应重视不同类型运动员的个体特点，做到因人、因项、因时而异，关注其体能方面的优劣势，力争做到拓优补劣，有明显的侧重点，全面而有重点地进行体能训练，逐步提高和完善其体能的整体结构和水平，为竞技能力的提高和发挥提供强有力的保障和支撑。

### （四）合理安排一般身体训练与专项身体训练的比例

在体能训练过程中，一般身体训练所发展的机能潜力是专项训练发展的基础条件，它可以促进专项运动素质的发展，为技、战术训练水平的提高打下良好的机能基础，弥补因专项训练对身体发展所造成的局限性，但是一般身体训练不能取代专项身体训练，尤其是在高水平训练阶段。因此，应根据运动员的发展阶段和年度训练各时期、各阶段对体能训练的要求，合理安排一般身体训练和专项身体训练的比例，从而使运动员的运动素质和身体机能获得良好的发展，满足专项训练和比赛对体能的要求。

### （五）对体能训练手段和效果进行科学评价

在体能训练过程中，通过训练信息的反馈，运用量化分析和定性分析，系统地对运动能力进行定期或不定期的检测，评定体能训练是否达到了预期目标，有助于教练员了解运动员身体机能的发展水平，从而有效地提升体能训练的科学性与针对性，进一步为体能训练的组织和实施以及过程的控制提供科学依据。

## 第二节　羽毛球运动员的心理训练

### 一、羽毛球运动员一般心理能力的训练

#### （一）"球感"训练

羽毛球运动的"球感"训练主要是以发展运动员对羽毛球、球拍和手指、手腕、前臂肌肉用力的感受性为内容，以降低运动员相关感觉的绝对感觉阈限和差别感觉阈限为方式，以提高运动员对击球的肌肉运动觉、视觉、关节肢体变化觉和平衡觉等感觉的绝对感受性与差别感受性为目的的训练。"球感"训练是羽毛球心理训练的重要内容之一。

1. 训练方法

（1）通过演示、讲解和观察，使运动员充分了解羽毛球的质地与飞行特点，全面

认识羽毛球的构成和属性，提高运动员对来球方向、来球高度、来球速度、来球旋转等的判断能力。

（2）通过观察、触摸和挥拍击球，使运动员充分了解羽毛球拍的结构和拍弦属性，全面认识和体会羽毛球拍在接触球、击球瞬间的肌肉感受以及球被击出后的飞行效果，提高运动员对球拍与球之间的关联性的认识。

（3）通过持拍和击球，使运动员充分了解在持拍和击球时手指、手腕、手臂的各种肌肉用力大小和方向变化，并使运动员能体会到这种用力大小和方向变化对击出的球的高度、速度、弧度、距离、旋转、方向和落点等的影响。

（4）通过击球技术专项教学，使运动员掌握各种击球的方式和方法，如对"点"击球、对"圈"击球、对"线"击球等，提高运动员对不同击球方法中球感的机体感受和肌肉的记忆力。

2．训练注意事项

（1）进行"球感"训练，必须遵循由易到难、循序渐进的原则，不能操之过急，否则只会适得其反。

（2）进行"球感"训练，必须遵循持之以恒的原则，无论运动员的技术水平如何，任何时候都不能忽略对"球感"的练习。一旦停止练习，球感的敏感度就会降低甚至消退。

（3）"球感"训练应和运动员的基本素质训练以及心理干预结合进行，因为身体疲劳、精神紧张等都会影响运动员"球感"的敏感度。

## （二）动作反应训练

羽毛球运动员的动作反应训练是以提高运动员感知、判断和应答动作反应敏捷性、正确性为内容和目的的训练，是羽毛球心理能力训练的重要基础。

羽毛球运动员动作反应的快慢受其对刺激物刺激后反应过程的影响。实践证明，影响羽毛球运动员反应过程的因素主要包括知觉刺激物，动作类型归类（表象、再认），判断与确定对方的意图及思想，选择相对应的有效应答动作，实现反应动作等；影响羽毛球运动员动作反应快慢的因素主要包括对对方动作意图的判断能力，对对方来球的观察能力，自己回击球的决策、速度与正确性，回击球动作的速度与准确性，注意力是否集中，迎球而上的勇气，适宜的中枢兴奋程度以及良好的体能状态等。因此，羽毛球运动员对来球和回球"判断—决策思维—行为反应"与大脑中枢、身体状态、意志品质息息相关，要提高运动员的动作反应能力，必须从这几个方面着手进行。

1．动作反应训练方法

（1）提高运动员应对各种来球的回击能力。在羽毛球运动中，对方击杀球、平抽球和各种变化球很多，运动员的击球动作的熟练性是其进行良好、准确动作反应的前提和基础。

（2）在训练实践中安排多种动作反应练习，如二打一练习、接杀球训练等，提高运动员寻找判断线索的能力，能迅速做出正确决策并实施动作。

（3）在训练实践中适当增加同一种技战术的训练次数，反复多次练习，使运动员在实践中体会动作细节，提高运动员的动作敏捷性，直至能够形成自觉性的动作反应。

（4）加强"组合技术"练习，将单一而相关的技术综合起来，将来球与回击球的动作对应起来，形成"组块"，使运动员能掌握和熟练应用，并"储存"在头脑中，以便于运动员在紧张、复杂的情势中准确判断，快速反应。

（5）加强爆发力和各种快速动作变化的灵敏素质练习，以提高运动员的体能素质，为做出反应动作奠定体能基础。

（6）加强实战模拟练习，使运动员熟悉对手的打法和动作特点，提高运动员的判断能力和快速反应能力。

2. 动作反应训练注意事项

（1）提高运动员的自信心。无论对手在什么位置，无论来球多么凶猛、难度多么高，运动员都要相信自己能够接住，具备"打不死"的精神和力争"绝处逢生"的欲望，只有这样才能做好完美的动作反应和实战中的接杀球或"二次"反应动作。

（2）训练方式和方法要灵活多变，避免运动员在实战中被对手做假动作欺骗而做出错误的动作反应。

（3）训练过程中，要指导运动员保持注意力的高度集中和适宜的兴奋状态，使运动员的机体始终保持积极、活跃的运动状态。

### （三）运动表象训练

动作表象是指人脑中重现或创造出来的运动动作或运动情境。羽毛球运动员的运动表象训练是利用运动员的运动表象来提高和巩固运动技能，练习战术打法，模拟比赛情境，调节情绪和增强信心的心理训练方法。该训练可通过运动员在头脑中技术的再现，提高神经和肌肉的活动记忆，从而达到技术动作练习的效果。

1. 运动表象训练方法

（1）要求运动员在实施技、战术之前，在头脑中重现技术动作和战术过程，充分调动运动员相应的神经和肌肉也产生微弱的活动。

（2）要求运动员在头脑中反复想象比赛过程或情境，体验比赛的紧张性，这主要利用的是表象训练的模拟比赛功能来使运动员熟练已有或创造出新的技、战术打法，从而提高运动员的技、战术应用能力。

（3）通过回忆比赛情境，或通过观看比赛场景的图像等使运动员熟悉技术动作，从而达到和实战训练一样的效果。

2. 运动表象训练注意事项

（1）进行运动表象训练应当编写好动作要领和情境表象的提示语，熟记或做好录音。

（2）实际表象训练时要在安静的环境里，首先放松身体和心理，然后默念提示语，使运动员在头脑中产生相应的动作体验或情境形象。

（3）提示语应具有充分调动运动员多种感官参与表象的能力，尽量做到完整、连续、形象、逼真，以提高表象训练的实际效果。

（4）如果在训练前运动员的情绪紧张，可听音乐放松先令其想象安静、舒适、美好的情境，如想象海浪、沙滩、小溪、清风、鸟鸣等，使其情绪宁静下来，然后再进行系统的表象训练。

### （四）注意力集中训练

任何一项体育运动都需要参与者具有高度集中的注意力，否则很容易造成动作失误或不必要的运动损伤。在羽毛球运动中，注意力的集中是羽毛球运动员最基本的心理技能之一。注意力贯穿运动员完成每一个技术动作的始终，运动员打每一拍球和接每一拍球时都要集中注意力，只有注意力集中于观察对方、迎接来球、击球等每一个环节，才能很好地处理每一回合的回球。因此，注意力集中是运动员全身心投入训练和比赛中的标准，是运动员排除内部杂念与消极情绪，积极进行训练和比赛的关键所在，训练主要以视觉和听觉信号展开。

**1. 注意力集中训练方法**

（1）视物法。仔细观察一个目标物，几秒后，闭目回忆目标物的形象，反复进行直到回忆时目标物清晰为止。每天练习数次。

（2）看表法。注视手表秒针的移动。每天练习两次，每次重复3～4遍，间隔10～15秒。如果运动员能连续注视秒表针移动5分钟，则说明已经具备了较高的注意力集中能力。

（3）发令法。运动员集中注意力观察或聆听教师或教练员给出的较弱的特定信号并进行相应的行动。

（4）发球过程注意力练习。按顺序集中注意力完成发球动作，即：观察对方位置—决定发球方法和落点—深呼吸一次—做好发球准备姿势—发球。

（5）接发球过程注意力练习。按顺序集中注意力完成接发球动作，即：选好接发球位置并做好准备姿势—观察对方发球的准备姿势—注视对方的抛球和挥拍动作—判断来球—选择接发球技术接发球—接发球。

（6）反复按既定的注意力顺序进行默念练习。通过练习使运动员形成正确的动作定型，提高运动员在实战中无论出现什么情况都可排除干扰的能力，并按既定的心理活动定式做出正确的反应。

（7）临场模拟训练。羽毛球比赛场地小、观众近、比较喧闹，为避免运动员在比赛中受观众、光线、风速、风向、场地走向等因素的影响，可有意制造与比赛环境相似的情境，让运动员适应气氛。

**2. 注意力集中训练注意事项**

（1）运动员的年龄、个性、训练水平等不同，注意力的集中上会存在很大的差距，因此，训练要有针对性。例如，基础训练阶段，运动员较兴奋，可要求运动员将全部注意力集中在球上；训练后期，运动员体力有所下降，可让运动员进行一些速度快、精确度高的练习。

（2）个体的注意力具有指向性，因此在羽毛球运动员的注意力集中训练过程中，应重视提高运动员对复杂的运动情境刺激进行有效的筛选能力，提高其提取与完成羽毛球技、战术动作最有关的线索，并将这些线索作为运动实践中的心理活动指向对象进行训练。

（3）提高运动员的注意力强度，要求运动员始终保持对训练和比赛的高度热情，完全忽略对比分、胜负、名利的追求，表现出对比赛过程的关注，全身心地融入练习或比赛之中。

（4）重视对运动员的训练和竞赛动机、心理定向、思维控制、最佳心理状态等方面的教育和指导。

（5）重视对运动员合理分配注意力的训练，如本人击球和对方击球时要高度集中注意力；在打完一球或一局球时可适当放松注意力，不要长时间持续地保持高强度的注意力集中，否则就会使心理能量过度消耗，以致关键时刻因精神疲劳而造成中枢神经的抑制。

（6）应激是干扰运动员注意力的内部心理原因，应激调节有助于注意力的集中。适当地加强运动员在疲劳状态下的技、战术练习，有利于减少疲劳对运动员注意力的影响。但过度应激会造成运动员注意力狭窄、混乱，在运动员有伤病的情况下，应停止训练、及时治疗，切不可强求。

### （五）应激控制训练

应激是指个体所感知的环境要求与自我认为的自我能力之间存在不平衡时产生的身心反应。外部环境刺激（应激源）、个体的认知、身心唤醒反应是产生应激的三要素。应激源是指一切可能影响运动员的因素；认知过程是指个体对这些外部环境因素的评价、态度、看法等，是外部刺激到身心唤醒之间的过程；唤醒是指个体表现出来的身心活动水平。应激有以下两种产生形式："环境刺激→唤醒→消极思维→应激"和"环境刺激→消极思维→唤醒→应激"。

过度应激会对运动员产生很大的消极影响，因此，必须对运动员实施应激控制训练，可针对应激产生的三要素有针对性地进行。

1. 环境应激控制训练方法

（1）减少不确定性事件。让羽毛球运动员充分了解羽毛球运动练习的内容、方法、运动负荷，比赛的时间、地点、规程、对手情况等，使他们提前对训练和比赛做好心理准备，做到心中有数。

（2）降低外界的重要性评价。降低外界对运动员训练效果和竞赛结果的重要性评价，即使运动员明确训练和比赛重在参与的态度。避免运动员的亲属、朋友、领导、媒体等对其训练效果和比赛成绩的过分渲染和强调，使运动员的注意力真正集中到训练和比赛中，消除紧张情绪，并能对比赛做出更充分的准备。

（3）回避法。如进行封闭训练，暂时避开外界的影响，集中精力准备比赛。该方法不可长期使用。

2. 环境应激控制训练注意事项

（1）重视在循序渐进中增加心理负荷，使羽毛球运动员从强度较小的环境应激中学习克服轻微的焦虑情绪。

（2）提高运动员体验多种心理情绪的能力，并做出多种决策，增强自己的耐受挫折能力以及应对能力。

（3）重视加强运动员身体运动功能的训练，将有氧训练和无氧训练结合起来，提高运动员的紧张程度和技术动作的专注程度，以此应对比赛中不良心理应激的适应能力。

3. 身体应激控制训练

身体应激控制的目的是让运动员放松并与训练或比赛紧密结合、自如应用，能在应激时降低身体唤醒水平。

身体应激控制训练方法有很多，常见的有呼吸放松法、渐进放松法、自我暗示放松法、表象放松法、生物反馈放松法、自生法等。

在身体应激控制训练中，应注意使运动员的大脑和躯体之间建立双向联系，即在运动员的意念与肢体神经系统反应活动之间建立固定联系，因此，该训练必须长期坚持，短期练习无法取得预期的效果。

4. 认知应激控制训练

认知应激控制训练是基于"思维决定情绪"的原理实施的，即转变应激产生的主要根源——消极思维方法、消极评价等。如一名运动员在第一局关键球失利后，第二局放弃争夺。其想法是："好运动员在处理关键球时是不会出错的，我在处理关键球时出错，我不是好运动员；对手在处理关键球时没有出错，对手是一名好运动员，我打不过他。"这种思维将处理关键球不能出错绝对化了，并做出了对手处理关键球没有出错就比自己水平高的错误推论。认知应激控制就是要转变运动员的错误思维，使运动员能冷静、客观地应对训练和比赛。

认知应激控制练习可采取以下步骤进行。

（1）选择运动员经常出现问题的情境，让他回忆当时出现的想法。

（2）引导运动员对当时的想法进行讨论、分析，找到消极认知。

（3）和运动员探讨消极信念对当时情绪和行为的影响。

（4）研究能否用积极、合理的想法替代当时的消极想法。

（5）帮助运动员制定应对当时情境的积极、现实、简短而具体的暗示内容。

（6）引导运动员利用想象，将合理自我暗示应用于相同的情境。

（7）鼓励运动员在相同情境的实践中应用。

5. 认知应激控制训练注意事项

（1）在羽毛球训练中注意加强认知教育，进行认知重建，以积极的认知方法改变消极的认知，培养自信心。

（2）在羽毛球比赛时，重视做好应对认知心理应激的方案，以预先设定的策略和措施，在应激反应发生前或发生时及时调整心态，尽可能消除消极情绪。

（3）重视注意力的转移，可以做一些肢体活动，放松紧绷的神经。在进行动作表象过程中，默念羽毛球动作程序或技、战术要领，把关注点集中到动作感受上。

### （六）意志品质训练

羽毛球运动员的意志品质训练的目的是端正羽毛球运动员的心态和动机，提高运动员在训练和比赛中克服各种困难的决心和品质，充分发挥运动员的积极性和主动性，使其努力完成训练和比赛任务。

在羽毛球运动训练和比赛中，运动员的运动动机是否端正、情绪是否高涨、目的是否明确、克服困难是否坚决等，是直接影响运动员是否能顺利、高质量地完成训练和比赛任务的主观因素。其中，运动动机和运动目的是激励运动员战胜困难的强大内部心理动力，起着强化和维持运动行为的功能。运动员的动机越强烈，目的越明确，其参与羽毛球运动训练和比赛的需要和愿望就越强烈，就越能激发运动员的运动潜能，提高运动员的运动抱负，使其坚定运动信念，增强训练和参赛的义务感、责任感、使命感，在训练和比赛中以乐观的心态积极面对和解决各种困难，调动更多的生理能量参与运动活动，发挥超出平常的身体能力，完成平时无法完成的技术动作和战术水平。

实践证明，运动员在训练和比赛中遇到困难的表现与其平常养成的意志行为习惯有关。习惯是个体"刺激—反应"自动化的一个标志，俗话说的"习惯成自然"就是这个道理。一旦运动员在日常的训练中养成了良好的意志品质，在比赛中遇到相应刺激时就会自动表现出相应的良好行为，即运动员在遇到困难时会咬牙坚持和积极克服。运动员日常的性格固化之后就会形成固定的意志品质，并在训练和比赛中表现出来。

1. 意志品质训练方法

（1）"反向"训练。在羽毛球运动员意愿相反的意愿方向上安排相应的练习。如在运动员疲劳想休息时继续练习；在气候恶劣想在室内练习时坚持安排室外练习；当运动员不愿意进行逆光打球时就多安排逆光场地上的练习；当运动员害怕高强度的练习时，就安排多球练习、多人打一人训练、极限训练等，有意识地不遂运动员的心愿，增加其训练难度，使其逐渐克服并适应。

（2）适应性训练。安排运动员遇到比赛困境或特殊情境下的训练。如在比分落后时的训练，在比分领先时的训练，在比分相持或关键球情境下的训练，在裁判员漏判、错判甚至反判情境下的训练，以及根据对手、比赛环境、特殊体能状态下的训练等，以加强对运动员的意志品质的锻炼。

2. 意志品质训练注意事项

（1）由于羽毛球运动的激烈竞争，教练员需重视激发运动员的潜力，以适应比赛的要求，锻炼运动员的主动性和毅力，并促进意志力的形成。

（2）由于羽毛球基本功训练枯燥又乏味，所以要注重意志品质训练时的趣味性及遵循循序渐进的原则，激发克服身体与心理障碍的斗志。

## 二、羽毛球运动员比赛心理能力的调控

### （一）赛前心理准备

1. 端正比赛态度

羽毛球运动员对比赛的态度会直接影响其在比赛中的表现，教师或教练员在运动员参加比赛之前，可以采取集体讲座、小组讨论、个别谈话等形式，引导运动员正确看待比赛，使运动员将比赛看作检验平时的教学、训练水平，使运动员将比赛当作展示自我才能和考验自己的平台，让运动员放下比赛胜负的包袱，排除杂念，轻装上阵，保持适度的心理焦虑水平，保持最佳竞技状态，发挥竞技水平。

2. 树立正确的比赛心理定向

羽毛球运动员比赛心理定向是指运动员在赛前、赛中持有的注重比赛过程还是注重比赛结果的思维活动指向或定式。正确的比赛心理定向应当是关注自我，关注正在进行的比赛过程，关注那些自己能控制的因素；不正确的心理定向是关注他人，关注

比分和比赛结果，以及关注过去和将来的得失，关注个体无法控制的因素。

因此，在羽毛球运动员参加比赛前，教练员应指导运动员认识到哪些因素是其自身能控制的，哪些因素是其自身不能控制的，使他们认识与努力做到：能够控制的因素就将它们控制好，自然就能获得应有的结果；不能控制的因素不必花费精力去控制它们，否则只能是白费身心能量；能够控制且准备好了的因素不必担心，因为已经做好了应有的准备；不能控制的因素也不必去担心，因为它们是不应当考虑的因素。只有当羽毛球运动员控制好了可控因素才能取得预期的比赛成绩，而对于那些无法控制的因素不去关注才能避免诱发不良情绪，影响技、战术水平的正常发挥。

3. 确定正确的比赛目标

羽毛球运动员运动比赛的目标是其在赛前期望获得的比赛结果，这种目标可以是多种内容的表现，具体包括以下几种。

(1) 名次性比赛目标。如运动员希望在比赛中获得第一名。
(2) 成绩性比赛目标。如运动员希望在比赛中获得预期的运动成绩表现。
(3) 结果性比赛目标。如运动员希望在比赛中战胜某一对手。
(4) 模糊的比赛目标。如尽力而为。此类目标缺乏针对性，目标难以量化。
(5) 具体的比赛目标。如计划在比赛中正手吊直线和斜线成功率均达到 90%。

无论是哪一种比赛目标的确定，都要做到实事求是，遵守现实、有挑战性、具体、可控、可测等原则，切不可好高骛远。总之，重视比赛过程，在比赛中打好每一拍球，发挥好每一个技、战术，不苛求一拍"杀死"或"吊死"对方，是羽毛球运动员设置比赛目标的根本要求。

4. 增强比赛的自信

自信是羽毛球运动员对实现正确的比赛目标所具有的确信程度，它来自比赛成功经验的积累，是对运动员的自我能力的肯定，是运动员对自己技、战术水平自我评估和目标达成度的正确平衡。

羽毛球运动员增强自信的前提是：运动员能自知自评、自省自悟，能正确地认识自我、了解自我，熟悉自己的弱点和优势并能适度调节，消除杂念和消极情绪，以一种平和、专注、积极的态度去面对比赛。

羽毛球运动员增强自信的关键是：发现问题和困难的原因所在，认真分析问题，结合自己的实际条件和情况有针对性地找出解决问题的方法和途径，相信自己有能力解决问题，只有这样，才能使完成赛前既定目标的信心增强，进入自我巅峰和自我超越状态，并最终克服困难，达到预期的比赛目标。

## (二) 赛中心理调节

针对羽毛球运动员进行心理调节是指针对运动员的临场心理或行为表现，采用某些方法、手段使他们的心理发生短暂而积极的变化。

羽毛球运动竞争激烈、运动强度大、比赛节奏快，比赛中，受各种心理因素的影响，运动员经常会出现不良心理状态，如领先时放松或急躁，落后时放弃或慌乱，相持时崩溃，关键时手软，最后时等待等。这些不良心理现象的出现会直接影响运动员比赛水平的发挥，进而影响比赛结果，因此羽毛球运动员应进行适当的心理调节。

比赛过程中，羽毛球运动员要及时调整心态，可采用呼吸、暗示、活动、音乐、发声、表情、闭目静坐、回避信息、思维阻断等调节方法。在自我调节过程中，应该始终做到以下几点。

（1）保持稳定的情绪。羽毛球运动员不良心理状态的出现有内在的原因（如紧张、害怕、担心、求胜心切），也有外在因素的影响（如比分变化、观众呐喊、对手的挑逗性动作或语言刺激、观众喝倒彩、裁判员误判等），这些无不影响着运动员的情绪。羽毛球比赛过程中不允许教练员指导，这就要求运动员自己能及时调整心态，无论在任何复杂的情况下，都要保持情绪稳定。

（2）顽强的意志品质。羽毛球比赛是体能、技术、智慧、意志品质的较量。羽毛球比赛的对抗性强、竞争激烈、回合多、时间长，经常使运动员达到运动极限。尤其是双方势均力敌时，这种身体、技能、心理的较量更加白热化。这就要看比赛中谁的信念更坚定，意志更顽强，谁就能坚持到最后赢得比赛的胜利。总之，在羽毛球运动中，转机往往就出现在疏忽、放松警惕之际，不打完最后一分，谁都不能轻言胜利或失败。比赛中任何情况都可能出现，运动员要时刻督促、提醒自己，特别是比分落后、局势不利、发挥不佳时，更要运用意志，利用规则，放慢节奏，分析调整，寻找战机，任何时候都不能有一丝的懈怠。因此，羽毛球运动员保持坚定的信念和顽强的意志是十分重要的。

（3）保持清醒的认识。正所谓"知彼知己，百战百胜"，羽毛球运动员在赛前对自己和对方的技术特点、实力要有客观的认识，这对于其在比赛中正常发挥技、战术水平有着重要的影响。只有充分了解对手，才能在比赛中稳定自如，才能在赛中无论遇到什么情况，遭遇多大压力，局势多么紧张，都能认真分析形势，找出对方薄弱的环节，合理制订对策，稳扎稳打。可见在比赛中保持头脑的清醒是十分重要的。

在羽毛球比赛过程中，无论运动员采用哪种调节方法，都应取决于其对各种方法的熟知、认可，从自身的个性与习惯出发，结合比赛专项，在日常训练中经过长期、系统的练习和应用，使这种心理调节形成习惯自然，并能够在适当的时机灵活运用，从而发挥作用。

### （三）赛后心理调整

羽毛球比赛前和比赛中，运动员会消耗大量的生理、心理能量，赛后进行积极调整能使运动员的身体与精神恢复到正常状态，为以后的训练和比赛做准备。

赛后心理的积极调整主要包括以下几个方面。

#### 1. 正确看待比赛胜负

正确看待比赛胜负是一个优秀的羽毛球运动员应当具备的基本素质。对于比赛双方来说，有一方胜利就必然有一方失败。胜利时得意忘形，失败时灰心丧气，都会给后继的训练、比赛带来不良影响。

赛后，教练员可以通过谈话或咨询等方法帮助运动员端正心态，正确对待比赛结果。对于胜利者，要肯定其成绩，并指出其不足，避免其产生过高的和虚假的自信心；对于失败者，要指出其在比赛中的良好表现，分析失败的原因，帮助运动员明确努力方向，避免自我贬低。

## 2. 正确评价和调整人际关系

比赛结果会引起羽毛球运动员不同程度的心理状态的变化。对于一些心理状态不稳定的运动员来说，如果比赛胜利，运动员会骄傲自满，过度重视自我，不听从教练员的安排和劝告；如果比赛失败，就很有可能造成人际关系的紧张和埋怨、对抗的不良情绪。这些不良心理状态都会对下一步训练、比赛产生不良影响。在赛后，运动员应重新评价和调整与教练员、参赛者、同伴等人之间的人际关系。因此，教练员要正确引导运动员的人际关系认知，运动员自己也要客观地进行比赛分析，为接下来的训练和比赛创造良好的人际氛围。

## 3. 学会放松

放松是为了调整心态，以便于运动员投入到更加激烈和紧张的训练和比赛中。赛后教练员或运动员自己可以采用语言诱导、自生法、听音乐，以及参加文娱活动、旅游观光等方法转移比赛前和比赛过程中的紧张情绪，放松精神，以促进自我身心能量的积极恢复。

## 三、羽毛球运动员不良心理状态的改善

### （一）呼吸调节法

呼吸调节法是指在呼吸过程中通过深吸慢呼的方法，消除运动员的紧张情绪，稳定运动员的情绪状态。呼吸与羽毛球运动的关系极为密切。羽毛球运动中，良好的呼吸有助于运动员在练习和比赛前调整状态、稳定情绪；在训练和比赛中保证体能充分合理发挥；在比赛后迅速消除疲劳。具体方法如下。

（1）采用坐姿或站姿，双目微闭，心境坦然，用鼻吸气，吸至肺脏充盈，无法再吸入更多气体时，屏住3秒。

（2）缓慢呼气，将肺内气体吐尽，停3秒。

呼吸调节过程中，运动员应完全将注意力集中于呼与吸，并保持自然放松，重复数次后，紧张情绪会自然消失。

### （二）自我暗示法

自我暗示法是指羽毛球运动员通过积极的自我暗示，以必胜的信心去迎接训练和比赛中的困难与挑战，调动自身一切能力达到完成任务并取得成功的方法。自我暗示是一种内在的火种，一种流动向上的自我肯定，它能使运动员精神振奋、信心倍增。在羽毛球运动中，运动员的自我提醒与暗示是培养自信心的有效途径和方法。

在运动实践中，运动员可以用语言来进行自我暗示，如在赛前用"我一定能发挥得很好，我一定能行！"来激励自己，用必胜的信念鼓舞斗志，在比赛中敢打敢拼，争取每一分，直到比赛结束。

### （三）活动调节法

活动调节法是指运动员在心情焦虑或情绪低落时，通过运动锻炼的方式来提高大脑的兴奋性，改善不良情绪，将抑郁低落的情绪在运动中释放出来。

研究表明，精神的放松有助于缓解个体焦虑情绪所引起的各种身心不适，使个体的身心慢慢进入一种自然放松的状态，并在运动中逐渐获得快乐。羽毛球运动员可以

结合自己的实际情况，通过两人一球对打练习，力争把球打到对方跟前，通过增加重复练习次数来缓解不良情绪；可以通过四人一球对打，根据自己的体力情况确定运动强度，来缓解和释放不良情绪，重塑健康的心理状态。

### （四）肌肉控制法

肌肉控制法是指运动员通过合理的步骤控制肌肉逐渐放松，并使身体感到轻松愉快的方法。这种方法主要是通过对肌肉的控制来放松精神、缓解焦虑，从而释放身心压力，保持良好的心态。

以控制手和脚的肌肉为例，练习者可以用右手紧握自己的左手，渐渐使出最大力量后再渐渐放松，然后两手交换继续进行；练习者还可以将一只脚用力向上勾起再慢慢放下，然后换用另一只脚重复上述动作。

此外，羽毛球运动中的搓球、推球、放球、勾对角球等前场击球技术的练习也能使运动员的上肢肌肉得到有效控制，并达到放松心态的目的。

### （五）音乐调解法

音乐与人的生活息息相关，它能通过心理作用影响人的情绪，调解、调动人的精神状态，陶冶性情，从而达到振奋精神的目的。例如，在比赛前，信心不足的运动员可以选择听一些节奏感强烈、鼓舞士气的音乐，以促进自我信心的恢复，提高自己的参赛欲望；求胜心切的运动员可以选择听一些抒情缓和、稳定情绪的轻音乐，缓和激动的情绪，以便于冷静地应对比赛。

## 思 考 题

1. 阐述体能对羽毛球运动有何作用。
2. 羽毛球体能训练包含哪些内容？
3. 提高羽毛球练习者力量素质的方法有哪些？
4. 提高羽毛球练习者灵敏素质的方法有哪些？
5. 提高羽毛球练习者柔韧素质的方法有哪些？
6. 羽毛球运动的专项体能训练应注意哪些问题？
7. 改善不良心理状态的方法有哪些？

# 第八章
## 羽毛球游戏

# 第一节 热身活动的游戏

## 一、节奏跑

1. 练习方法

（1）按照"右（脚）、右（脚）、左（脚）"的顺序，有节奏地做跑步练习。

（2）按照"左、左、右"的顺序，有节奏地做跑步练习。

2. 变换练习

（1）按照"右、右、右、左、左"或者"右、右、左、左"的顺序，改变节奏进行练习。

（2）按照基本节奏，背部朝向运动方向做后退跑练习。

3. 要点

增强节奏感是非常重要的练习内容。在基本练习掌握得比较扎实之后，应指导学员进一步变换训练内容，增加难度。

## 二、促进协调垫步跳

1. 练习方法

（1）领操者发出"向前""向右"的口令。

（2）根据领操者的指示，做向前后左右等行进间的垫步跳。

2. 变换练习

（1）练习中加入击掌的动作。

（2）做垫步跳时，在抬起的一条腿的下方击掌。

3. 要点

做示范时，动作幅度宜大，让学员看清楚，这一点十分重要。向后方做动作时，年龄小的孩子可能感觉困难，指导时注意区分不同的年龄段。

## 三、手脚配合（石头、剪刀、布）

1. 练习方法

（1）原地前伸双臂，喊出"石头、布"口令，然后双手握拳（石头）或变掌（布）。配合手的节奏，同时双脚做相应动作。双手握拳时，两脚做布的动作（两脚分立）。

（2）接下来，双手变掌时，两脚做"石头"的动作（两脚合拢）。此动作交替进行。

2. 变换练习

（1）双手变掌(布)，向身体两侧上方举起；双手握拳(石头)，垂于身体两侧。练习中，加大手脚的动作幅度。

（2）双脚做"剪刀"动作（双脚前后分开）。手脚的动作不能一致，按"石头、剪刀、布"的顺序依次进行。

3. 要点

因为上肢和下肢采用不同的动作，可以培养手脚配合的联结能力。手脚动作不得盲从、偏向一侧，要有意识地控制手脚动作的协调。

## 四、节奏跳跃

1. 练习方法

（1）两人一组，面对面站立，其中一个人坐在地板上，伸直双腿。另一人双脚起跳，在同伴腿的左右两侧连续跳跃。

（2）接下来，席地而坐的一方做分腿并腿的动作。跳动的一方做相反动作与其配合。席地而坐的一方双腿打开时，跳动一方双腿并拢。

2. 变换练习

（1）席地而坐的一方双腿并拢时，跳动一方按右侧跳两次、左侧跳两次的节拍完成练习。

（2）一方双腿分开坐定，另一方由左侧单腿跨过，跟步到中间位置。再以同样的方式单腿跨到右侧，跟步。

3. 要点

不应局限于某一固定的节拍，通过相互之间动作的配合，培养反应能力。踩到脚容易受伤，成人不适宜做这种练习。

## 五、随机应变

1. 练习方法

（1）两脚开立与肩同宽，腿部微下蹲，原地连续踏步。

（2）听领操者的口令做动作。当领操者发出"向右"的口令时，即将身体转向右侧。当听到"向左"的口令时，即将身体转向左侧。听到"向上"的口令时，举起双手向上跳。听到"向下"的口令时，双手触地。没有听到任何口令时，坚持重复（1）的动作。

2. 变换练习

（1）增加弯腰向下、臀部上翘、原地转身一周的动作完成练习。

（2）将动作幅度加大进行练习。

3. 要点

本练习中，口令的发出时机非常关键。口令不及时，学员不能正确地做出反应。

## 六、跷跷板

1. 练习方法

（1）3人一组，一人直立中央，两人位于其前后两侧面对面站立。中央直立者像一根柱子那样挺直身体。

（2）位于中央直立者身后一方轻推其背部。

（3）位于前方者支撑住其身体，并将其轻轻推回。

(4) 中央直立者被推时,脚步不得移动。被推向前时,使用脚尖站立;被推向后方时,将身体重心移至脚跟。

2. 变换练习

(1) 中央一人横向站立,另外两人在其左右两侧轻推进行练习。

(2) 中央一人单腿站立进行练习。

3. 要点

分组时,应充分考虑中央一人与两端两人的体格差异,不能太悬殊。指导时,注意提醒学员感受身体重心的移动。

## 第二节　带球游戏的练习

### 一、身前身后接球

1. 练习方法

(1) 球置于背后,呈背球姿势,一只手执球。

(2) 将球向上抛起,越过头顶,落向自己身体的前方,然后用手在身前接住。

(3) 接下来,由身前向背后掷球,在身后接球。

(4) 换另一只手完成相同的动作。

2. 变换练习

(1) 适当移动身体,在行进间完成此动作。

(2) 尝试用手掷球,用球拍练习接球。

3. 要点

注意提醒那些接不住球的学员,争取在球下落时先触到球。

### 二、狂轰滥炸

1. 练习方法

(1) 先将球网拆除。场上6人,3人一组,分为两组。

(2) 领操者站于场外,发出"开始"口令后,将多个羽毛球投进场地中央。

(3) 场地内的6人拾起自己一侧场地内的球,掷到对方场地内。

(4) 当领操者下达"停"的口令时,双方停止掷球,并计算留在各自场地内球的数量,数量较多的一方为负方。

2. 变换练习

(1) 增加场地内羽毛球或场上队员的数量,继续进行练习。

(2) 装上球网进行练习。向对方场地掷球时,要全力以赴。

3. 要点

开始训练时,羽毛球的数量可以比场上队员多1~2个,随后逐渐增加羽毛球的数量,从1人1球逐步提高到1人2球,甚至1人3球,循序渐进,以提升队员的反应速度等速度素质，了解这一点对提高训练效果十分关键。

## 三、执桶接球

1. 练习方法

（1）两人一组，一人用球拍发球，另一人执羽毛球桶准备接球。

（2）用羽毛球桶将同伴发过来的球接住，让球进入桶中。

2. 变换练习

（1）尝试用另外一只手执桶接球。

（2）开始时可以打大弧度的高吊球，然后逐渐打一些平直的快球，增加难度。

3. 要点

让球桶对准来球是练习的目的。指导时要强调正确移动。

## 四、画圈接球

1. 练习方法

（1）将球向头上方抛起，球下落到面前时，用右手绕球画圆圈一周，然后将球接住。

（2）接下来，如前动作，用手向相反的方向画圆，然后接球。

（3）换另一只手继续做练习。

2. 变换练习

（1）将每次抛球时手画圆的次数逐步增加为2次、3次。

（2）在每次羽毛球下落过程中，先用右手画一圈，再用左手画一圈。

3. 要点

接住羽毛球不是本练习的目的，目的是体会球在空中的感觉。指导学员用手在球周围完整地画圆。

## 五、散弹接球

1. 练习方法

（1）两人一组，一人站在边线位置（单打边线），另一人站在中线位置，两人面对面站立。

（2）站在边线位置者，瞄准同伴的身体掷球。

（3）另外一方用手接住飞来的球。先用自己习惯握拍的那只手接球，然后再用另一只手练习接球。

2. 变换练习

（1）缩短两人相隔的距离进行练习。

（2）将用手接球，变为用手将飞来的羽毛球击落在地。

3. 要点

投掷方先将羽毛球慢慢投向同伴，对手熟练之后，逐渐加快投掷速度。

## 六、指尖旋拍

1. 练习方法

(1) 将球拍竖起，用手轻握拍柄杆中间位置，用指尖迅速捻转球拍。

(2) 换另一只手完成相同的动作。

2. 变换练习

(1) 双脚踏步完成上述动作。

(2) 尝试改变握拍的位置进行练习。

3. 要点

为了不使心爱的球拍受到损坏，起初可在垫子上进行练习。如果单手练习感觉困难，可将球拍横卧，用双手捻转，这样做能够很快掌握转拍动作的诀窍。

## 七、正反手颠球

1. 练习方法

(1) 先用正手击球至头部上方。

(2) 球落下来时，使用反手颠球。调整好节奏连续进行。

(3) 换另一只手进行练习。

2. 变换练习

(1) 边移动身体，边做此练习。

(2) 结合转身、跳起、踏步等步法进行练习。

3. 要点

注意提醒学员，如果正手与反手的转换较为困难，开始可以先单独练正手，或单独练反手。

## 八、球不落地

1. 练习方法

(1) 将羽毛球置于拍面上。

(2) 利用手腕部的变化，由正手握拍变为反手握拍。务必保持平衡，不使球落到地面。

2. 变换练习

(1) 换另一只手练习。

(2) 准备两只球拍，双手握拍同时做此练习。

3. 要点

开始时可先将羽毛球置于拍面上，做行走练习，逐渐培养平衡的技能，不使球落到地上。

## 九、边线对打

1. 练习方法

(1) 两人一组，面对面站于边线上。

（2）在没有球网相隔的情况下，练习相互击球。

2. 变换练习

（1）以双膝跪地的姿势进行对打练习。

（2）用正手或反手进行对打练习。

3. 要点

首先学会连续对打，增加回数，然后告诉学员"连续对打10个回合"，确定目标值。

## 十、趣味对打

1. 练习方法

（1）两人一组，分别面对面站于边线上。

（2）分别以身前、身后、裆下等击球方式进行对打练习。

2. 变换练习

（1）在球网上悬挂毛巾等物，限制练习者的视野，隔网练习对打。

（2）安排对手进行对打。

3. 要点

开始时，不要安排学员以身前、身后、裆下等任意击球方式进行对打。应先安排身前对打，然后安排身后对打，强调接球质量，循序渐进，有计划地进行。

## 十一、双球对练

1. 练习方法

（1）两人各执一球，隔网面对面站立。

（2）练习同时使用两只羽毛球对打。最初练习时不要着急，慢慢适应。

2. 变换练习

（1）提高练习时击球的速度，完成练习。

（2）在一场地安排4人进行对练。使用4只羽毛球，先练习直线球，再练习斜线球，形式多样，完成对练。

3. 要点

不分胜负。要和对手的节奏吻合，重要的是进行不间断的练习。附加节奏性的声音提示，使对打的训练持续进行。

## 十二、单人拉力

1. 练习方法

（1）向对面场地击球。

（2）在球未落地之前，迅速跑动，由网下钻过，在对面场地上将羽毛球接住。

2. 变换练习

（1）跑到对面场地后不接球，而直接将球击回。

（2）在球网相隔的场地两侧各放置一只球拍，击球后由网下穿过，拾起对面场地上的球拍将球击回。

3. 要点

先进行一次往返练习，注意使动作、技术扎实，基础稳定。

### 十三、二人三足

1. 练习方法

两人绑着一脚来回走（自备绳）踩气球：每人脚上绑上气球，游戏是要踩别人的气球，谁能将气球保持到最后谁就赢。

2. 变换练习

可以变换为4人或者5人一起练习。

3. 要点

注意比赛的时候不要将绳子系得太紧，用粗的棉绳将两人绑在一起。

### 十四、追羽毛球加速跑

1. 练习方法

学生分成人数相等的几个小组，每小组由一名学生负责掷羽毛球，其他学生站成一路纵队。掷球者喊"预备"，纵队排头学生做好站立式起跑姿势，掷球者喊"跑"的同时，用力将羽毛球向前上方掷出。在羽毛球被掷出瞬间，起跑者立即以最快速度向前跑出，争取将羽毛球接住。依次进行练习，各小组学生要轮流掷球。

2. 变换练习

两人一组，一人掷羽毛球，一人快速向前跑争取将球接住。交换练习。

3. 要点

掷球者不得往下掷球，起跑者不得抢跑。

## 第三节　击球练习

### 一、双人发球练回球

1. 练习方法

（1）3人一组，其中两人负责发球。发球两人事先确定谁先发球。

（2）接发球方的一人事先不知道对面两人谁将先发球。对方发球时将球击回。

2. 变换练习

加大击球者两人的间距，再将发球增加至3人进行练习。

3. 要点

开始发容易接到的球，逐渐加大难度。发球的种类应该多样。

## 二、跳起转身击球

1. 练习方法

（1）两人一组，一人负责发球。回球者背对发球者站立。

（2）接下来，回球者跳起转身面向发球者，做好击球准备。

（3）发球者在回球者跳起转身时，将球击出，回球者迅速反应，将球击回。

2. 变换练习

面向发球者站立，跳起空中转身360°回球。不仅练习向右跳起转身，也应该练习向左跳起转身，注意均衡练习；回球方跳起转身，身体仍在空中时，发球者开始击球。

3. 要点

本练习旨在通过身体的旋转动作，着重培养学员的平衡能力。

## 三、网上插球

1. 练习方法

（1）两人一组，隔网相对站立于中线位置。手持羽毛球，使球托部分朝上，羽根朝下。听到"开始"口令后，将羽毛球插在左侧边线上方的球网上沿儿白带处。移动过程中注意使用侧滑步。

（2）接下来移动至右侧边线，将羽毛球插在右侧边线上方的球网上沿儿白带处。左右侧交替完成练习。

2. 变换练习

交换步法进行练习，用双手各执一球，使用双球进行练习。

3. 要点

感觉完成练习困难时，可不在边线上插球，缩短移动距离，或采用跑步形式完成。

## 四、夺球比赛

1. 练习方法

（1）使用半个羽毛球场地做练习。4人一组，采取比赛形式。在半场的四个角上，放置4支羽毛球拍，将球网两端下方各放置一支。再将7只羽毛球全部集中在半场场地中央，将羽毛球倒置于地板上。

（2）4人分别站在球拍所在位置，听到开始口令后，迅速取回羽毛球放在自己所在位置的羽毛球拍上。最初从场地中央取球，随后可到其他3人处取球。一次只能取一只羽毛球，球拍上先放3只羽毛球一方获胜。

2. 变换练习

取球时，可仅使用惯用的那只手，或仅使用另外那只手，也可以手持球拍去取场地中央的羽毛球。

3. 要点

本练习的目的是通过跑动球的游戏，熟悉场地的大小。

## 思 考 题

1. 简述一种热身活动的游戏方法。
2. 简述一种带球练习的游戏方法。
3. 简述一种击球练习的游戏方法。

# 第九章
# 羽毛球运动常识

# 第一节　羽毛球运动与健康

## 一、羽毛球运动与生理健康

### （一）羽毛球运动与力量素质

体育运动都表现为肌肉活动，羽毛球运动对肌肉的改变尤为明显，可使肌纤维增粗，肌肉体积增大。一般人肌肉重量占体重的 35%～40%，而通过羽毛球锻炼后可增加到 50% 左右。坚持羽毛球锻炼，能使肌肉发达、比例匀称、健美有力。进行羽毛球锻炼时，肌肉工作加强，血液供应增加，蛋白质等营养物质的吸收与储存能力增强。通过系统的羽毛球锻炼，不仅可以使肌肉纤维和肌腱的连接以及肌腱与骨骼的连接比一般人结实，而且可以提高神经系统对肌肉的控制能力，主要表现为肌肉的反应速度、准确性和协调性都有提高，肌肉工作时能量消耗下降，工作效率提高等。

### （二）羽毛球运动与速度素质

速度素质是锻炼者快速运动的一种能力。羽毛球运动要求快速的脚步移动、灵敏的反应速度和快速的位移。这些要求都影响着锻炼者的速度素质。在羽毛球运动中，攻防转换迅速，动作变化快而准确，且攻中有防，防中蕴攻，技、战术的充分发挥都是以不同的速度形式表现出来的。速度的表现具有多变性和复杂性，速度能力决定着羽毛球技、战术运用和发挥的成效。

羽毛球运动中的速度表现形式有反应速度、动作速度和位移速度。在平时的练习中，通过信号练习、特定动作练习等专门性练习可提高练习者的简单反应速度，而长期有意识的防守反击练习则能有效地锻炼瞬间选择性反应能力。长期进行羽毛球运动对速度素质的影响是多方面的，速度素质的逐渐提高对神经系统的灵活性和肌肉弹性、韧性、灵活性、伸展性等都有较大的促进作用，有助于身体健康。

### （三）羽毛球运动与心肺功能

1. 羽毛球运动对呼吸系统机能的影响

呼吸系统功能的强弱取决于人体活动时氧气和二氧化碳进行交换的能力。进行羽毛球运动时，人体对氧气的需求量增加，呼吸频率加快，为了适应这一要求，呼吸系统的各个器官都必须提高自身的工作能力。因此，长期进行羽毛球锻炼能提高人体的摄氧能力和各呼吸器官的功能，从而改善呼吸系统的机能。参加羽毛球运动对呼吸机能的改善主要表现在以下几个方面。

第一，使呼吸肌更发达、更有力和更耐久，能承受较大的运动量。呼吸肌主要有膈肌和肋间肌，此外还有腹壁的肌肉，在深呼吸的时候，肩部、背部的肌肉也起辅助作用。经常参加羽毛球锻炼可以促进呼吸肌的发育，使呼吸肌的收缩能力增强，胸围增大，使呼吸动作的幅度加大。一般人的呼吸差只有 5～8 厘米，而经常参加羽毛球锻炼的人，呼吸差可达到 9～16 厘米。因此，进行羽毛球锻炼对呼吸系统功能的提高是大有益处的。

第二，使肺活量增大，吸进的氧气和排出的二氧化碳增多。肺活量是衡量人体生长发育和健康水平的重要指标。经常参加羽毛球锻炼，有利于肺组织的生长发育和肺的扩张，使肺活量增加。另外，参加羽毛球锻炼时，经常性的深呼吸运动可促进肺活量的增长。平常人的肺活量一般只有 3500mL 左右，经常参加羽毛球锻炼的人肺泡弹性大大增加，呼吸肌力量加大，肺活量比一般人大 1000mL 左右。

第三，使呼吸深度加深。一般人的呼吸浅且急促，安静时每分钟为 12～18 次；而经常参加羽毛球锻炼的人，呼吸深而缓慢，每分钟为 8～12 次，这就使呼吸肌有较多的休息时间。这种差别在运动时表现得更为明显。例如，在运动量相同的条件下，一般人呼吸可增加到 32 次/分左右，每次呼吸量只有 300mL，每分钟呼吸总量为 300mL×32=9600mL。而运动员每分钟呼吸 16 次左右，但每次呼吸量可达 600mL，每分钟呼吸总量为 600mL×16=9600mL。从表面上看，一般人与运动员每分钟的呼吸量相同，但实际上气体交换量却不同。因为每次呼吸都有 150mL 空气留在呼吸道内，不能进入肺泡进行气体交换，所以实际换气量应是：一般人为（300-150）mL×32=4800mL，而运动员却为（600-150）mL×16=7200mL。这表明，肌肉工作需氧量增加时，一般人是以增加呼吸频率来满足氧气的需要量，因此，进行羽毛球运动时常常气喘，而羽毛球练习者由于呼吸机能提高，呼吸加深，在相同的条件下，呼吸频率稍有增加就可以满足气体交换的需要。因此，肌肉工作可以耐久而不易疲劳。

2. 羽毛球运动对血液循环系统机能的影响

良好的血液循环系统是一个人强健体魄必须具备的条件。经常进行羽毛球运动可以提高心血管系统的机能，减少各种"文明病"的产生。羽毛球运动对人体各器官、系统都有良好的促进作用，对心血管系统更是如此。进行羽毛球运动时，体内能量消耗增加和代谢产物增多，需要提高心血管系统的机能和加快血液循环。因此，经常从事羽毛球锻炼能使心血管系统的机能得到明显增强，使心肌变得肥厚，心动徐缓和血压降低，从而使血液循环系统的结构和机能得到改善。

## （四）羽毛球运动与柔韧素质

影响柔韧性的因素是多方面的，这些因素都可以通过羽毛球运动得以改善，提高人体的柔韧性，主要表现在以下两个方面。

第一，羽毛球运动可使关节周围组织的功能增强。柔韧性的表现主要来自骨关节，而骨关节结构因受先天的影响难以改变，因而改善骨关节周围组织是加强关节柔韧性的有效措施。关节的加固主要靠韧带和肌腱，肌肉则可从关节外部补充加固关节的力量，控制关节活动的幅度，它们共同作用，限制关节在一定范围内活动，从而保护关节不至于超出生理允许的限度而受伤。

第二，羽毛球活动可以产生适合于柔韧性改善的体温。肌肉温度升高可使新陈代谢增强，供血增多，肌肉的黏滞性减少，从而提高肌肉的弹性和伸展性，使柔韧性得到改善的温度有外界环境温度和体内温度两种。体内温度的调节用于补偿外界环境对机体产生的不适应。当外界温度较低时，必须做充分的准备活动，提高肌肉温度，从而增加柔韧性；当外界温度较高时，应排出汗液以降低温度，以免肌肉过早出现疲劳而降低关节的柔韧性。

## 二、羽毛球运动与心理健康

### （一）羽毛球运动的健心作用

羽毛球运动具有直观性的特点，它要求运动员必须综合运用各种有关器官，不仅通过视觉、听觉来感知动作的形象，而且要通过触觉和肌肉的本体感觉来感知动作要领、肌肉用力程度，以及动作过程中时间与空间的关系等，从而建立完整、正确的动作表象。在这个过程中，运动员的感知能力、观察能力，以及形象记忆、动作记忆能力等都能得到发展和提高。

羽毛球运动中学习内容的多样性、复杂性与多变性，可使人从中体验到满意、欢乐、紧张、兴奋、焦虑等多种不同程度的情感。羽毛球运动中学习活动的团体性以及运动员之间的互助互学等，能启发运动员的社会意识，增强自尊心、自信心以及责任感。羽毛球运动学习中的竞争性能激发练习者的进取心，鼓舞人的意志，使各种情感体验更加深刻，影响作用更为广泛。

### （二）羽毛球运动与情商培养

羽毛球运动能有效地培养人的自我调节和控制能力。在激烈的羽毛球运动中，运动员要经历情绪的波动与起伏，有胜利时的喜悦和兴奋，也有失利时的忧郁和焦虑；落后时急着想赶上去，领先了又担心对方追上来，而且各种心态经常变化，交错出现。但无论是哪种心态，要想使活动更好地继续下去，就必须及时调整自己的心态，用情感的动力去挖掘自己的潜力。而羽毛球运动的游戏性和游戏规则的权威性又能促使运动者努力控制好自己的情绪。因此，经常参加羽毛球活动能逐渐提高人的自我调节和控制能力。

社会心理学研究表明，情商的提高与人的行为活动密不可分。在羽毛球的运动过程中，练习者拥有一个较为广阔的空间领域，思维活动与集体活动紧密结合，有利于情商的显示和发展。羽毛球运动中学习内容的多样性，为练习者的情商向多元化发展提供了有利条件，对培养练习者的社会适应能力具有特殊作用。经常参加羽毛球运动更易于与他人形成亲密的关系，人际交往能力也更强。

### （三）羽毛球运动能抵御心理障碍

羽毛球运动也是人的一种社会实践活动，有着明显的目的性，这种目的性制约着人在羽毛球运动中的一切行动。因此，羽毛球运动能有效地培养练习者的心理承受能力，从而使羽毛球运动具有深远的教育价值。在羽毛球运动中，人们会遇到各种各样的困难和障碍，其中有来自内心的，如紧张、害怕、失落等；也有来自外界的，如大自然的地理、气候环境和运动场景的复杂多变等。为实现目标，人们就必须承受来自内心和外界的各种压力，努力克服各种困难，消除障碍。因此，经常参加羽毛球运动能逐渐增大练习者的心理负荷，提高心理承受能力，减少心理疾病的发生。

## 第二节　羽毛球运动中常见的损伤

进行任何一项体育运动，如果锻炼的方法不当，都可能对身体造成一些损伤，羽毛球运动也不例外。由于羽毛球运动是隔网项目，竞赛双方的身体不会发生直接碰撞，所以它发生损伤的概率与其他运动项目相比，并不算高。但由于它的运动强度大，比赛时间长，身体某一局部负担较大，如果运动方法不当，也会发生一些损伤。

### （一）擦伤

原因及症状：擦伤是羽毛球运动中较为常见的一种皮肤开放性损伤，它多因摔倒后皮肤与地面摩擦及球拍意外撞伤所致。

现场处理：小面积的、浅层的、创伤面无异物的皮肤擦伤，最好先用生理盐水冲洗消毒，然后在局部涂抹2%的红药水。擦伤，最好不要暴露治疗，否则容易干裂而影响运动。有异物嵌入皮肤或大面积的擦伤，极易发炎和感染，要用生理盐水彻底冲洗伤口，将污物清除，再用凡士林油、纱布覆盖，并以绷带加压包扎。污染严重的伤口，必须由医生进行清创术，再施用抗菌药物和注射破伤风抗毒血清。

### （二）手腕关节损伤

原因及症状：由于羽毛球的技术要求，无论是击打、扣杀及吊、挑、推、扑、勾球时都要求手腕有基本的后伸和外展的动作，然后随着不同的技术要领手腕快速伸直闪动鞭打击球或手腕由后伸外展到内收、内旋闪动切击球，手腕在这种快速的后伸、鞭打动作中，还不断做出不同角度内、外旋及屈收动作，因而手腕部的薄弱环节三角软骨盘不断受到旋转辗挤造成损伤。因此，爱好者在进行羽毛球运动中，应该特别注意手腕的准备活动，并且应长期坚持做好手腕损伤的预防工作。

现场处理：伤后24~72小时运用冷敷法，在24~72小时内的冷敷可以促进局部血管收缩，减轻充血和出血，达到止痛、消肿、消炎的目的。制动可以减轻腕关节继续牵拉和活动，有利于水肿、出血和炎症的吸收。可选用在冰水中浸湿的毛巾敷于患部，每隔5分钟左右更换一次，连续3~4次。固定加压包扎固定腕关节。患肢抬高。

手腕损伤的改善措施：可用小哑铃或沙瓶负重做腕部练习，增加腕部力量。次数与重量视个人情况掌握，以每次练习出现臂酸胀为止，或加重球拍的重量绕"8"字练习，以加强、改善腕部的肌肉活动能力。也可用砖头代替重物，同时还可以发展手指力量。运动时带上护腕或用弹力绷带加固，练习量视个人情况自行掌握。

### （三）肩关节损伤

原因及症状：这主要是由于高手位击球的技术动作不合理或练习中局部负担过重造成的。挥臂击球时肩关节感到明显疼痛，不能做大力发力动作。常见的肩部运动损伤有肩袖损伤、肱二头肌长头肌腱损伤，不慎摔倒时还可能发生关节脱位。

现场处理：发生急性损伤时，首先要对局部进行冷敷，可以采取冷水冲洗或冰袋冷敷等措施，持续15~20分钟，然后用绷带进行加压包扎24小时，同时限制受伤肢体活动，24小时后可以进行轻微活动，逐步恢复锻炼，锻炼时间取决于损伤程度。

改善措施：平时可以通过进行杠铃推举、卧推和利用单杠做引体向上等方法进行肩部力量练习，或者将一定重量的物品置于肘部平举，使之与肩同高，持续1~2分钟为一组，每次4~6组，每组间歇时注意放松，放松时肩部进行正压、反拉及前后绕环练习。另外，运动前可适当进行肩部的柔韧性练习。

### （四）肘关节损伤

原因及症状：这主要是由于技术动作不合理或局部练习负担过重造成的。肘部不动时无疼痛感,击球发力时疼,肘关节活动范围受到限制。

现场分析:发生肘关节损伤时,可能会出现前臂长度改变,肘关节后部出现凹陷,关节活动障碍等现象。

### (五)膝关节损伤

原因及症状:在羽毛球的运动中,经常会反复出现在短距离内瞬间变向、侧身及前屈、后伸、起跳、跨步、后蹬,膝关节的稳定装置不断承受剧烈拉力和牵扯力,一旦某个动作不协调和过度用力,造成膝关节周围肌群的过度疲劳,常常容易引发膝关节的急性损伤。因此,在进行羽毛球运动中,特别要注意这种重复发生率高的损伤。

现场处理:第一,立刻休息。如果在运动过程中发生膝关节扭伤,首先要停止运动,立刻休息,这样可以减轻负重,防止病情进一步加重。第二,冷敷。患者发生膝关节扭伤之后,尽量不要热敷,可以选择冷敷,因为冷敷可以促进血管收缩、减轻出血,起到消肿止痛的功效,伤势轻微的患者可以冷敷24小时,伤势严重的患者需要冷敷3~5天。第三,加压包扎。发生膝关节扭伤之后,可以使用弹力绷带或者头巾等物品进行加压包扎,这样可以固定关节,减少软组织出血,防止损伤进一步加重。第四,药物治疗。在药物上可以选择消炎止痛、活血化瘀的药物,比如云南白药喷剂,这种药物可以在短时间内让扭伤的关节恢复到健康的状态。患者在用药期间不要进行剧烈的体育运动,多注意休息。第五,按摩治疗。按摩治疗可以大大减轻膝关节扭伤引起的疼痛、红肿,但是患者不要自己盲目按摩,这会导致病情加重,最好是寻求专业医生的帮助。

膝关节损伤的改善措施:采用静力半蹲或负重静力半蹲来增加该部位的力量。如果股四头肌的力量强,运动中承受负荷的能力就强,出现劳损的可能性也就会小些。做加强力量的练习时膝关节屈的角度可由膝关节不痛的角度开始,慢慢加大到不超过90°,每次练习时间可由5分钟开始慢慢加大到半小时以上,练习时,以出现股四头肌轻微的抖动为止。运动时可佩戴护膝。

## 思 考 题

1. 简述羽毛球运动与身体健康的关系。
2. 羽毛球训练对心理发展的促进作用有哪些?
3. 简述羽毛球运动中常见的损伤及其处理。

# 第十章　羽毛球竞赛规则与裁判法

# 附　　录

附录一　主裁判临场规范用语

附录二　比赛用表

附录三　羽毛球专业术语中英文对照大全

# 参考文献

[1] 彭美丽，叶莱．羽毛球专修课教材[M]．北京：北京体育大学出版社，1998．
[2] 肖杰．学打羽毛球[M]．北京：人民体育出版社，2004．
[3] 彭美丽．羽毛球技巧图解[M]．北京：北京体育大学出版社，2001．
[4] 林建成．羽毛球技战术训练与运用[M]．北京：人民体育出版社，2009．
[5] 平井博史，渡边哲义．通过游戏提高羽毛球技术练习100例：羽毛球协调性训练[M]．金晓平，赵束慧，等，译．北京：人民体育出版社，2009．
[6] 朱建国．羽毛球训练新理念与实践研究[M]．北京：中国书籍出版社，2013．
[7] 朱建国．羽毛球运动：健康理论 健身实践[M]．南京：江苏凤凰科学技术出版社，2017．
[8] 刘占捷，朱建国．羽毛球运动教程[M]．北京：金盾出版社，2017．
[9] 朱建国．羽毛球运动500问[M]．北京：人民出版社，2021．
[10] 朱建国．羽毛球课程教学设计案例大全[M]．北京：人民体育出版社，2021．
[11] 李仪，王志斌．羽毛球运动教程[M]．北京：高等教育出版社，2021．